TMS
ALL-IN-ONE

D1683984

Jakob Lochner

Inhalt

8. – aktualisierte Ausgabe,

Mannheim 2018

Herausgegeben von Palibocu UG (haftungsbeschränkt)

PräpkursMedizinertest ist daran interessiert, qualitativ hochwertige Produkte anzubieten. Wir arbeiten kontinuierlich daran, unsere Materialien und Literatur weiterzuentwickeln. Fallen dir deshalb Fehler im Buch auf, kannst du diese jederzeit an uns melden unter: kontakt@praepkurs-medizinertest.de

Du kannst auch gerne anonym Feedback zu Präpkurs geben unter: https://praepkurs-medizinertest.de/feedback

Weitere **kostenlose Übungsmaterialien** und **ergänzende Materialien** zu dem Buch findest du unter:

https://praepkurs-medizinertest.de/tms-vorbereitung-kostenlos/

Vorwort

Der Test für medizinische Studiengänge wird jedes Jahr an einem Maiwochenende an diversen Standorten in Deutschland abgehalten. In seiner jetzigen Form wurde der TMS im Jahr 2007 als Antwort auf die stetig steigenden Bewerberzahlen und gleichzeitig fallenden Zahlen offener Studienplätze an deutschen Universitäten für die Fächer Humanmedizin und Zahnmedizin wiedereingeführt, nachdem er einige Jahre zuvor schon als abgeschafft galt. Nach Angaben der Veranstalter nahmen in den letzten Jahren jeweils über 10.000 Personen teil. Um das in die korrekte Relation zu setzen, hilft ein Blick auf die Bewerberzahlen für das Studienfach Humanmedizin in Deutschland: Zum Wintersemester 2017/2018 bewarben sich als Beispiel 43.184 Personen auf die 9.176 vorhandenen Studienplätze. Mit dem über die letzten Jahrzehnte zunehmenden Abbau von Studienplätzen ist auch keine Trendumkehr zu erwarten. Humanmedizin ist seit jeher ein anspruchsvolles, aber eben auch sehr attraktives Studienfach.

Im Gegensatz zu anderen zulassungsbeschränkten Studiengängen läuft die Bewerbung zu den Studienfächern Human- und Zahnmedizin seit einigen Jahren komplett über *Hochschulstart*, einer zentralen Koordinationsstelle für Studienplätze. Der Grund dafür sind die sonst üblichen Doppelbewerbungen an mehreren Universitäten, welche dadurch vermieden werden. Beim ersten Überfliegen des Bewerbungsprozesses wirst du bald schon mit drei verschiedenen Möglichkeiten zur Bewerbung vertraut werden, die du vermutlich alle belegen möchtest. Diese sind: Abiturbestenquote, Wartezeitquote und das Auswahlverfahren der Hochschulen (kurz: AdH). Logisch - es kostet dich nichts, dich auf allen Wegen gleichzeitig zu bewerben. Lediglich die Bewerbung am AdH berücksichtigt den TMS, auch wenn das AdH mit 60 % aller Studienplätze den größten Teil ausmacht. Laut dem Testanbieter ITB Consulting ist der TMS geeignet, um den Studienerfolg eines Teilnehmers gut vorherzusagen.

Das Testzentrum von PräpkursTMS hat es sich zur Aufgabe gemacht, Bewerber auf dem Weg zum Studienplatz zu begleiten. Dieses Buch soll als Vorbereitung zum Medizinertest Hilfe leisten und dir den Umgang mit dem Test und die Lösung der Aufgaben näherbringen. Wir hoffen, dich auf dem Weg zu deinem Ziel voranzubringen und wünschen dir einen erfolgreichen *Test für medizinische Studiengänge.*

Jakob Lochner

Allgemeine Tipps zum TMS

Da sich der TMS als Eignungstest versteht, ist eine wiederholte Teilnahme ausgeschlossen. Deshalb ist eine gute Vorbereitung auf den Test absolute Pflicht. Motivation gefällig? Wenn du voraussichtlich über die Abiturbestenquote keinen Studienplatz bekommen wirst, hast du eigentlich nur zwei Möglichkeiten, doch auf anderem Wege zu einem zu kommen: den TMS und die Wartezeit. Die Wartezeitquote wurde zum Ärger aller Wartenden durch einen Entscheid des Bundesverfassungsgerichts und durch die Kultusministerkonferenz Ende 2017 quasi abgeschafft. Abiturienten, die sich heute noch (Stand 2018) durch Wartezeit qualifizieren wollen, werden damit voraussichtlich keinen Erfolg mehr haben. Die aktuellen Wartezeiten liegen in den letzten Jahren allerdings ohnehin bei sieben Jahren. Diese und viele weitere Zahlen sind übrigens bei *Hochschulstart* öffentlich einsehbar.

Um sich möglichst realistisch auf den TMS vorzubereiten, empfehlen wir, die Aufgaben auch in der originalen Zeitvorgabe und unter realistischen Umständen (am Stück, keine Hilfsmittel) zu bearbeiten. Der Test gliedert sich in einen ca. dreistündigen Vormittagsteil und einen etwa zweieinhalbstündigen Nachmittag. Dazwischen liegt eine einstündige Pause. Die genauen Zeitvorgaben findest du zum einen in der Tabelle unten und zum anderen auch in der Beschreibung einer jeden *PräpkursMedizinertest* Aufgabengruppe, damit du später nicht rumblättern und suchen musst. Zwischen den einzelnen Übungen liegt keine Pause. Es wird somit nach Ablauf der Zeitvorgabe einer Übung direkt zur nächsten Aufgabengruppe gesprungen. Eine spätere Bearbeitung vorangegangener Aufgabengruppen ist nicht mehr erlaubt, wohl aber der Aufgaben innerhalb der gleichen, also aktuellen Aufgabengruppe. Am besten benutzt du beim Üben eine Stoppuhr, um deine Zeit exakt zu erfassen.

Im TMS werden die Lösungen auf einem separaten Lösungsblatt markiert. Mit Ausnahme des Konzentrationstests sind alle Aufgaben des TMS im Multiple-Choice-Verfahren gehalten. Es werden dir jeweils fünf Antwortmöglichkeiten zur Auswahl vorgegeben. Dieses Verfahren ist testtheoretisch zwar nicht unbedingt das bestmögliche, aber ermöglicht es, den Test zu objektivieren und fair und einfach auszuwerten.

Das Bewertungsschema des TMS

Aufgabengruppe	Aufgabenzahl	Zeitvorgabe
Muster Erkennen	24	22 Minuten
Medizinisch-naturwissenschaftliches Grundverständnis	24	60 Minuten
Schlauchfiguren	24	15 Minuten
Quantitative und formale Probleme	24	60 Minuten
Konzentriertes und sorgfältiges Arbeiten	(1600) Wertigkeit: 20	8 Minuten
Pause	-	**60 Minuten**
Merkfähigkeit (Einprägephase) Figuren Lernen Fakten Lernen	20 20	4 Minuten 6 Minuten
Textverständnis	24	60 Minuten
Merkfähigkeit (Reproduktionsphase) Figuren Lernen Fakten Lernen	20 15	5 Minuten 7 Minuten
Diagramme und Tabellen	24	60 Minuten
Gesamt	**184**	**6 Stunden**

Nachdem du deine Kreuze gesetzt hast, wird die Anzahl der korrekten Lösungen von deinem Bogen ausgelesen. Du könntest als Beispiel 17 von 24 richtige Lösungen in der Aufgabengruppe *Schlauchfiguren* haben. Auch wenn das prinzipiell keine schlechte Leistung ist, sagt das noch nichts aus über deine Leistung im Verhältnis zum Kollektiv in deinem Jahrgang und besonders jahrgangsübergreifend. Denn: der Testanbieter ITB bemüht sich zwar, jedes Jahr ein möglichst ähnliches Niveau von Fragen anzubieten, jedoch ist dies natürlich nie exakt der Fall. Es könnte zum Beispiel sein, dass der Durchschnitt in der Aufgabengruppe in deinem Jahrgang bei 15, im letzten Jahrgang aber bei 18 lag. Damit wärst du in diesem Jahr überdurchschnittlich, im letzten Jahr aber mit deiner Punktzahl unterdurchschnittlich. Und damit die Leistungen der Prüflinge dennoch jahrgangsübergreifend verglichen werden können, bedient sich der Test eines statistischen Kunstgriffs.

Zunächst wird der Median aller Teilnehmer gebildet. Das ist also derjenige Wert, den mindestens die Hälfte aller Teilnehmer erreicht hat. Im Beispiel sagen wir mal, der Wert sei 14 von 24. Genau genommen ist das nicht gleich dem Durchschnitt, kommt dem aber ziemlich nahe. Üblicherweise erreichen diesen Mittelwert die meisten Leute, wohingegen besonders gute oder schlechte Werte, zB. 0 oder 24 eher selten erreicht werden. Man spricht deshalb von einer Normalverteilung. Der Median entspräche also einem Prozentrang von 50. Allen anderen Personen könnte man nun ebenfalls einen Prozentrang zusprechen, abhängig davon, wieviele Mitprüflinge sie hinter sich gelassen haben. Um auf den Testwert und das Notenäquivalent zu kommen, braucht es etwas höhere Mathematik. Wenn man die Ergebnisse aller Teilnehmer auf eine Funktion mit Normalverteilung und mit der Standardabweichung von 10 aufträgt, so ergibt sich das typische Bild der Gauss-Funktion: in der Mitte der Medianwert (Rang 50) und an den Enden schlank auslaufend die Prozentränge 0 und 100. Mit der Punktzahl von 17 wäre man also über dem Median und könnte über den Prozentrang, den man zuvor durch die Aufreihung der Prüflinge erhalten hat auch den sogenannten Testwert ablesen. Dieser orientiert sich am Erwartungswert in der Mitte, also dem Median. Der Median entspricht hier dem Testwert 100. Mit 14 Punkten erreicht man also Prozentrang 50 und den Testwert 100. So weit so gut. Durch die normalverteilten Daten können wir nun aber jedem Teilnehmer einen genauen Punkt auf der Kurve zuweisen (wir wissen ja den Prozentrang). Mit der o.g. Standardabweichung von 10 ist definiert, dass 68 % aller Teilnehmer einen Testwert von 90 bis 110 Haben, also nur um 10 Punkte um den Testwert 100 schwanken. Die Testwerte 80 und 120 entsprächen jeweils einer doppelten Standardabweichung und die wird mit einem Prozentrang von 2 und 98 erreicht. Mit der Punktzahl von 17 könnte man für dich also davon ausgehen, dass du einen Prozentrang von etwa 84 % hast. Die entspricht genau einer Standardabweichung, also hättest du einen Testwert von 110. Praktischerweise veröffentlicht ITB für jeden Teilnehmer eine genaue Auswertung aller Werte, zusammen mit den Durchschnittswerten des Vergleichsjahrgangs. Mitnehmen solltest du auf jeden Fall, dass die Erwartungswerte jedes Jahrgangs schwanken und dass du dich nicht verrückt machen solltest, wenn du einen vermeintlich schwachen Wert hast, sondern ihn immer in Relation zu allen anderen Teilnehmern setzen solltest. *PräpkursMedizinertest* veröffentlicht deshalb für unsere TMS-Simulationen Vergleichswerte, an denen du dich orientieren kannst. Du findest die Ergebnisse auf unserer Facebook-Seite.

Noch ein Wort zum sogenannten Notenäquivalent. Das Notenäquivalent wird ebenfalls anhand einer Standardverteilung errechnet. Man setzt einfach voraus, dass Werte zwischen 1,0 und 4,0 prinzipiell erreichbar sind und der Median 2,5 entspricht. 2,5 entspricht somit einem Testwert von 100 und einem Prozentrang von 50. Die Notenäquivalente werden analog zum Testwert nun mit einer Funktion der Normalverteilung errechnet.

Für die Uni-Bewerbung sind unterschiedliche Werte je nach Fakultät maßgeblich, jedoch lassen sich die Werte ja mit o. g. Verfahren ineinander umrechnen. Wo aktuelle Grenzen der einzelnen Hochschulen liegen und wo du dich mit einem bestimmten Ergebnis optimalerweise bewirbst, erfährst du zum Beispiel auf unserer Website *praepkurs-medizinertest.de*.

Wie sieht es bei der Aufgabengruppe *Konzentriertes und sorgfältiges Arbeiten* aus? An der Notenberechnung ändert sich zunächst gar nichts. Der Unterschied liegt in der Natur der Übung: Während es bei allen anderen Aufgabengruppen keinen Abzug für falsche Antworten gibt, soll man in dieser Aufgabe aber sorgfältig arbeiten und keine Fehler machen. Fehler werden nämlich von der erreichten Punktzahl abgezogen. Daher: In allen Aufgabengruppen IMMER alle Kreuze setzen, selbst wenn du keine Zeit mehr zum Lösen der Aufgabe hast. Bei fünf möglichen Antworten hast du stochastisch gesehen in jeder fünften Aufgabe mit Raten einen Glückstreffer dabei. In *Konzentriertes und sorgfältiges Arbeiten* dagegen ruhig und bedacht arbeiten.

Um das alles zusammenzufassen: Der Test belohnt durch die Arbeit mit der Normalverteilung genau jene Teilnehmer, die sich besonders vom Rest abheben, also deutlich besser sind. Als grober Richtwert: Mit einer ausgiebigen Vorbereitung kannst du in jedem Fall einen Prozentrang von 75 % erreichen. Dieser Wert ist auch nötig, um dir einen deutlichen Vorteil im Rennen um die Studienplätze zu verschaffen. Unser Appell daher an dich: Nimm die Vorbereitung und den Test sehr ernst – er ist eine einmalige Chance. Versuche nicht, eine durchschnittliche Leistung abzuliefern, sondern gib dein bestes.

Tipps zum Lösen der TMS-Aufgaben

Die meisten Aufgaben im TMS sind im MC-Stil gehalten. Wahr- / Unwahr-Fragen machen den größten Teil der Textaufgaben aus. Die Grundstruktur ist immer die gleiche: Dir werden fünf Aussagen geboten von denen jeweils genau eine wahr oder genau eine unwahr ist. Diese Antwort wird gesucht. Diese Aufgabenstruktur wird dir im Studium noch häufiger begegnen. Zum Beispiel sind beide Staatsexamina in diesem Stil gehalten.

Das Gefäß mit dem höchsten systolischen Blutdruck ist der / die:

1. Aorta descendens.
2. Vena cava inferior.
3. Vena iliaca interna.
4. Rechter Vorhof.
5. Arteria ulnaris.

Welche der folgenden Aussagen trifft <u>nicht</u> zu?

1. Presbyopie hat eine verminderte Akkomodationsbreite zur Folge.
2. Myopie bezeichnet Kurzsichtigkeit.
3. Ein Retinoblastom ist ein bösartiger Tumor der Augen.
4. Protanomalie ist die Schwäche, Farben erkennen zu können.
5. Favismus geht mit Weitsichtigkeit einher.

Eine einfache, aber wirksame Strategie ist es, grundsätzlich *sämtliche* Aussagen auf ihren Wahrheitsgehalt zu überprüfen – unabhängig davon, nach welcher Art von Aussage gesucht ist (richtig/falsch). Es kommt nämlich vor, dass du durch die Aufgabenstellung bereits in deinem Urteilsvermögen beeinflusst wirst. Beispielsweise kann es sein, dass du grundsätzlich nur Falschaussagen siehst, wenn nach nur einer richtigen Antwort gesucht wird. Du könntest deshalb etwas für falsch halten, was eigentlich richtig ist. Von daher markiere dir *sämtliche* Aussagen als falsch oder richtig:

~~a) Ich bin eine Falschaussage.~~

b) ~~In mir steckt ein Fehler.~~

c) Bei mir ist alles richtig.

~~d) Ich bin unwahr.~~

e) Ich bin nicht unwahr (?)

In diesem Beispiel haben wir die falschen Antworten durchgestrichen. Du kannst auch mit Häkchen oder Kreuzen arbeiten. Wichtig ist, dass du *nachdem* du alle Aussagen auf ihre Richtigkeit hin bewertet hast, noch einmal die Lösungen mit der Aufgabenstellung abgleichst. Nicht wenige Prüflinge haben schon Punkte verloren, weil sie im Laufe des Lesens aller fünf Aussagen die eigentliche Aufgabenstellung vergessen haben. Ganz besonders trifft dies natürlich auf verneinende Aufgabenstellungen zu.

Noch ein weiterer Punkt im richtigen Lösen betrifft die Antwort E. Wir haben sie bewusst mit einem Fragezeichen markiert. Das betrifft nicht nur die doppelte Verneinung („nicht unwahr"). Viele Aufgaben legen es auf solche Verwirrungen an. Lass dich nicht durcheinanderbringen und zieh deine Lösungsstrategie ganz cool durch. Du kannst das Verfahren bei kniffeligen Aufgaben noch steigern, indem du Aussagen, bei denen du dir besonders sicher bist, doppelt mit einem Haken markierst.

Tipps zum Umgang mit Multiple-Choice-Fragen

Der große Vorteil von MC-Fragen ist, dass du immer die Chance hast, die Frage zu beantworten, selbst wenn du keine Ahnung von der Lösung hast. Durch willkürliches Kreuzen (böse Zungen nennen das: „Raten") wirst du mit einer Wahrscheinlichkeit von 20 % einen Punkt ergattern, da dir immer fünf Antwortmöglichkeiten gegeben werden. Von daher: Immer ein Kreuz setzen. Solltest du also am Ende einer Aufgabengruppe in Zeitdruck geraten, füllst du den Antwortbogen einfach willkürlich mit Kreuzen auf. Auf jedes fünfte Kreuz kommt ein „kostenloser"" Treffer. Wenn du zusätzlich noch mögliche Antworten ausschließen kannst, steigt deine Ratewahrscheinlichkeit, da ja weniger mögliche Antworten bleiben. So hast du mit einer ausgeschlossenen Antwort nur noch vier mögliche und damit 25 % Richtige, mit zwei ausgeschlossenen 33 % und mit drei ausgeschlossenen schon 50 % Richtige. Nicht schlecht, oder? Es lohnt sich also, auch mal nur zwei Antwortmöglichkeiten auszuschließen und erst anschließend zu raten, wenn es nicht anders geht. Lohnt es sich, schwierige Aufgaben nach hinten zu schieben? Das hängt von der Aufgabengruppe ab. In den Erklärungen zu den jeweiligen Aufgaben haben wir die Zeit berechnet, die du für die Lösung einer Aufgabe hast. In einigen Aufgabengruppen geht es entspannter zu, in anderen hektischer. Beispielsweise hast du bei *Muster erkennen* kaum die Zeit, noch einmal zurückzuspringen, in anderen Aufgaben wie *Textverständnis* aber schon. Folgende Strategie schlagen wir vor: Wenn dir während der Bearbeitung Aufgaben auffallen, die du nicht auf Anhieb lösen kannst, schließe so viele Antworten aus wie möglich. Anschließend markierst du dir die Aufgabe deutlich am Rand des Aufgabenzettels, damit du sie später schnell findest. Solltest du am Ende noch Zeit haben, gehst du genau diese Aufgaben noch einmal durch. Sind sie immer noch unlösbar, kreuzt du einfach willkürlich eine deiner restlichen Antwortmöglichkeiten an und hoffst auf dein Glück. Du kannst sogar noch weiter unterscheiden zwischen „komplett unlösbar" und einfach nur „schwierig". Dann gehst du nur noch die leichteren an, bei denen du schon mindestens eine Antwort ausgeschlossen hast. Dir bringt wie oben beschrieben das Ausschließen von einer zweiten Antwort mehr als das Ausschließen einer ersten usw. Verschwende definitiv nicht zu viel Zeit bei Aufgaben, bei denen du gar nichts weißt, wenn noch leichtere Aufgaben offen sind. Übrigens: Wenn du eine Aufgabe nicht lösen kannst, ist das kein Weltuntergang. Die Ergebnisse des TMS zeigen jedes Jahr, dass in vielen Aufgabengruppen niemand die volle Punktzahl erreicht. Für die Bewertung des Tests ist das sogar sinnvoll, da ja die Teilnehmer anhand eines Prozentranges klassifiziert werden, was nicht gelänge, wenn viele Teilnehmer die volle Punktzahl hätten und dadurch gleichauf lägen. Der Testentwickler baut also absichtlich sehr schwere Fragen ein, die eine Vielzahl der Teilnehmer nicht beantworten wird. Außerdem sind auch Aufgaben dabei, die praktisch jeder löst. Wir haben versucht, dies in unserer Übungsliteratur nachzubilden.

Erklärungen zu den Aufgabengruppen

Aufgabengruppe Muster erkennen

Die Aufgabengruppe *Muster Erkennen* testet deine Fähigkeit, schnell einen Ausschnitt aus einem möglichst komplexen und unübersichtlichen Bild zu erkennen und ist der Einstieg in den TMS. Es werden Dir ein großes Musterbild sowie fünf kleinere Ausschnitte (A - E) vorgelegt. Nur einer dieser Ausschnitte ist komplett deckungsgleich mit einem Ausschnitt des Musters. Alle anderen sind an irgendeiner Stelle fehlerhaft. Diese vier anderen gilt es folglich auszuschließen.

Im Beispiel unten kannst du in den Bildern A, B, D und E jeweils einen Fehler finden (durch Kreise markiert). Antwort C kann dann durch Ausschlussverfahren als korrekt identifiziert werden.

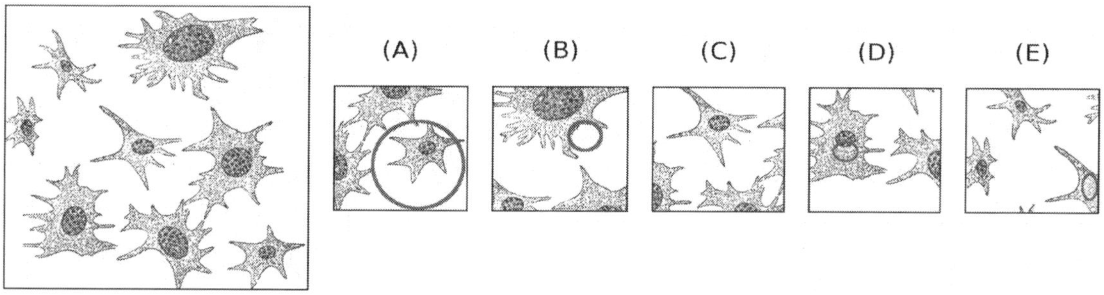

Insgesamt sind 24 solcher Aufgaben zu bewältigen. Für diese Aufgabengruppe sind keinerlei besondere Fähigkeiten erforderlich. Der eigentliche Knackpunkt bei *Muster Erkennen* ist der Zeitdruck: Es sollen 24 Aufgaben in gerademal 22 Minuten bearbeitet werden. Dir stehen pro Bild also lediglich 55 Sekunden zur Verfügung. Anders ausgedrückt hast du pro Ausschnitt also 11 Sekunden Zeit um herauszufinden, ob dort ein Fehler versteckt ist oder nicht.

Muster Erkennen ist trainierbar, jedoch erfordert es einiges an Übung, um wirklich gut darin zu werden. Anders als bei anderen Aufgabengruppen, die man strategisch angehen kann, läuft es bei diesem Test eher darauf hinaus, im Vergleichen der Bildausschnitte mit dem Gesamtbild schneller zu werden. Im Gespräch mit unseren Lesern und nach unserer Online - Auswertung konnten wir aber folgendes feststellen: Die erfolgreicheren Absolventen unserer Kurse gingen bei dieser Aufgabengruppe zunächst einmal systematisch vor: Sie betrachten Bild (A), ordnen und grenzen es zuerst auf dem Musterbild ein und gehen erst danach an das Vergleichen. Wenn sie also ein Bild vergleichen, sind sie sich sicher, an welchem Ort sie suchen müssen. Entscheidend dabei ist eine Orientierungsstruktur, die leicht und sicher mehrfach zu identifizieren ist. Zum anderen ist es eher sinnvoll, nicht Punkt für Punkt zu vergleichen, sondern möglichst schnell, ganze Kreisausschnitte um die Orientierungsstruktur herum abzusuchen. Sie können dadurch häufiger und schneller das Vergleichsbild überfliegen. Anders gesprochen, je häufiger deine Augen zwischen Muster und Ausschnitt hin und her springen, desto höher ist die Wahrscheinlichkeit, den Fehler zu finden. Also: Orientierungsstruktur in der Bildmitte des Ausschnitts suchen und mit vielen Blickwinkeln rundherum auf Fehler absuchen. Wenn du große Probleme hast, eine geeignete Orientierungsstruktur im Bildausschnitt zu finden, so gewöhne dir an, mit dem Finger und deinem Stift zwei Kanten eines Quadrats zu formen, um schneller mit den Augen hin und her zu springen.

Außerdem solltest du dir beim Üben bereits aneignen, unter sinnvoll aufgeteilten Zeitepisoden die Bildausschnitte abzusuchen. Wenn du das Ziel hast, 24 Punkte abzuräumen, sind das 11 Sekunden pro Bild. Um das zu Üben kannst du immer vier Aufgaben am Stück machen und dir einen Timer auf 3:40 Minuten zu stellen. Anschließend machst du die nächsten vier Aufgaben. Mit der Zeit erhältst du ein Gefühl für diese Zeitspanne.

Die Bilder und damit Antwortmöglichkeiten lassen sich hier – anders als bei anderen Aufgabengruppen – sicher ausschließen, nämlich dann, wenn du den Fehler gefunden hast. Die Rateregel, also dass die Wahrscheinlichkeit, korrekt zu kreuzen steigt, sobald man wenigstens eine Antwort ausgeschlossen hat, findet hier zu 100 % Anwendung. Wenn du also deine Aufgaben ein zweites Mal bearbeitest, beginne unbedingt bei jenen Aufgaben, in welchen du bereits zuvor eine oder zwei Antworten ausgeschlossen hast. Andersherum kann es sinnvoll sein, besonders schwierige Aufgaben zu überspringen. Mit der Zeit und ausreichend Übung erhältst du ein Gefühl dafür.

Mehr als in anderen Aufgabengruppen geht es bei Muster Erkennen weniger um die richtige Lösungsstrategie als vielmehr um kontinuierliches Üben. Die beste Vorbereitung dieser Aufgabengruppe ist demnach die wiederholte Beschäftigung damit.

Aufgabengruppe Med-Nat Grundverständnis und Textverständnis

Die Textaufgaben im TMS umfassen die zwei Aufgabengruppen *Medizinisch-naturwissenschaftliches Grundverständnis* und *Textverständnis*. In beiden kannst du in jeweils 60 Minuten bis zu 24 Punkte erlangen. Zusammengenommen sind das etwa ein Viertel aller Punkte. Eine umfassende Vorbereitung zu diesem Aufgabentypus ist also Pflicht.

Grundsätzlich testen beide Aufgabengruppen deine Gabe, Inhalte aus Texten zügig aufzufassen, weiterzuverarbeiten und dich für präzise Aussagen korrekt entscheiden zu können. Um einen Bogen zur späteren Tätigkeit als Mediziner zu spannen, erinnert dies beispielsweise an wissenschaftliche Texte, aus denen du schnell korrekte Schlüsse ziehen und dich nicht zu Fehlannahmen verleiten lassen sollst.

Wichtig: beide Aufgabengruppen testen NICHT dein Vorwissen in den naturwissenschaftlichen Fächern! Es sind nämlich stets sämtliche notwendigen Informationen im Text enthalten. Du musst sie lediglich korrekt extrahieren. Eine naturwissenschaftliche Vorbildung ist dennoch nie verkehrt, da die Texte häufig das Abiturniveau nicht überschreiten.

Der Unterschied der Aufgabengruppen liegt im Aufbau und der Position im TMS: *Medizinisch-naturwissenschaftliches Grundverständnis*, die zweite Aufgabengruppe des Tests, wird nach etwa einer halben Stunde getestet. Dir werden 24 kurze Texte von 100-150 Wörtern vorgelegt, wozu dir jeweils eine einzige Frage gestellt wird. Dir stehen durchschnittlich pro Text und Frage 2,5 Minuten zur Verfügung.

Textverständnis: die erste Aufgabengruppe nach der Mittagspause. Dich erwarten zwar nur vier Texte, diese haben aber ca. 500 Wörter und werden mit jeweils sechs Fragen abgefragt. Du verbringst somit bei jedem Text ca. 15 Minuten.

Im Gegensatz zu anderen Aufgaben im TMS ist hier der Zeitdruck nicht so gravierend. Viele Punkte werden dagegen immer wieder durch unkonzentriertes Arbeiten verloren. Alle Antworten sind wie immer im Multiple-Choice-Verfahren gehalten; häufig wird nach der oder den richtigen oder falschen Antwort(en) gefragt.

In den meisten Fällen (ca. 50 % der Aufgaben und Antworten) sind die benötigten Informationen direkt aus dem Text zu extrahieren, d. h. ein Absuchen des Texts mit der Schlüsselwortmethode bzw. ein Überfliegen genügt. Wenn du die Info gefunden hast, musst du lediglich die Lösungen damit abgleichen. In aller Regel kannst du bereits zwei oder drei Antworten aussortieren, die besonders einfach gestellt werden.

Andere benötigte Informationen werden dir dagegen nicht direkt dargelegt. Dann ist ein Transfer gefragt, das Niveau ist hier also höher. Beispielsweise kann es sein, dass nach dem Gegenteil eines im Text dargelegten Sachverhaltes gefragt wird. Diese Aufgaben sind etwas seltener, aber trennen sprichwörtlich die Spreu vom Weizen.

Die Spitze des Niveaus, das in den TMS-Textaufgaben erreicht wird, sind Aufgaben, in welchen du indirekt dargelegte Fakten mit anderen abgleichen und verbinden musst, die an einer anderen Stelle im Text stehen oder aber Kaskaden von beschriebenen Effekten, die sich gegenseitig ergänzen. Dazu eignet sich natürlich die Aufgabengruppe *Textverständnis* eher, da hier die Texte länger und damit komplexer sind. Doch auch in *medizinisch-naturwissenschaftliches Grundverständnis* werden dir solche Aufgaben begegnen. Das intellektuelle Niveau ist bei solchen Aufgaben ungleich höher, allerdings bleibt dir bei *Textverständnis* dafür auch mehr Zeit. In diesen Fällen gebietet es sich, mit einem Zettel und Stift zu arbeiten und extra Notizen zu machen.

Sind Markierungen im Text sinnvoll? Die Antwort darauf ist Ja, allerdings kann man auch falsch markieren. Generell sind Markierungen in *Textverständnis* sinnvoller als in den kurzen Texten von *medizinisch-naturwissenschaftliches Grundverständnis*, da man nicht den ganzen Text im Hinterkopf behalten kann und im Laufe der zugehörigen sechs Aufgaben mehrfach durch den Text geht, um die Antwortmöglichkeiten mit den gegebenen Infos abzugleichen.

Doch auch in letzterem ist nicht immer alles gedanklich präsent und es kann sinnvoll sein, mit Markierungen zu arbeiten und so den Suchprozess im Text zu beschleunigen. Sinnvollerweise kann man folgende Sachen markieren:

- ✔ Nicht zu viel!
- ✔ Keine ganzen Sätze.
- ✔ Wortgruppen mit besonders prägnantem Inhalt.
- ✔ Fremdwörter.
- ✔ Zentrale Aussagen des Textes.

Viele Menschen neigen intuitiv dazu, eher zu viel als zu wenig zu markieren, da man Angst hat, eine Info zu verpassen. Dies führt aber den Sinn der Markierungen ad absurdum, denn: Der größte Nutzen ist ja, sich im Dschungel der vielfach überflüssigen Infos aus dem Text zurechtzufinden und das geht nun mal nur mit prägnanten und sparsamen Markierungen. Beispiele für griffige und inhaltsreiche Terme wären:

- „Bilirubin kommt nur konjugiert in der Galle vor".
- „Adrenalin erhöht die Herzfrequenz".
- „Wie bereits erwähnt, kann ein Überschuss an Kohlehydraten zu einem Auswurf von Insulin führen".
- „Die Teilnehmer des letztjährigen TMS, die im Durchschnitt 75 % erreichten, waren...".

Die gewonnene Übersichtlichkeit im Text hilft dir, Zeit zu sparen. Das ist die Zeit, die du später in die besonders schwierigen Aufgaben investieren kannst, in denen du mehrfach nachlesen musst, um sie richtig zu beantworten. Da ist sie wesentlich sinnvoller investiert, als im aufwändigen und mehrfachen Suchen nach Infos im Text. Wie bereits oben erwähnt, liegen die Infos nicht immer direkt parat, sondern müssen aus mehreren Informationen zusammengesetzt oder transferiert werden. Beliebt sind etwa Kaskadenstrukturen, in welchen diverse Infos verknüpft werden. Im Beispiel unten ist dies verdeutlicht:

„Die durch Adrenalin erzeugte Beschleunigung der Herzfrequenz erhöht die ausgeworfene Menge Blut aus dem Herzen (Herz-Zeit-Volumen), was sich erhöhend auf den Blutdruck auswirkt. Die dadurch initiierten Vorgänge in der Niere sorgen dafür, dass mehr Urin produziert und Wasser ausgeschieden wird, so dass die Flüssigkeitsmenge im Körper und damit auch der Druck im Gefäßsystem wieder sinken."

Ereignis A (Adrenalin) beeinflusst Ereignis B (Herzfrequenz) und über eine längere Kaskade schließlich sogar die Wasserausscheidung in den Nieren (Ereignis E). Um solche Informationen darzustellen, sind kurze Mind-Maps mit Pfeilen und einzelnen Wörtern sinnvoll, denn nicht immer sind die Infos so an einer Stelle im Text kondensiert:

„Adrenalin ⇑ → Herzfrequenz ⇑ → Herz-Zeit-Volumen ⇑ → Blutdruck ⇑ →
Urinproduktion ⇑ → Wasserausscheidung ⇑ → Körperflüssigkeit ⇓"

So können auf Basis einer einfachen Mind-Map Kaskadenvorgänge relativ sicher dargestellt werden. Größere Skizzen sollten allerdings erst nach dem Lesen der Fragen erstellt werden, da man vorher nicht wissen kann, ob die Informationen überhaupt nützlich sind. In einem weiteren Beispiel liegen ebenfalls viele Informationen vor, allerdings stehen sie in keiner Relation zueinander:

„Adrenalin erhöht die Herzfrequenz. Diese beträgt durchschnittlich 70 Schläge pro Minute. Pro Schlag werden etwa 70 ml in den großen Körperkreislauf gepumpt."

Eine Kaskade liegt nicht vor. Die Infos können einfach separat unterstrichen werden und eine Arbeit abseits des Textes ist hier eher mit überflüssigem Zeitaufwand verbunden.

Schlussendlich solltest du in der Aufgabengruppe nicht zu schnell vorgehen und konzentriert bleiben. Du solltest dir die Grundregeln im Umgang mit MC-Fragen verinnerlichen und sorgfältig arbeiten. Anders als in anderen Aufgabengruppen ist bei den Textaufgaben ein Vor- und Zurückspringen nicht so sinnvoll, da jede Aufgabe eine gewisse Einarbeitungszeit benötigt. Dennoch solltest du Aufgaben überspringen, für die du nach zwei Minuten keinen Lösungsansatz findest. Einzelne Antworten lassen sich aber praktisch immer ausschließen, so dass du dein Raten mindestens optimieren kannst.

Übrigens: PräpkursMedizinertest bietet ebenfalls Vorbereitungskurse in vielen deutschen Städten an. In diesen Kursen hast du mit einer Teilnehmerzahl von maximal 15 und TMS-erfahrenen Dozenten die Möglichkeit, Lösungsstrategien zu erlernen, zu vertiefen und konsequent anzuwenden. In einer TMS-Simulation unter realistischen Bedingungen wirst du außerdem auf Herz und Nieren geprüft und hast nach dem Kurs in einem 1:1-Dozententelefonat noch einmal die Möglichkeit, deine Schwächen auszubessern.

Im Onlinebereich von https://praepkurs-medizinertest.de kannst du dir weiterhin jede Menge kostenloser Aufgaben und Auflösungstipps für die Aufgaben der PräpkursTMS-Literatur besorgen. Das Passwort: meisterschüler

Aufgabengruppe Schlauchfiguren

In der Aufgabengruppe Schlauchfiguren wird dein räumliches Vorstellungsvermögen getestet. Die Aufgabengruppe ist sehr standardisiert und wird seit Jahren gleich abgeprüft. Es geht hier um den Vergleich zweier Seiten eines Würfels. Gegeben ist zum einen stets die Frontalansicht eines transparenten Würfels mit einem variablen Inhalt. Dieser Inhalt besteht aus einem individuellen Gewirr von Kabeln. In einem Vergleichsbild (Sekundäransicht) sieht man den gleichen Würfel von einer anderen Seite. Es gibt fünf Möglichkeiten: von rechts, von links, von oben, von unten oder von hinten. Der Würfel wird somit um seine senkrechte oder waagerechte Achse gedreht. Dass der Würfel auf dem Kopf steht, kommt niemals vor. Deine Aufgabe besteht darin, durch Vergleich der Frontalansicht (Primäransicht) sowie der Sekundäransicht herauszufinden, in welche Richtung der Würfel gedreht wurde. Die Lösungsmöglichkeiten sind ebenso standardisiert. (A) entspricht immer der Antwort „Rechts" usw. Zur Antwort E ist noch zu sagen: Die Drehung erfolgt immer um die senkrechte Achse. Der Würfel steht also bei der rückwärtigen Ansicht stets aufrecht und nicht auf dem Kopf. Es wird nicht etwa zweimal um die waagerechte Achse gedreht. Hier siehst du ein Beispiel.

Primäransicht	**Lösungen**	**Sekundäransicht**
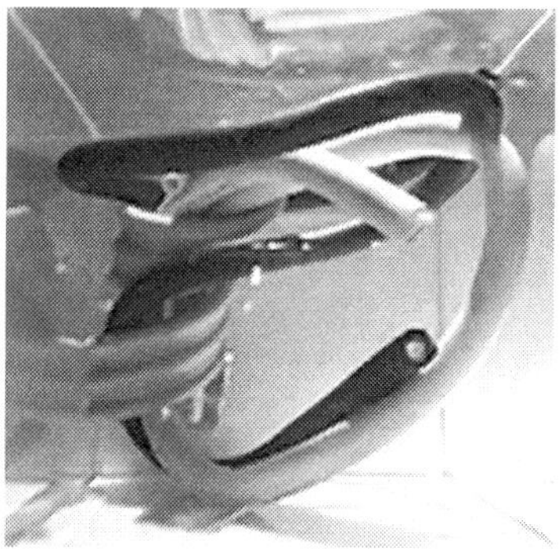	(A) Rechts (B) Links (C) Unten (D) Oben (E) Hinten	

Der Einfachheit halber sind die fünf Antwortmöglichkeiten also stets gleich sortiert. „Rechts" ist immer Antwort A. Die für dieses Beispiel korrekte Antwort wäre (B), da der Würfel in der Sekundäransicht die linke Ansicht vom ersten Würfel ist. Würde man sich um den ersten Glaswürfel auf der linken Seite herumbewegen und ihn ansehen, so würde er sich so wie im rechten Bild darstellen.

Die Aufgabengruppe muss innerhalb von 15 Minuten bearbeitet werden, was für die 24 Aufgaben ausreichen muss (38 Sekunden pro Aufgabe). Nach der eher ruhigen zweiten Aufgabengruppe des TMS (*medizinisch-naturwissenschaftliches Grundverständnis*) kommt hier wieder der typische TMS-Stress zum Tragen. Aber keine Bange: Mit einer soliden Strategie und ausreichend Übung kann man hier schnell Fortschritte erzielen und seine Leistung deutlich steigern. Man kann diese Aufgabengruppe glücklicherweise sehr systematisch angehen und dadurch den Zeitdruck etwas mindern.

Viele Menschen haben Probleme mit dem räumlichen Vorstellungsvermögen. Manch einer kann wahrscheinlich nicht aus dem Stand in unserem Beispiel sagen, dass die richtige Antwort (B) ist. Was allerdings vermutlich für viele auch innerhalb der knappen 38 Sekunden funktioniert hätte, wäre es, zwei oder drei Antwortmöglichkeiten sicher auszuschließen und somit die verbleibenden Möglichkeiten auf zwei einzugrenzen. Es lassen sich zwei Gruppen von Antwortmöglichkeiten grundsätzlich unterscheiden: A, B und E auf der einen und C und D auf der anderen Seite. Diese Unterscheidung erfolgt aufgrund ihrer Drehachsen. A, B und E werden jeweils um die senkrechte Achse gedreht, C und D dagegen um eine waagerechte. Man kann sich das wie einen Spieß im Würfel vorstellen, den man entweder senkrecht von oben oder waagerecht von links nach rechts durch den Würfel schiebt. Und dies hat eine ganz praktische Konsequenz: Für die Antworten A, B und E ändern sich die Höhenverhältnisse im Würfel nicht. In der Frontalansicht ist in unserem Beispiel ein schwarzes Kabelende in der Nähe der rechten Wand unten gezeigt. Dreht man den Würfel um seine senkrechte Achse, so bleiben die Höhenverhältnisse bestehen und das Kabelende bleibt (wie im Beispiel) auf der gleichen Höhe. Dadurch können wir recht schnell, und für viele auch intuitiv, die Antworten C und D ausschließen. Wir wissen also schnell, dass es sich um eine der Antworten A, B oder E handeln musste.

Nun schauen wir uns an, wie es sich verhält, wenn man den Würfel um seine waagerechte Achse dreht, wenn man also den Würfel nach vorn oder nach hinten kippt.

Primäransicht	**Lösungen**	**Sekundäransicht**
	(A) Rechts (B) Links (C) Unten (D) Oben (E) Hinten	

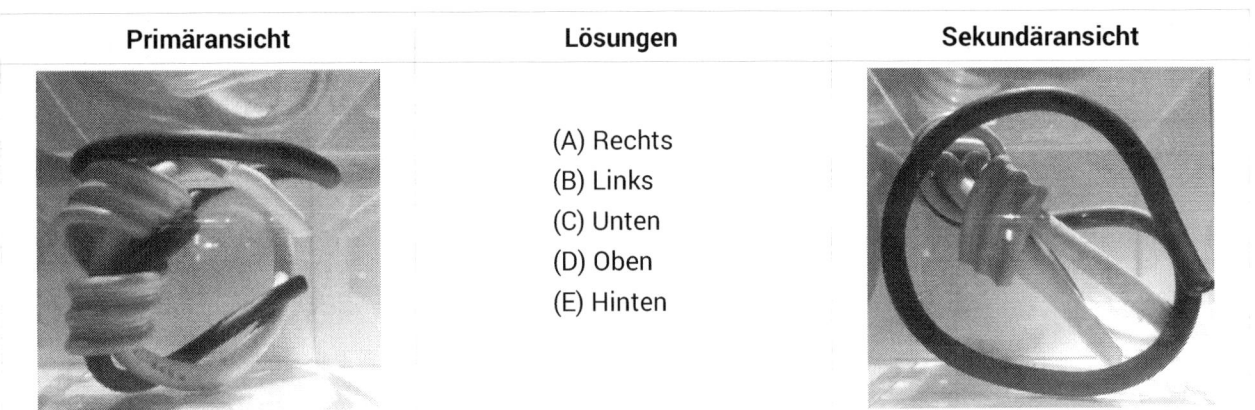

In diesem Fall wäre die Antwort D korrekt. Du merkst recht schnell: die Höhenverhältnisse haben sich komplett verändert. Das recht dominante schwarze Kabel im rechten Bild müsste im Falle von den Antworten A, B und E irgendwo an der rechten, linken oder hinteren Wand zu sehen sein, etwa indem es an diese Wände gelehnt ist. Dies ist aber nicht der Fall. Viel mehr können wir davon ausgehen, dass es sich um die Schlaufe auf der Oberseite der Primäransicht handelt, da diese dort ebenfalls sehr dominant Raum einnimmt. Wir können also mit Sicherheit sagen, dass A, B und E nicht als Lösungen in Frage kommen. Um die beiden Möglichkeiten nochmal im Vergleich zu sehen, betrachte das folgende Beispiel.

Von vorn	Von links	Von oben
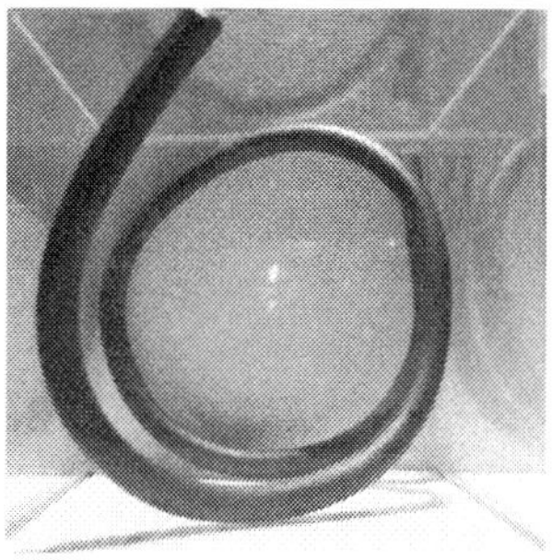		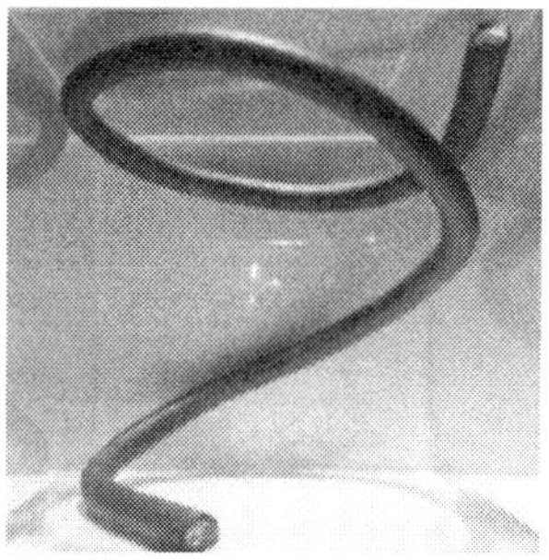

Im zweiten Bild („von links“) sind die Kabelenden noch immer auf der gleichen Höhe wie im ersten. Die Höhenverhältnisse sind unverändert, die Lösung muss A, B oder E lauten. Im dritten Bild („von oben“) dagegen finden wir eines der Kabelenden plötzlich auf dem Boden des Würfels – dort ist es im ersten Bild definitiv nicht zu finden. Die Lösung muss also C oder D lauten. Die Höhen- und Seitenverhältnisse ändern sich niemals gleichzeitig. Als nächsten Schritt steht nun die Differenzierung zwischen den einzelnen Antworten an.

Die einfachste Antwort ist im Test die Antwort E. Zunächst einmal ändern sich hier die Höhenverhältnisse nicht. In der Sekundäransicht sind markante Strukturen horizontal gespiegelt zu finden. Ein Kabelende am rechten Bildrand ist bei der Ansicht von hinten links zu finden. Besonders mittig gelegene Objekte können aber bei Antwort E verdeckt sein. Kontrolliere also nach Ausschluss der Antworten C und D stets auf eine mögliche Spiegelung von Strukturen, so dass die Antwort E schon mal sicher ein- oder ausgeschlossen werden kann. Nach Anwendung dieser Regel kommen in jedem Fall immer nur noch zwei Möglichkeiten in Betracht: entweder A und B oder C und D. Zunächst einmal sei gesagt: konzentriere dich stets auf die markantesten Strukturen und solche Kabel, die nicht zweimal vorliegen. Manche Strukturen liegen nämlich doppelt vor, so dass man sie leicht verwechseln kann. Ebenfalls ist es meistens hilfreich, sich eher auf Kabelenden als auf Kabelverläufe zu stützen. Kabelverläufe sind nämlich leichter zu verwechseln und in verschiedenen Ebenen betrachtet manchmal erstaunlich schwierig zu erkennen.

Anschließend solltest du, soweit du nach Ausschluss von drei Antworten nicht schon intuitiv darauf gekommen bist, dir die Perspektive auf den Würfel direkt vorstellen. Bewege dich in Gedanken selbst um den Würfel herum. Behalte dabei die Kante, um die du herum läufst im Auge und stelle dir anschließend die Struktur vor, die an der nächsten Fläche und Kante auf dich wartet. Die Seitenverhältnisse werden dadurch meistens sehr viel klarer, als wenn man in Gedanken den Würfel dreht.

Ein effektives Vorgehen bei der Aufgabengruppe *Schlauchfiguren* besteht aus:

- Identifikation geeigneter und freistehender Kabel und deren Enden,
- Prüfung der Höhen- und Seitenverhältnisse,
- Antwort E ausschließen,
- Entscheidung zwischen den zwei letzten Möglichkeiten, in dem man sich um den Würfel „herum bewegt".

Aufgabengruppe Quantitative und formale Probleme

Die Aufgabengruppe *Quantitative und formale Probleme* soll deine Fähigkeit testen, mit Formeln, Größen, Einheiten und einfachen Rechenoperationen umzugehen. Es werden dir 24 solcher Aufgaben gestellt. Wie fast alle anderen Aufgabengruppen auch, wird *quantitative und formale Probleme* komplett im Multiple-Choice-Verfahren bearbeitet. Dir stehen 60 minuten zur Verfügung, wodurch du wie schon in der zweiten Aufgabengruppe wieder zweieinhalb Minuten pro Aufgabe hast. Diese Aufgabengruppe ist nach *Muster Erkennen, Medizinisch-naturwissenschaftliches Grundverständnis* und *Schlauchfiguren* die vierte im TMS.

Grundsätzlich werden in dieser Aufgabengruppe immer wieder einige typische Aufgabentypen gestellt, die sich vom Prinzip her über die Jahre wiederholt haben. Einige Typen kommen häufiger vor als andere. Die Aufgaben haben mathematischen Charakter, können aber allesamt im Kopf gerechnet werden. Du wirst dich nicht auf alle Aufgaben des Tests sicher vorbereiten können, da einige jedes Jahr völlig individuell entwickelt werden. Mathematik ist ein breites Feld und bietet den Testentwicklern deshalb eine große Trickkiste, aus der sie sich bedienen können. Wir können dir hier lediglich einen Abriss einiger möglicher Aufgabenstellungen liefern, jedoch keine Schritt-für-Schritt-Anleitung wie bspw. bei den *Schlauchfiguren*. Du brauchst aber den Kopf deshalb nicht hängen zu lassen, selbst wenn du kein Mathe-Freak bist. In den folgenden Aufgabentypen solltest du die Punkte sicher abstauben und Zeit sparen, die du in schwierigere Aufgaben stecken kannst. Da Schwierigkeitsgrad und Zeitaufwand der Aufgaben massiv voneinander abweichen (bspw. Dreisatzaufgaben vs. Aussagen zu Funktionen), kannst du für schwierigere Aufgaben deutlich mehr Zeit ansetzen. Du wirst aber auch auf Aufgaben stoßen, die du nur schwer lösen kannst, ganz einfach, weil dir der Ansatz einfach nicht in den Sinn kommt. Mehr als bei allen anderen Aufgabengruppen macht es in der Aufgabengruppe *quantitative und formale Probleme* Sinn, ausgewählte Aufgaben später zu bearbeiten, wenn du mit ihnen Probleme hast. Nutze die Aufgaben auf den Übungsdurchgängen, um Schwachstellen zu erkennen, die du tiefer nacharbeiten kannst.

Dreisatzaufgaben

Es wird eine Textaufgabe mit insgesamt drei oder vier Variablen vorgestellt. Diese sind in irgendeiner Form durch Division oder Multiplikation miteinander ins Verhältnis zu bringen. Beispiel:

Susi geht mit vier Euro einkaufen und bekommt im Laden dafür fünf Zahnbürsten. Letzte Woche kaufte sie 14 Stück. Wieviel Geld hatte sie letzte Woche mindestens dabei?

Grundsätzlich ist hier ein simpler Term aufzustellen: Das Verhältnis aus 4 Euro und 5 Zahnbürsten ist wie X zu 14 Zahnbürsten. Durch Umstellen erreichst du, dass das Ergebnis alleinstehend rechts erscheint. „Verhältnis" bedeutet in diesem Fall, dass man den Bruch genauso gut umkehren könnte. Die Verhältnisse bleiben gleich. Als kleiner Tipp: Wenn du alle Einheiten rauskürzt, muss immer die Zieleinheit im Ergebnis rauskommen. Wenn hier also ein Ergebnis mit „Quadrateuros" rauskäme, hättest du den Term sicherlich falsch aufgestellt. Die Einheiten können dir also helfen, den Termin richtig aufzustellen. Die korrekte Antwort ist übrigens 11,20 €.

$\frac{4€}{5}=\frac{X€}{14}$	$\frac{14 \bullet 4\,Euro}{5}=11{,}20€$

Dieser Aufgabentyp ist relativ häufig und gut zu üben. Entscheidend ist, dass du solche Aufgaben zügig erkennst. Hin und wieder werden auch bewusst Ergebnisse angeboten, die rauskämen, wenn du die Formel falsch aufstellst. Wenn du gar keine Ahnung hast, rechne trotzdem zumindest ein wenig mit den Zahlen herum und probiere alle Kombinationen aus. Schau dann einfach, ob eine der Lösungsmöglichkeiten passt.

Übungsaufgaben:

Die Lösungen findest du am Ende der Einleitung!

Nina investiert zum Lernen von 200 französischen Vokabeln durchschnittlich 36 h Zeit. Sie möchte ihren Wortschatz innerhalb von 90 h so weit wie möglich erweitern.

1. *Bitte stelle eine entsprechende Formel auf und stelle passend um!*
2. *Wieviele Vokabeln wird sie lernen? Ein Imker hatte letztes Jahr eine Produktion von ca. 100 Litern Honig. Durch den Einsatz von Insektiziden auf dem nahegelegenen Acker hat sich seine Bienenpopulation verringert, so dass er nur noch 30 Liter produziert hat. Ursprünglich lag die Population über das Jahr gesehen bei ca. 10.000.*
3. *Bitte stelle eine entsprechende Formel auf und stelle passend um!*

4. *Wie hoch ist die Bienenpopulation dieses Jahr?*

Aufgaben zu Misch- und Konzentrationsverhältnissen

Dieser Aufgabentyp ist praktisch immer vertreten. Es lohnt sich daher, ihn sicher zu beherrschen. Bei einer Beispielaufgabe wird es klarer:

Schwester Eva vermischt drei Desinfektionslösungen unterschiedlichen Alkoholgehalts. Lösung A besitzt 20 ml Alkoholanteil und hat ein Gesamtvolumen von 200 ml. Lösung B besteht aus 300 ml mit 10 % Alkoholanteil und Lösung C hat zwar nur 1ml Alkohol pro 100 ml Wasser, jedoch ein Volumen von einem Liter. Anmerkung: Alkohol und das Lösungsmittel Wasser sollen die gleiche Dichte haben. Wie groß ist der Gesamtalkoholanteil in Prozent?

Lösung: Zunächst bringen wir Ordnung in die Zahlen. So könnte man bspw. alles in Prozent umrechnen oder aber alles in konkrete Mengen von Alkohol und Wasser. Beide Wege sind möglich. Lösung A besäße demnach 10 Volumenprozent oder eine Alkoholmenge von 20 ml in 180 ml Wasser, Lösung B 30 ml Alkohol in 270 ml Wasser, also den gleichen Anteil von 10 %. Die dritte Lösung hat einen Alkoholanteil von einem Prozent auf die Gesamtmenge von 1000 ml, also 10 ml Alkohol und 990 ml Wasser. Wir rechnen folglich zusammen: 60 ml Alkohol in 1.440 ml, was ca. 4% entspricht.

Übungsaufgaben:

Ein Fruchtsaftgetränk mit dem Namen soll einen Fruchtanteil von 30 % haben. In einer Lösung A, von der insgesamt 20 l vorliegen, herrscht ein Fruchtanteil von 25 %. Es soll eine Mischung mit einer weiteren Lösung vorgenommen werden, um den Fruchtanteil von 30 % zu erreichen.

5. *Wieviel Prozent Fruchtanteil müsste eine Lösung B haben, wenn davon 100L dazugegeben werden?*
6. *Wieviel Liter Lösung C müssten dazugegeben werden, wenn in Lösung C einen Fruchtanteil von 50 % hat?*

Proportionalität

Eine direkte Proportionalität liegt dann vor, wenn sich zwei Größen gleichmäßig entwickeln oder sie, anders gesprochen, verhältnisgleich sind. Erhöht sich Größe A, dann erhöht sich auch Größe B. Im Diagramm ergibt dies eine lineare Funktion. Ein Beispiel wäre die Steigerung des Stromflusses durch eine

Glühbirne und ihre gleichzeitig ansteigende Helligkeit (mehr Strom führt zu mehr Licht). Man kann dies noch weiter spezifizieren, indem man den genauen Proportionalitätsfaktor festlegt. Das ist der Anstieg der linearen Funktion. Für die Glühbirne wäre dieser Faktor dann zum Beispiel derjenige Wert, um den die Helligkeit ansteigt, wenn man den Stromfluss um ein Ampere erhöht.

Eine indirekte Proportionalität liegt dagegen vor, wenn sich zwei Größen gegensätzlich entwickeln. Wenn sich Größe A erhöht, sinkt die Größe B. Die Formel wäre: B = 1/A. Ein Beispiel dafür wäre der Stromfluss I in Abhängigkeit vom elektrischen Widerstand R ($R = U / I$). Dies wird auch als Reziprozität oder Antiproportionalität bezeichnet. Um diese Zusammenhänge noch einmal zu verdeutlichen, hier nochmal eine Beispielformel. In dieser Formel ist t indirekt proportional zu P.

$$P = \frac{c \cdot \Delta T \cdot m}{t}$$

Vereinfacht gesprochen: Ein Wert im Zähler ist zu allen anderen Werten auf der anderen Seite des Terms dann proportional, wenn diese ebenfalls im Zähler stehen (zB. *c*), jedoch indirekt proportional, wenn sie im Nenner stehen. Wenn *c* steigt, steigt auch *P* (direkt), wenn aber *t* steigt, fällt *P* (indirekt proportional).

Eine indirekte Proportionalität zeigt sich im Gegensatz zur direkten als asymptotisch gegen Null laufende Funktion (s.u.). Wenn wir den Widerstand in einem Stromkreis immer weiter erhöhen, fließt bald kein Strom mehr. Direkte Proportionalitäten zeigen sich dagegen stets als lineare Funktionen, die durch den Koordinatenursprung (0/0) laufen.

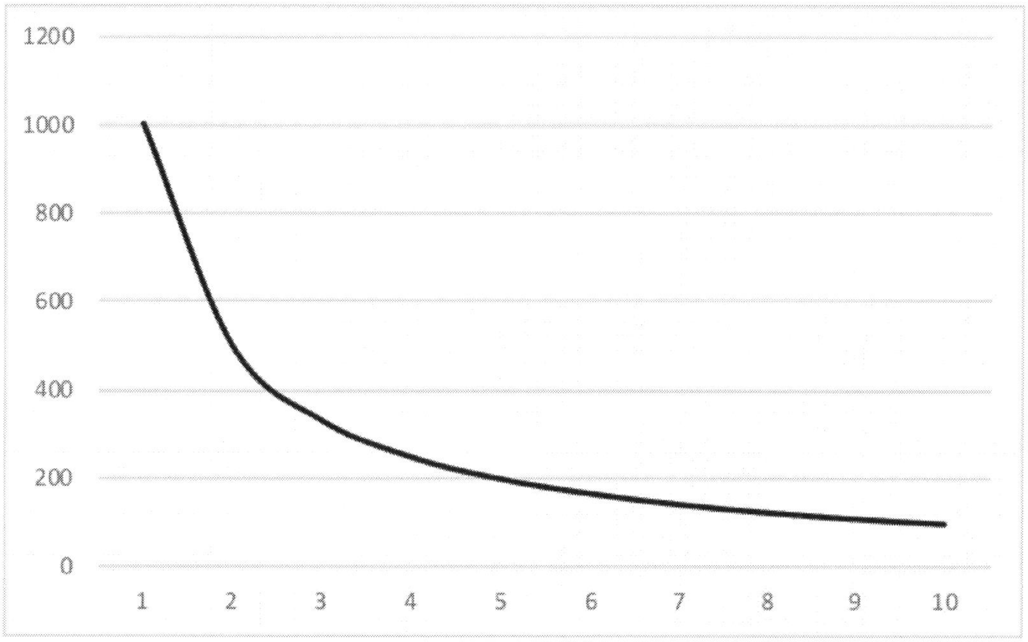

Übungsaufgaben:

$$3 \cdot d \cdot K = \frac{18 \cdot r}{v \cdot T}$$

7. *d verhält sich zu T...*

8. *K verhält sich zu v...*

9. *Eine Erhöhung von T führt zu...*

10. *Eine Verdopplung von r bei gleichbleibendem d führt zu...*

11. *Stünde statt 3 in der Formel eine 6, so würde sich das r bei gleichbleibenden v und T...*

Wachstums- & Prozentaufgaben

Dir wird eine Gesetzmäßigkeit über einen Sachverhalt genannt, der sich um einen bestimmten Faktor einmalig oder regelmäßig vergrößert oder verkleinert. Grundsätzlich wird in beiden folgenden Beispielen ein Grundwert um einen Faktor gesteigert.

Beispiele:

a) *Der kleine Franz (80 cm) ist seit seinem dritten Geburtstag jährlich um 10 % gewachsen. Wie groß ist er an seinem achten Geburtstag?*

b) *Eine kurzzeitige Beschleunigung erhöht die Ausgangsgeschwindigkeit eines Autos (50 km/h) um den Faktor 1,2. Beim Übergang von einer Schotterpiste auf die Asphaltstraße steigert es die Geschwindigkeit noch einmal um den Faktor 2. Wie schnell ist das Auto nun?*

c) *Dagobert Ducks Geldtresor ist am Mittag des 11. Novembers mit insgesamt 1.000.000 € gefüllt. Sein Vetter Donald ist knapp bei Kasse und kommt jeden Morgen, um 10 % des Geldes mitzunehmen. Wieviel ist am Mittag des 15. Novembers noch im Tresor?*

Der entscheidende Unterschied ist aber, dass wir im Fall 1 eine exponentielle Gleichung verfolgen. Franz ist nicht einfach um 50 % (5 x 10 %) gewachsen, sondern um über 60 % (etwa 129 cm Körpergröße). Die Körpergröße muss nämlich fünffach mit dem Faktor 1,1 multipliziert werden, oder aber mit $(1{,}1)^5$. Du hast in dieser Aufgabengruppe genug Zeit, auch verhältnismäßig aufwendige Rechnungen durchzuführen, wie im Beispiel 1. Im Fall 2 müssen schlichtweg zunächst die beiden Faktoren miteinander (Einmaleffekt) und danach mit dem Ausgangswert multipliziert werden (50km/h • 1,2 • 2 = 120km/h).

In Aufgabe 3 senken wir den Wert 1.000.000 täglich um 10 %. Wir multiplizieren deshalb den Ausgangswert mit 0,9. Warum 0,9? Da es um eine Abnahme eines Bestands geht, muss der Faktor unter eins liegen. Nach jeder Operation bleiben schließlich nur noch 90 % im Tresor. 90 % entspricht 0,9. Nutze unbedingt deinen Notizzettel für Aufgaben wie diese! Lass dich nicht durcheinanderbringen und stelle ruhig und konzentriert die korrekte Gleichung auf.

1.000.000 • 0,9 • 0,9 • 0,9 • 0,9

= 1.000.000 • (0,9) • 4

= 1.000.000 • 0,65

= 650.000

Übungsaufgaben:

12. *Die Plasmakonzentration eines Medikaments sinkt alle 4 h um die Hälfte (Halbwertszeit). Ausgehend von 2 mg/l ist wieviel Konzentration nach einem halben Tag noch vorhanden?*

13. *Wieviel Stunden sind nötig, um die Konzentration auf unter 0,1 mg/l zu senken?*

14. *Eine Aktie steigert ihren Wert jährlich um durchschnittlich 5 %. Das Aktienvermögen von 10.000 € wächst bis zum Renteneintritt von Herrn Schneider in fünf Jahren noch an. Mit wieviel Vermögen kann er letztendlich kalkulieren?*

Umgang mit Einheiten und Termen

Dieses Aufgabengebiet deckt Multiplikation, Division und den Umgang mit Potenzen ab. Die wichtigsten Operationen für den Test sind folgende: Kürzen und Erweitern von Brüchen, Umstellen von einfachen Gleichungen, Umgang mit Klammern, Zehnerpotenzen und Reziproken. Logarithmen und Sinus/Cosinus-Berechnungen kamen dagegen selten vor. Frage dich selbst: Bin ich sicher in diesen Themen? Kann ich zügig Terme nach bestimmten Variablen umstellen? Wenn dir irgendetwas davon Kopfzerbrechen beschert, sieh lieber noch einmal die Regeln im Mathebuch nach. Die Informationen sind auch im Internet auf etlichen Mathematik-Seiten einfach und kostenlos erhältlich. Die Aufgaben im Test sind so gewählt, dass sie ohne langwieriges Üben gelöst werden können und das Mathe-Grundkurs-Niveau definitiv nicht übersteigen.

$$L = \frac{3\,m^2 \cdot 4\,s \cdot 5\,kg}{2\,s \cdot 1\,kg \cdot m} = 30\,m$$

Tipp: Auch in einigen Dreisatzaufgaben hast du es mit Rechnungen zu tun, in denen verschiedene Einheiten genannt sind, etwa Meter, Sekunde oder Grad Celsius. Gewöhne dir an, diese Einheiten immer mit in die Rechnung zu übernehmen! Am Ende muss ein Ergebnis stehen, das die korrekte Einheit besitzt. Wenn also nach einem Längenmaß (bspw. „L“ für Länge) gefragt ist, sollten keine „15 Sekunden“ rauskommen! Beachte, wie sich im Beispiel oben sämtliche anderen Einheiten wegkürzen lassen.

Übungsaufgaben:

Kürze und vereinfache weitest möglich die folgenden Terme!

15. $(2X^3 \cdot 5cm^2) / (3p^2 \cdot 2cm^2) \cdot 3p^2 / 4X^2$

16. $3 \cdot 10^6 \cdot kg \cdot s^2 / 4 \cdot 10^4 \cdot s$

17. $k^{14} \cdot kg^2 \cdot 10^4 \cdot k^{-11} \cdot kg$

18. $10^4 \cdot (10^{-3} \cdot t^6 \cdot c) / (10^{-6} \cdot c^3) \cdot k$

19. $(3r^2)^2 \cdot 10^3 \cdot 3v \cdot r \; / v^2$

Umgang mit Formeln und Funktionen

Dieser Aufgabentyp verlangt von dir das Anwenden einer vorgegebenen Funktion mit konkreten Werten. Kurz gesagt sollst du einen gegebenen Wert in eine Funktion einsetzen, z.T. auch ohne sie umzustellen oder Ähnliches. Meistens ist nach dem Funktionswert gefragt, z.T. aber auch nach dem Argument.

Beispielaufgabe:

Bitte wenden Sie folgende Formel zur kinetischen Energie eines Körpers an! Kinetische Energie ist diejenige, die aufgrund der Bewegung in einem Körper steckt.

$E = 1/2 \cdot m \cdot v^2$

Bei welcher Geschwindigkeit erreicht der 4 kg schwere Körper die kinetische Energie von 32 Joule?

(A) 3 m/s
(B) 4 m/s
(C) 4,5 m/s
(D) 7 m/s
(E) 9 m/s

Da die meisten Aufgaben im Kopf lösbar sind und du im Test durch das Multiple-Choice-Verfahren immer fünf Antwortmöglichkeiten hast, kann es hier einfacher sein, mit den Lösungen herum zu probieren. Hier ist bspw. nach dem Argument v bei E(v) mit E = 32 J gefragt. Das Umstellen nach v wäre wesentlich komplizierter, als gedanklich verschiedene Werte durchzugehen. Der korrekte Wert ist 4 m/s.

Übungsaufgaben:

20. *Die Formel für die potentielle Energie berechnet sich aus E = m • g • h. Potentielle Energie ist Lageenergie. Sie steckt in jedem Körper, der über einem theoretisch angenommenen Normalniveau befindet. Der Faktor g ist die Erdbeschleunigung und liegt bei 9,8 m/s2 (vereinfacht: 10). Ein Wanderer von 100 kg, der sich auf einen 200 m hohen Hügel bewegt, muss welche Energie zusätzlich zur Strecke in die Steigung stecken?*

21. *Ein 1 kg schwere Kugel auf 2 m Höhe rollt auf einer theoretisch reibungsfreien Bahn nach unten. Dabei wird potentielle Energie umgewandelt in kinetische Energie (Formel s.o.). Dies geschieht dadurch, dass die Kugel schneller wird. Wenn die Kugel die komplette potentielle Energie in kinetische Energie umwandelt, erreicht sie am Boden der Bahn welche Geschwindigkeit?*

22. *In einer Fabrik dauert eine Arbeitseinheit 3 h. Der Arbeitsbeginn ist 6.00 Uhr morgens. Pausen gibt es keine. Stelle eine Funktion auf, anhand derer man die Uhrzeit (in Stunden) an diesem Tag in Abhängigkeit von der Arbeitseinheit berechnen kann.*

Umgang mit Zahlenreihen

Dir wird eine Zahlenreihe genannt oder eine Gesetzmäßigkeit beschrieben. Deine Aufgabe ist es, dieser Gesetzmäßigkeit einen mathematischen Namen zu geben und Charakteristiken aufzuzeigen. Oder andersrum: Eine mathematische Charakteristik wird genannt; du sollst Prognosen zum Verlauf einer Kurve geben. Man könnte auch sagen: einen Wachstumsprozess beschreiben oder prognostizieren.

Im Wesentlichen drehen sich die Aufgaben um Proportionalität (direkte und indirekte), quadratische, lineare und exponentielle Funktionen, z.T. auch mit negativem Vorzeichen. Da die Aufgaben allesamt im Kopf gerechnet werden, ist die Auswahl auch begrenzt. Wie erkennst du die Natur der Zahlenfolgen? Wenn du Probleme damit hast, den Charakter einer Zahlenfolge zu erkennen (Zahlenfolgen sind nichts weiter als ein Spezialfall von Funktionen), schau dir einfach die Differenzen zwischen den Zahlen an: Bleiben sie gleich? → lineare Funktion. Steigen sie an? → exponentiell oder quadratisch. Steigen die Differenzen um einen festen Faktor an → exponentiell, wie im Beispiel (A), oder nicht? → vermutlich irgendeine Form von Potenzfunktion. Sinus- und Cosinusaufgaben werden höchstens äußerst rudimentär abgefragt.

Beispielaufgaben:

a) Von einer Fischpopulation ist bekannt, dass sie im Winter des letzten Jahres bei 20, den darauffolgenden Sommer bei 30 und diesen Winter bei 45 lag. Können Sie Prognosen zum nächsten Sommer abgeben? Welche Art der Funktion passt am ehesten zum Verhalten der Population?

b) Die Fließgeschwindigkeit und der Durchmesser eines Rohres verhalten sich indirekt proportional zueinander. Wenn sich der Durchmesser um den Faktor zwei erhöht – wie verhält sich die Fließgeschwindigkeit?

c) Die aus einem Sonnenkollektor gewonnene Energie kann wie folgt berechnet werden (s.u.). Wie verändert sich die Energie E, wenn p verdoppelt bzw. verdreifacht wird?

$$E = 2 \cdot \left(\frac{1}{p}\right) + z$$

In der Aufgabe 1 liegen Steigerungen der Population vor. Auffällig ist, dass die Population um den Wert 1,5 pro Jahr wächst. Wir dürfen – da keine weiteren Infos gegeben sind – davon ausgehen, dass sie es weiterhin tun wird. Damit liegt eine Exponentialfunktion vor ($f(t) = 20 \cdot 1{,}5^t$). Wir können deshalb für den nächsten Sommer von einer ungefähren Population von 65-70 ausgehen. In Aufgabe 2 können wir wegen der indirekten Proportionalität davon ausgehen, dass sich die Fließgeschwindigkeit reziprok verhält, also sinken wird. Allerdings wissen wir nicht genau, um welchen Faktor. Dafür würden wir den Proportionalitätsfaktor benötigen. In Aufgabe 3 finden wir *p* im Nenner, während wir *E* im Zähler auf der anderen Seite finden. Es handelt sich somit auch um indirekte Proportionalität. Hier können wir die Sache aber genauer charakterisieren, da wir den Faktor ($p = 1 \cdot p$) kennen. Lösung: *E* wird sich halbieren bzw. dritteln. Du kannst hier durchaus auch mal gedanklich einen Wert einsetzen, da die Funktion recht trivial ist. Für *z* setzt du dann einfach eine 1 ein, da dieser Wert in der Aufgabe ohnehin konstant bleiben soll.

Wahrscheinlichkeitsrechnung

Bevor du die Hände über dem Kopf zusammenschlägst, können wir dich beruhigen: Stochastik wird nur auf einem rudimentären Level abgefragt, kommt jedoch regelmäßig vor. Praktisch alle Fälle können mit dem guten alten Baumdiagramm gelöst werden.

1. Klaus geht jede Woche an einem Tag der Woche in seinen Schwimmverein. Claudia hat zweimal pro Woche Fußballtraining. Die restlichen Tage sind sie jeweils nachmittags zuhause. Wie hoch ist die Wahrscheinlichkeit, an einem zufällig gewählten Nachmittag Claudia zuhause zu treffen?

   Wie hoch ist die Wahrscheinlichkeit, an einem zufällig gewählten Nachmittag beide Personen aus Aufgabe 1 zuhause zu treffen?

2. Ein Auto fährt auf eine Gabelung zu. Dort stehen Autobahn A und Autobahn B zur Verfügung. Autobahn A teilt sich später in die Bundesstraßen 1, 2 und 3. Autobahn B teilt sich dagegen in die B 4, 5, 6 und 7. Wenn der Autofahrer sich zufällig entscheidet. Wie hoch ist die Wahrscheinlichkeit, dass er in die B5 abbiegt? Wie hoch die Wahrscheinlichkeit, dass er in eine der beiden Bundesstraßen 5 oder 6 abbiegt?

Lösung: Die Wahrscheinlichkeit, Claudia zuhause zu treffen, liegt bei $p = 5/7$ (in fünf von sieben Fällen). Sie nicht zu treffen, wäre also $p = 2/7$. Merke: Die Gesamtwahrscheinlichkeit aller Fälle ist immer eins. Irgendein Fall muss ja eintreffen. Für Klaus läge p bei $6/7$ bzw. $1/7$. Kombiniert man die Fälle miteinander, wie es in der zweiten Frage der Fall ist, so sollten wir beide Werte miteinander multiplizieren. Multiplikation: $5/7 \bullet 6/7 = 30/49$. Für die dritte Aufgabe lässt sich ebenfalls ein Baumdiagramm aufstellen. Für die Autobahnen gilt jeweils $p = 1/2$. Für die Bundesstraßen gilt aber nicht jeweils $1/7$! Denn sobald sich das Auto auf einer der beiden Autobahnen befindet, müssen die Wahrscheinlichkeiten für die Folgefälle ja ihrerseits zusammen 1 ergeben. Also für B 1-3 gilt $p = 1/3$, für B 4-7 jeweils ¼. Zusammengerechnet also für B 5: $½ \bullet ¼ = 0{,}125$. Wenn die Option B 6 noch dazu genommen wird, gilt: $p = ½ \bullet 2 \bullet ¼ = ½ \bullet ½ = 0{,}25$.

Übungsaufgaben:

Die Wahrscheinlichkeit, einen von 20 Bällen an einem Glücksspielautomaten zu greifen, sei gleich. In jedem dritten Ball ist ein Gewinn von 100 €. Die restlichen Bälle sind leer.

23. *Mit welcher Wahrscheinlichkeit erwischt Peter 100 €, wenn er einmal zieht?*

24. *Wie hoch ist Peters Chance, wenn er dreimal ziehen darf?*

Schwester Gabi greift stets blind in den Medikamentenschrank, weil sie die Positionen der Medikamente blind kennt. Ein junger Assistenzarzt hat leider zuvor beim Suchen den Schrank verwüstet und alles ist vertauscht. Von den 100 medikamenten sucht genau 3 bestimmte.

25. *Mit welcher Wahrscheinlichkeit hat sie die richtigen Medikamente durch Zufall in der Hand?*

Aufgabengruppe Konzentriertes und sorgfältiges Arbeiten

In dieser Aufgabengruppe wird deine Fähigkeit geprüft, unter Zeitdruck fehlerfrei zu arbeiten. Du wirst mit einem Bogen mit langen Reihen von ähnlichen Buchstaben, Symbolen oder Zahlen konfrontiert. Die Tests der letzten Jahre zeigten in diesem Bereich eine recht große Variabilität, die weniger die Aufgabenstellung, dafür aber den Inhalt der Zeichen betraf. Wir haben versucht, dem in unserer TMS-Literatur Rechnung zu tragen und dich möglichst vielseitig vorzubereiten.

Insgesamt handelt es sich bei dem Zeichenblock um genau 40 Reihen mit jeweils 40 Zeichen, also insgesamt 1600 Zeichen. Davon sind jeweils bestimmte Zeichen anzustreichen, während die anderen nicht angestrichen werden sollen. Geschieht dies dennoch, so erhältst du einen Abzugspunkt. Die Aufgabenstellung ist jeweils individuell und schwer vorauszusehen. Während vor einigen Jahren noch nach bestimmten Zeichen gesucht wurde, die auf ein anderes ebenfalls bestimmtes folgten, wurde 2015 erstmals eine einfache Rechenoperation eingefügt (siehe Beispiel). Zusätzlich wurden zur Verwirrung noch störende Unterstreichungen eingefügt und die Buchstaben sehr ähnlich gewählt. Zuletzt waren auch Pfeile mit unterschiedlichen Ausrichtungen anzustreichen. In jedem Fall stehen dir für die 40 Zeilen 8 Minuten zur Verfügung. Diese Übung ist sehr gut trainierbar. Auf unserer Website *praepkurs-medizinertest.de* kannst du dir in unserem Kundenbereich jede Menge weitere digitale Probetests herunterladen.

Beispiele:

Fett markiert sind jeweils die gesuchten Zeichen.

Streiche alle U an, die auf ein V folgen:

U U V V **U** V **U** U V **U** V V V **U**

Streiche alle Zeichen an, welche zusammengerechnet die Summe der vorhergehenden ergeben:

1 3 **4** 3 2 2 3 2 2 **4** **6** 1 2 1 1 3

Streiche alle nach oben zeigenden Pfeile an, deren Vorgänger nach links zeigen:

← ↑ ↑ ↓ ↑ → ↓ ← ↑ ← ↑ → ← → ↑

Mit etwas Übung kommst du sehr komfortabel auf die maximal 12 Sekunden pro Zeile. Punkte gibt es für jedes korrekt angestrichene Zeichen. Punktabzug gibt es für entsprechend falsch angestrichene Zeichen. Da in dieser Aufgabengruppe keine Korrekturen erlaubt sind, ist es tatsächlich wichtig, sehr sorgfältig zu arbeiten. Auch eventuelle Fehler durch Unsauberkeiten beim Anstreichen können zu Minuspunkten führen.

Das A & O in dieser Aufgabengruppe ist es, durch Training das richtige Gleichgewicht zwischen Schnelligkeit und Konzentration zu finden. Ein Zuviel einer der beiden Elemente lässt das Gleichgewicht zu einer Seite fallen und bringt im Zweifel Minuspunkte. Entweder verlierst du Punkte dadurch, dass du zu wenige Buchstaben innerhalb der acht Minuten bearbeitet hast oder du verlierst Punkte, weil du Fehler durch zu hastiges Bearbeiten gemacht hast. Beachte auch, dass du den Konzentrationstest am Ende des Prüfungsvormittags ablegst, also nach zweieinhalb Stunden ermüdender Bearbeitung der Aufgabengruppen *Muster erkennen, medizinisch - naturwissenschaftliches Grundverständnis, Schlauchfiguren* sowie *quantitative und formale Probleme*. Wenn du also für den Konzentrationstest übst, tust du das idealerweise auch in einer ähnlichen Situation. Der Test für medizinische Studiengänge ist nicht nur darauf ausgelegt, ein hohes absolutes Ergebnis zu erzielen, sondern vor allem im Vergleich zu anderen Prüflingen gut abzuschneiden. Vereinfacht gesagt: Wenn alle anderen nur 30 Zeilen bearbeitet haben, bist du schon gut, wenn du 31 geschafft hast. Dennoch solltest du durch kontinuierliches Üben letztendlich auf die kompletten 40 Zeilen kommen.

Übung lohnt sich hier sehr! Wenn du dieses Buch auf Papier durchgearbeitet hast, schau dir unbedingt unseren Onlinebereich an. Im Onlinebereich findest du unseren Konzentrationstest-Generator, mit welchem du dir unbegrenzt Konzentrationstests erstellen kannst.

www.praepkurs-medizinertest.de/tms-vorbereitung-kostenlos/

Aufgabengruppe Figuren Lernen

Die Aufgabengruppe *Figuren lernen* testet deine Fähigkeit, dir eine Form und deren spezifische Eigenschaft - eine schwarz markierte Fläche – möglichst schnell einzuprägen. Diese Aufgabengruppe ist in zwei Phasen geteilt: die *Einprägephase* und die *Reproduktionsphase*. Dazwischen liegen andere Aufgaben. In der ersten Phase, der *Einprägephase* werden dir 20 einfache Zeichnungen von abstrakten Formen vorgelegt, die jeweils in fünf Felder geteilt sind. Eines der Felder ist jeweils schwarz aufgefüllt. Du sollst dir die Form und schwarz eingefärbte Fläche innerhalb von vier Minuten einprägen.

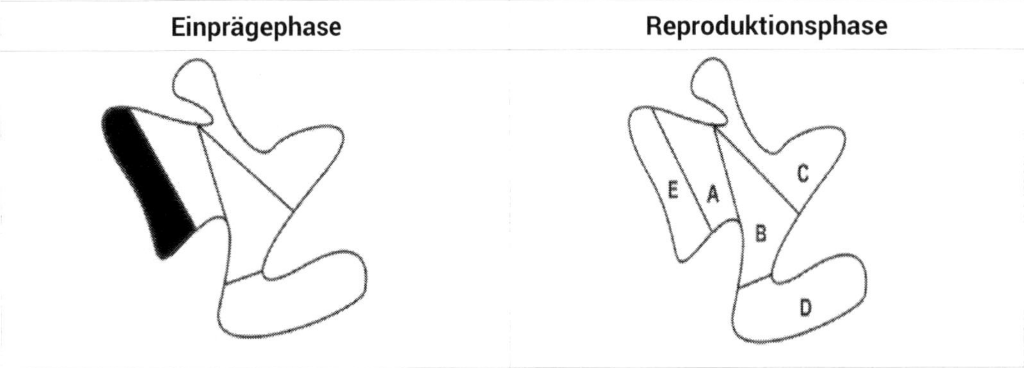

Nach dem Lernen durchläufst du zuerst die *Einprägephase* der Aufgabengruppe *Fakten Lernen* (vier Minuten) und anschließend die Aufgabengruppe *Textverständnis* für 60 minuten und sollst erst danach die Formen und die schwarz angefärbten Flächen repetieren, indem du im Multiple-Choice-Verfahren aus fünf Antworten (A - E) auswählen sollst, die für jeweils eine Fläche stehen. Dies ist die sogenannte *Reproduktionsphase*. Für die Lösung dieser 20 Aufgaben stehen dir fünf Minuten zur Verfügung. Im Bild siehst du ein Beispiel, wie so eine Aufgabe aussehen könnte. Korrekte Antwort wäre (E). Im Test hast du es mit 20 solcher Figuren zu tun. Du wirst beim Einprägen der Figuren in der ersten Phase mit einer Reihe von Problemen konfrontiert.

- Die Hemmung durch die Abstraktheit der Figuren ("So etwas muss ich mir sonst nie merken!")
- Die Ähnlichkeitshemmung („die sehen alle gleich aus!")
- Der Zeitdruck (6 Minuten für 20 Aufgaben = 18 Sekunden pro Aufgabe)

Besonders im Bezug auf Ähnlichkeitshemmung wurden ab 2016 Veränderungen vorgenommen, sodass sich die Figuren nun stärker ähneln als zuvor. So wurde das Niveau noch einmal angehoben. Übrigens: die Figuren werden in der Reproduktionsphase in einer anderen Reihenfolge dargestellt. Du kannst dich also nicht darauf verlassen, wo eine Figur stand und daraufhin lernen. Ebenso werden die Felder willkürlich benannt. In unserem Beispiel steht link die Antwort (E). Es könnte für eine andere Figur aber auch links mit Antwort (A) begonnen werden. Du kannst somit die Flächen beim Lernen nicht einfach in Buchstaben übersetzen, sondern musst dich definitiv mit dem Bild selbst auseinandersetzen.

Die Abstraktion

Das zunächst größte Problem, ist es, den Stoff zu abstrahieren. Das ist andererseits auch derjenige Punkt, bei dem du die größte Leistungssteigerung beim Üben erreichen kannst. Abstraktion in Bezug auf *Figuren Lernen* heißt, dass du die weltfremden Formen aus dem Heft gedanklich möglichst *konkret* in irgendetwas bildliches verwandeln sollst, was du dir besser vorstellen kannst. Der Grund dafür ist, dass unser Gehirn Erinnerungen, die mehr Details und Anknüpfungspunkte enthalten, deutlich besser behält, als kühle und willkürliche Formen. Wir nennen die Abstraktion das *Merkbild*. Viele Formen sehen beispielsweise aus wie Tiere, Köpfe oder Gegenstände. Diese abstrahierten Merkbilder solltest du dir möglichst konkret vorstellen. Das heißt, ein Tier ist nicht einfach nur ein Tier, sondern sollte spezifische Eigenschaften haben, an die du dich emotional erinnerst. Ein süßes Tier kannst du dir merken, indem du dir vorstellst, damit zu kuscheln, ein gefährliches Tier, indem du dir vorstellst, wie du davor wegläufst. Entscheidend ist, dass du in irgendeiner Form persönlich oder emotional deine Sinne involvierst. Dies ist eine Technik, die du beim ersten Versuch in einem rudimentären Sinne vermutlich schon intuitiv angewendet hast. Wichtig ist es aber, diese Technik bewusst und konsequent, das heißt immer und bei jeder Figur umzusetzen. Deinem Gehirn kannst du erheblich auf die Sprünge helfen, wenn du deine Erinnerungen mit emotionalen oder intensiven Assoziationen belegst. Wenn du dir zum Beispiel eine Form in das Bild „Kaninchen“ übersetzt und an diesem Kaninchen der untere Bereich geschwärzt ist, dann stelle dir vor, wie das Kaninchen in einen Farbeimer getappt ist und sich dabei schmutzig gemacht hat. Wenn du ein einfaches Viereck siehst, dann könntest du es fantasievoll in Gedanken zu einem goldenen Amulett übersetzen, das anstelle der geschwärzten Stelle einen tollen Diamanten hat. Diese Technik ist jene, die dir am schnellsten größere Fortschritte bereiten wird. Übrigens kannst du diese Technik auch unabhängig von Fakten Lernen trainieren, indem du mit einem Stift willkürliche Formen auf ein Blatt Papier zeichnest (ohne die Flächen zunächst einmal), eine Stunde wartest, damit du dich nicht mehr daran erinnerst und anschließend unter Zeitdruck schnell griffige Merkbilder abstrahierst. Dies lockert die Gedanken, fördert die Phantasie und führt dazu, dass du kontinuierlich besser wirst.

Die Ähnlichkeitshemmung

Als nächstes gehen wir das zweite Problem an. Damit ist gemeint, dass ähnliche Erinnerungen zu Verwechslungen führen können, was wiederum zu Fehlern führt. Beispiel: du übersetzt zwei Figuren in zwei ähnliche Bilder. Zum Beispiel ähneln einige Bilder im Test einem Kopf. Nach einer Stunde stehst du vor dem Problem, zwei Köpfe auseinanderhalten zu müssen („war bei dem einen die Nase schwarz oder war es nicht doch der andere?"). Die Lösung für dieses Problem ist logischerweise, nicht zu viele ähnliche Bilder zu verwenden. Um beim Beispiel mit dem Kopf zu bleiben: Entweder du verwendest pro Durchlauf immer nur einmal das Bild „Kopf" oder aber du weist diesen Köpfen noch klare Attribute zu, die sich prägnant unterscheiden. Bei einem Kopf könntest du beispielsweise an bestimmte Personen denken (jemand mit einer großen Nase im Gegensatz zu jemandem mit einer kleinen Nase) Wichtig ist, dass du dich dann klar auf die *Unterschiede* der Bilder fokussierst. Frage dich: „Warum erinnere ich mich in einer Stunde noch immer daran, welcher von den beiden Köpfen links geschwärzt war?" Unser Appell daher: Nimm schon im Schritt Nummer Eins, also der Abstraktion nicht zu ähnliche Bilder und wenn doch, dann zumindest nicht zu viele davon. Wenn du denkst, dass du dir in der wenigen Zeit keine anderen Bilder ausdenken kannst, dann unterscheide sie zumindest klar voneinander. Seit dem TMS 2016 ist festzustellen, dass die Figuren zunehmend ähnlicher gehalten sind. Dies stellt dich vor die Aufgabe, besonders gut zu differenzieren.

Das Zeitproblem

Das dritte Problem ist der Umgang mit der Zeit. Wie gesagt, hast du für die *Einprägephase* nur vier Minuten Zeit. Das macht gerade mal 18 Sekunden pro Bild. Du solltest daher zügig jedes Bild einmal durchgehen und auch bei schwierigen Figuren wenigstens irgendein schwaches Bild ausdenken, bevor du ein zweites Mal von vorn beginnst. Besonders schlecht merkbare Bilder kannst du mit dem Stift markieren und vorrangig noch einmal bearbeiten. Der Grund für diese Vorgehensweise: Möglicherweise warten am Ende der Aufgabe einfacher zu abstrahierende Bilder - sichere Punkte, die du möglicherweise verschenken würdest, wenn du zu viel Zeit mit einem schwierigen Bild zu Beginn verbringst. Um schneller zu werden gibt es vor allem einen Weg: Übe die Abstraktion. Du kannst zum Üben auch deine Eltern bitten, willkürliche Formen zu malen, die du dir in fünf Felder teilst. Versuche innerhalb von Sekunden, zu jedem Bild eine Abstraktion zu finden. Beim Üben solltest du darauf achten, dass du dich nach der *Einprägephase* für eine Stunde mit einer anderen, kognitiv anspruchsvollen Tätigkeit beschäftigst. So stellst du eine möglichst realistische Testatmosphäre her. Natürlich ist es in der Zwischenzeit nicht erlaubt Notizen oder Skizzen zu erstellen. Denke daran, dass du im echten TMS darauf auch keinen Zugriff hättest.

Aufgabengruppe Fakten Lernen

Die Aufgabengruppe Fakten lernen hat einen simplen Aufbau. Es werden 15 Zeilen mit Informationen über sechs Minuten zum Lernen bereitgehalten. Jede dieser Zeilen hat genau fünf Informationen: Einen Patientennamen ohne Geschlecht, das Alter, den Beruf, ein bestimmtes Attribut - wir nennen es die „Spezialinfo" - und die Diagnose. Zusammen macht das 75 Informationen. Zum Tipp: Die Patienten sind in Gruppen zu je drei Personen angeordnet und haben innerhalb dieser Gruppen funktionell ähnliche Namen und Berufe. Alle drei Patienten einer Gruppe haben jeweils auch das gleiche Alter. Weiterhin sind die Patientengruppen nach Alter aufsteigend sortiert. Um das zu verdeutlichen, wird für eine Sekunde einen Blick in den Aufgabenteil dieses Buches. Das Geschlecht spiegelt sich möglicherweise in der Berufsbezeichnung wieder und kann einen weiteren Anhaltspunkt zum Erinnern geben, ist jedoch kein zentrales Kriterium.

Nach dem Lernen durchläuft man die Aufgabengruppe Textverständnis für 60 und die Reproduktionsphase für die Aufgabe Figuren lernen für fünf Minuten. Erst danach sollen die gelernten Informationen der hier erläuterten Aufgabengruppe repetiert werden und zwar innerhalb von sieben Minuten. Der wirkliche Zeitdruck herrscht aber eher beim Lernen als beim Reproduzieren. Die Reproduktion läuft in Mulitple-Choice-Fragen ab. Es wird jeweils eine Information gegeben und anhand dieser eine zweite abgefragt: „Welche Diagnose hat der Patient mit dem Beruf (...)?". Es werden jeweils fünf Antwortmöglichkeiten gegeben. Insgesamt werden 20 Fragen gestellt. Für jede Frage also etwas mehr als 20 Sekunden

Für die Bearbeitung dieser Aufgabengruppe empfehlen wir dringend die Anwendung von Mnemotechnik, da dies die Leistung stark verbessert. Die volle Punktzahl kann so sehr gut erreicht werden, wohingegen ohne Anwendung einer Technik eine solche Punktzahl nahezu unmöglich ist. Zunächst gehen wir ähnlich vor, wie im vorigen Test, und zwar über die Abstraktion. Angenommen du möchtest dir verschiedene Namen merken, dann nimmst du am einfachsten die Bedeutung des Namens, bspw.: „Schneider" könnte in deiner Erinnerung zu einem Mann werden, der mit einer Schere dein Shirt zerschneidet, o.ä. Am besten nimmst du auch hier konkrete Bilder, die du in irgendeinen möglichst ausgeschmückten Zusammenhang zu dir selbst stellst, bspw. wie du dich mit dem Schneider anschließend streitest, weil er dein Shirt kaputt gemacht hat. Baue in deine Abstraktion auch verschiedene Sinne oder Emotionen wie Geräusche, Farben, Angst, usw. ein, da dies die Erinnerung sehr verstärkt. Um diese Eigenschaft zu üben, google die häufigsten deutschen Namen und abstrahiere, bis du schnell genug damit wirst. Genauso gehst du übrigens mit den Diagnosen vor. Dinge wie ein „gebrochenes Bein" oder „Hirnblutung" sollten sich auch noch nach der einstündigen Pause leicht den Personen zuordnen lassen. Die Spezialinformation behandeln wir genauso. Noch ein Wort zur Ähnlichkeitshemmung: Wie schon im vorigen Kapitel solltest du hier auf keinen Fall zu ähnliche Dinge abstrahieren. Wenn du mit den Namen

„Lochmann", „Nagel" und „Holzschnitt" konfrontiert wirst, konzentrier dich v.a. auf die Unterschiede der Namen, bspw. eine Person mit einem Bohrer beim ersten, einen Hammer beim zweiten, eine Säge beim dritten, usw. Konkrete Personen, also bspw. Familienmitglieder oder berühmte Personen sind auch eher schlecht, da du sie später oftmals nicht mehr auseinanderhalten kannst. Deshalb: entweder nur eine Persönlichkeit benutzen, oder aber solche, die du todsicher auseinander halten kannst.

Die Loci-Methode:

Als nächstes sortieren wir die Personen gedanklich auf einer imaginären Strecke. Warum macht es Sinn, die Informationen in der richtigen Reihenfolge zu lernen? Ganz einfach: aufgrund der fünften Information, dem Alter. Es gibt in jeder Aufgabe nur fünf verschiedene Möglichkeiten für das Alter, was die Sache extrem vereinfacht. Noch besser: Das Alter ist in den Antwortmöglichkeiten immer richtig herum sortiert! Da meistens zwei- oder dreimal nach dem Alter gefragt wird, kannst du allein damit schon 15 % der Punkte einsacken. Wie gehst Du also vor? Als erstes erstellst Du schriftlich eine Route mit 15 Routenpunkten, bspw. dein alter Schulweg, also einen Weg, den du gut kennst. Die 15 Punkte sollten möglichst räumlich getrennt sein, bspw. dein Treppenhaus, die Bushaltestelle, der Eingangsbereich deiner Schule, etc. Diese Route kannst du von nun an immer verwenden, präge sie dir also gut ein. Die 15 Routenpunkte entsprechen von nun an den 15 Personen, die du auswendig lernen willst. Da es sich um Dreiergruppen handelt, kannst du die Routenpunkte auch entsprechend thematisch anordnen, damit du die Gruppen schnell identifizieren kannst. Deine abstrahierten Bilder oder Geschichten legst du nun auf diesen Routenpunkten ab. Der Vorteil liegt ganz einfach darin, dass du sofort das Alter erraten kannst, wenn du weißt, dass die Person auf bspw. auf Routenpunkt Nr.1 abgelegt wurde (in diesem Fall das niedrigste mögliche Alter). Außerdem ist es sozusagen dein „Backup-Plan", falls dir ein Detail entfällt. Da die Namen und Berufsgruppen zu Gruppen angeordnet sind, die thematisch zusammenpassen, kannst du die Lösungen zum Teil schon erraten, wenn du weißt, dass „irgendwo in der Mitte der Route" bspw. ein Polizist, Feuerwehrmann o.ä. zu finden war. Die Loci-Methode ist eine mächtige Methode, die dir hilft, lückenlos Informationen und deren Reihenfolge abzurufen. Theoretisch sind deutlich längere Routen mit vielen hundert Punkten möglich. Im TMS fängst du klein an – mit 15 Punkten.

Aufgabengruppe Diagramme und Tabellen

Die Aufgabengruppe *Diagramme und Tabellen* testet deine Fähigkeit, dich mit tabellarisch oder bildlich dargestellten Fakten auseinanderzusetzen und diese korrekt zu analysieren. Dir werden 24 separate Diagramme oder Tabellen vorgelegt, zu denen jeweils genau eine Aufgabe gestellt wird. Dies entspricht 60 minuten Arbeitszeit, also die typischen 2,5 Minuten pro Aufgabe. Einige Aufgaben bestehen zusätzlich aus Kombinationen mehrerer Diagramme und/oder Tabellen. Wie auch in allen anderen Aufgabengruppen sind auch bei dieser Aufgabengruppe sämtliche nötige Informationen in der jeweiligen Tabelle, Diagramm oder Begleittext enthalten, müssen jedoch z.T. umständlich herausgefiltert werden. Die Aufgabengruppe *Diagramme und Tabellen* wird als letzte des ganzen Tests geschrieben.

Wegen ihrer Individualität und Unvorhersehbarkeit ist *Diagramme und Tabellen* leider eine der Aufgabengruppen, auf die du dich schwerer vorbereiten kannst. Eine Schritt-für-Schritt-Anleitung ist hier leider nicht möglich. Das ist besonders schade, weil diese Aufgabengruppe nach mehreren Stunden ermüdender Arbeit noch einmal alles von dir abverlangt. Rufe dir vor diesem Test unbedingt noch einmal die Tipps aus Kapitel zum Thema *Multiple-Choice* und *Wahr-Unwahr*-Fragen ins Gedächtnis und halte Ausschau nach gemeinen Fallen, die hier gern eingebaut werden und genau auf Flüchtigkeitsfehler abzielen. Die mangelhafte Konzentration und Ermüdung spielt bei diesem Test erfahrungsgemäß eine bedeutende Rolle. Gib noch einmal alles!

Zur Herangehensweise an ein Diagramm: In der Mathematik wird typischerweise eine Funktion so aufgetragen, dass auf der Abszisse (x-Achse) das Argument oder aber der zu verändernde Wert liegt und auf der Ordinate (y-Achse) der Funktionswert - oder vereinfacht: Das Ergebnis - abzulesen ist. Man spricht auch von Einflussgröße vs. Zielgröße oder in der Statistik von unabhängiger und abhängiger Variable. In diesem Sinne solltest du dich an alle Diagrammen machen. Wirf zunächst einen ruhigen Blick auf die dargestellten Informationen:

- Was finde ich auf der Ordinate? In welcher Einheit wird gerechnet?
- Was finde ich auf der Abszisse? In welcher Einheit wird gerechnet?
- Wie viele Graphen oder Balken sind dargestellt?

Um einen Wert aus einer Funktion oder einem Diagramm abzulesen, müssen jeweils alle anderen Werte gegeben sein. Üblicherweise wird nach dem Funktionswert in Abhängigkeit vom Argument gefragt. Allerdings kann dies auch andersherum der Fall sein. Dann muss man die Funktion nach diesem Wert umstellen. Im folgenden Beispiel könnte man so nach der abhängigen Variable (Ordinate) fragen: *Welchen Wert erreicht die Funktion nach vier Stunden?* Oder nach der unabhängigen Variable (Abszisse): *Zu welchem Zeitpunkt überschreitet der Wert erstmalig 24?*

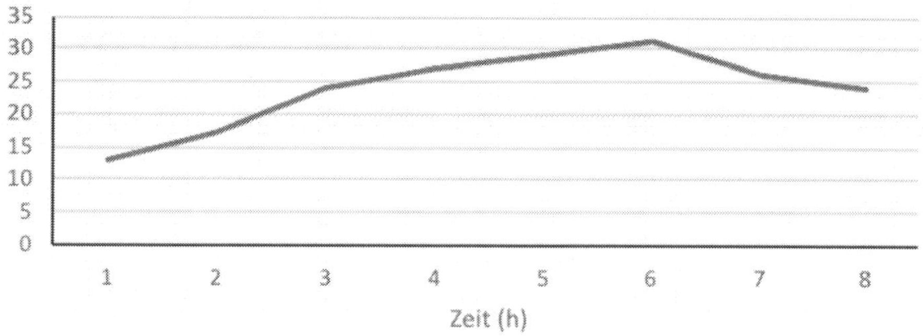

Zwei Dinge solltest du unbedingt beherrschen, da sehr häufig nach ihnen gefragt wird: Proportionalität und Ableitungen.

Proportionalität

Eine direkte Proportionalität liegt dann vor, wenn sich zwei Größen gleichmäßig entwickeln oder sie, anders gesprochen, verhältnisgleich sind. Erhöht sich Größe A, dann erhöht sich auch Größe B. Im Diagramm ergibt dies eine lineare Funktion. Ein Beispiel wäre die Steigerung des Stromflusses durch eine Glühbirne und ihre gleichzeitig ansteigende Helligkeit (mehr Strom führt zu mehr Licht). Man kann dies noch weiter spezifizieren, indem man den genauen Proportionalitätsfaktor festlegt. Das ist der Anstieg der linearen Funktion. Für die Glühbirne wäre dieser Faktor dann zum Beispiel derjenige Wert, um den die Helligkeit ansteigt, wenn man den Stromfluss um ein *Ampere* erhöht.

Eine indirekte Proportionalität liegt dagegen vor, wenn sich zwei Größen gegensätzlich entwickeln. Wenn sich Größe A erhöht, sinkt die Größe B. Die Formel wäre: B = 1/A. Ein Beispiel dafür wäre der Stromfluss *I* in Abhängigkeit vom elektrischen Widerstand *R* ($R = U / I$). Dies wird auch als Reziprozität oder Antiproportionalität bezeichnet. Um diese Zusammenhänge noch einmal zu verdeutlichen, hier nochmal eine Beispielformel. In dieser Formel ist t indirekt proportional zu P.

$$P = \frac{c \cdot \Delta T \cdot m}{t}$$

Vereinfacht gesprochen: Ein Wert im Zähler ist zu allen anderen Werten auf der anderen Seite des Terms dann proportional, wenn diese ebenfalls im Zähler stehen (zB. *c*), jedoch indirekt proportional, wenn sie im Nenner stehen. Wenn *c* steigt, steigt auch *P* (direkt), wenn aber *t* steigt, fällt *P* (indirekt proportional).

Eine indirekte Proportionalität zeigt sich im Gegensatz zur direkten als asymptotisch gegen Null laufende Funktion. Direkte Proportionalitäten zeigen sich stets als lineare Funktion, die durch den Koordinatenursprung (0/0) laufen.

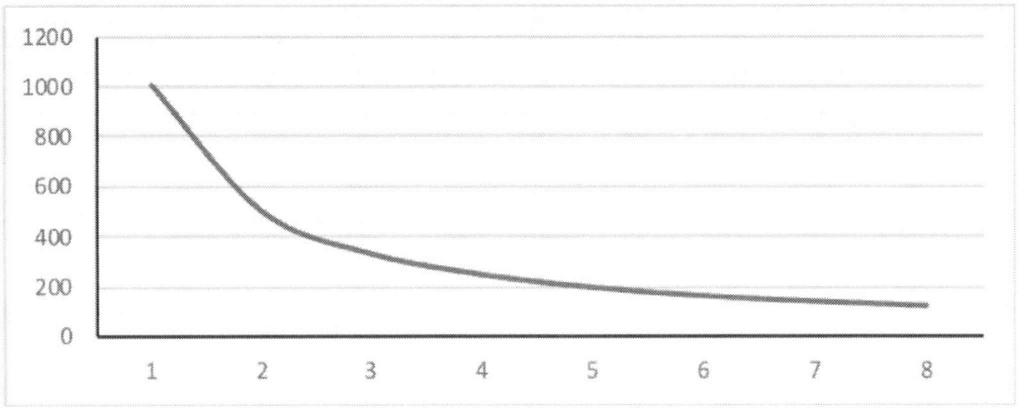

Übungsaufgaben: Du findest im Anhang der Einleitung Übungen zum Thema Proportionalität (Übungsaufgabe 1-5).

Ableitungen:

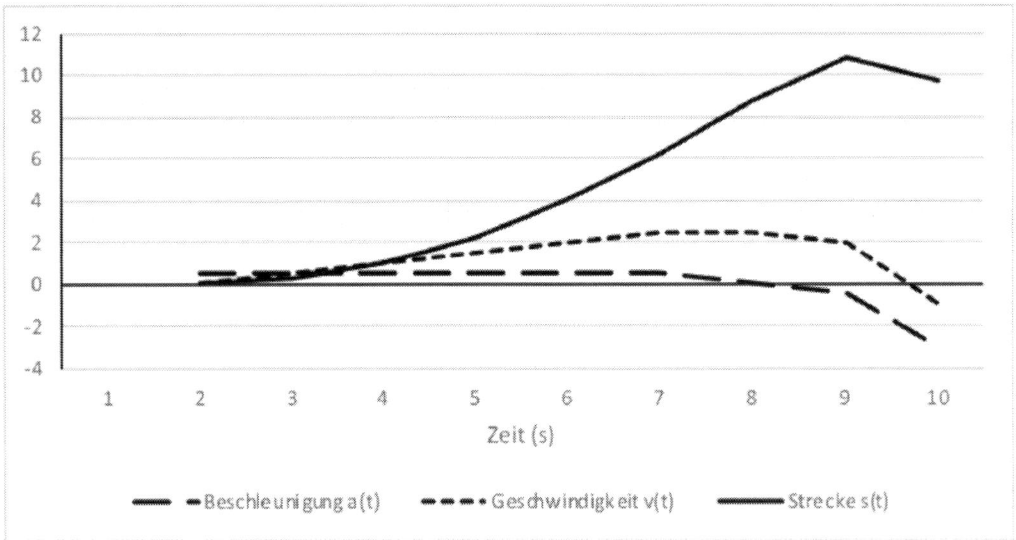

Als Ableitung wird die Funktion des Anstiegs der abgeleiteten Funktion definiert. Du kannst also auf der Ordinate (y-Achse) der Ableitungsfunktion auf Höhe eines bestimmten Arguments (x-Wert) ablesen, ob sich die Grundfunktion grad in einer Aufwärts- oder Abwärtsbewegung befindet.

Ein gern genutztes Beispiel wäre das Funktionspaar s(t) und v(t), also Strecke in Abhängigkeit von Zeit und Geschwindigkeit in Abhängigkeit von der Zeit. Letztere ist nämlich die Ableitung der ersten. Solange ein Auto steht, ist seine Geschwindigkeit null. Die Strecke muss nicht zwangsläufig null sein (Das Auto kann ja schon zu Beginn auf dem Streckenpunkt „1" stehen), in jedem Fall *ändert* sie sich aber zumindest nicht. Wenn das Auto schließlich in Bewegung gerät, also die Strecken-Funktion ansteigt, steigt die v(t)-Funktion über einen Wert von null. Unter null würde sie nur fallen, wenn das Auto den Rückwärtsgang einlegt, wie es in Sekunde 10 im Diagramm der Fall ist. Die Ableitung von v(t) ist übrigens a(t) – die Beschleunigung. Die Beschleunigung ist nötig, um die Geschwindigkeit zu steigern. Sie muss also über eins liegen, um v(t) ansteigen zu lassen. Die Beschleunigung ist bis Sekunde 7 konstant, weshalb die Geschwindigkeit linear ansteigt. An Sekunde 8 erreicht die Beschleunigung den Wert Null, die Geschwindigkeit ist also nun konstant und die Strecke steigt nicht mehr potentiell, sondern nur noch linear an. Ab Sekunde acht fällt die Beschleunigung unter null, das Auto bremst also und die Geschwindigkeit sinkt. Die Strecke steigt dennoch weiter, da die Geschwindigkeit des Autos noch über Null liegt. Erst als auch die Geschwindigkeit unter null fällt (Sekunde 10), sinkt auch die s(t) wieder. Rufe dir unbedingt noch einmal die Bedeutung von Ableitungsfunktionen ins Gedächtnis.

Übungsaufgaben: du findest Übungsaufgaben zum Thema am Ende der Einleitung (Übung 6-8).

Diagrammtypen

Im Folgenden möchten wir dir diverse Diagrammtypen vorstellen, mit denen du wahrscheinlich konfrontiert wirst.

Säulendiagramme:

Säulendiagramme sind einer der häufigsten Typen im TMS und kommen jedes Jahr mehrfach vor. Säulendiagramme geben dir sowohl absolute Werte an, als auch Verhältnisse zwischen mehreren Säulen. In unten stehendem Diagramm siehst du links sogenannte „gestapelte Säulen". Diese können auch noch Anteile in sich ausdrücken. Beispielsweise könnte nach dem Anteil der hellen Fläche an der Gesamtfläche von Säule a gefragt sein: 2/6 = 33 %. Eine Abänderung davon sind die 100 %-Säulen (rechts). Sie betrachten Anteile von den Säulen an der Gesamtsäule. Beachte, dass für die Erstellung des Diagramms dieselben Werte wie für das linke Diagramm verwendet wurden. Du könntest also in diesem Diagramm direkt die Lösung für die o. g. Frage ablesen! Andererseits kannst du in einem solchen Diagramm keine Absolutwerte mehr ablesen. Ein Vergleich zwischen der Gesamtgröße zwischen den Säule a und b, wie er im normalen Diagramm ganz einfach möglich ist, schließt sich im 100 %Säulendiagramm aus. Dort wird nur beleuchtet, wie groß die jeweiligen Anteile sind. *„Wie groß ist c?"* lässt sich nur im normalen Diagramm ablesen.

„Welchen Anteil hat der dunkle Teil an der Gesamtgröße von e?" lässt sich im 100 %-Diagramm direkt oder im normalen Säulendiagramm durch eigenes Rechnen ablesen.

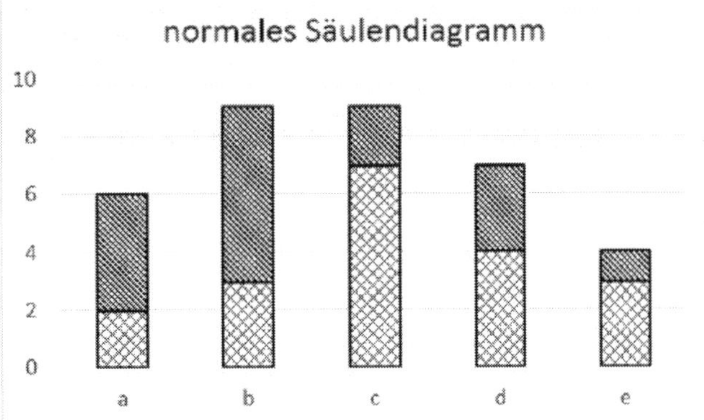

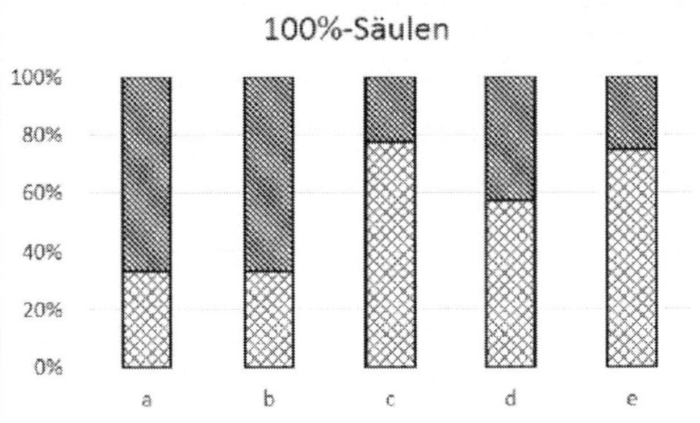

Übungsaufgaben:

1. *Wie lautet die Funktion von $f1(x)$ am ehesten (s.u.)? Welche Art von Funktion ist ihre Ableitung*

x	1	2	3	4	5	7	8	9
$f_1(x)$	10	11	14	19	26	42	74	91
$f_2(x)$	3	4	5	6	7	8	9	10
$f_3(x)$	3	3	3	3	3	3	3	3

2. *Die Funktion $f_2(x)$ sei eine Ableitung einer Funktion $f_4(x)$. Wie könnte diese Funktion aussehen?*

3. *Die Funktion $f_3(x)$ sei die zweite Ableitung einer Funktion $f_5(x)$. Wie könnte diese Funktion aussehen? Wie sähe die erste Ableitung aus?*

4. *Betrachte bitte die beiden dargestellten Säulendiagramme. Die dunkle Fläche der Diagramme drückt eine kranke Population, die helle Fläche eine gesunde Population aus. In welchen Säulen befinden sich, ausgehend vom normalen Säulendiagramm die höchsten Anteile von Kranken?*

5. *Wie hoch ist der jeweilige Anteil?*

6. *Können Sie Aussagen zur Größe der Gesamtpopulation b ausgehend vom rechten Diagramm machen?*

Liniendiagramme:

Dieser Diagrammtyp ist ebenfalls sehr häufig. Liniendiagramme geben dir in Abhängigkeit eines Wertes auf der Abszisse (x-Achse) einen Funktionswert auf der Ordinate an (y-Achse). Im Unterschied zum Säulendiagramm, das z.T. willkürlich sortierte Säulen oder abgehackte Werte auf der x-Achse präsentiert, sind hier die Werte auf der x-Achse sinnvoll sortiert (aufsteigend oder absteigend, z.T. logarithmisch, also in Zehnerpotenzen). Dieser Diagrammtyp eröffnet weitere Möglichkeiten: Zum einen können hier deutlich mehr Werte kompakt gezeigt werden, es können Trends verdeutlicht werden und zum Teil sogar als Funktion abgelesen werden. Dazu kommen noch Schnittpunkte und Integrale.

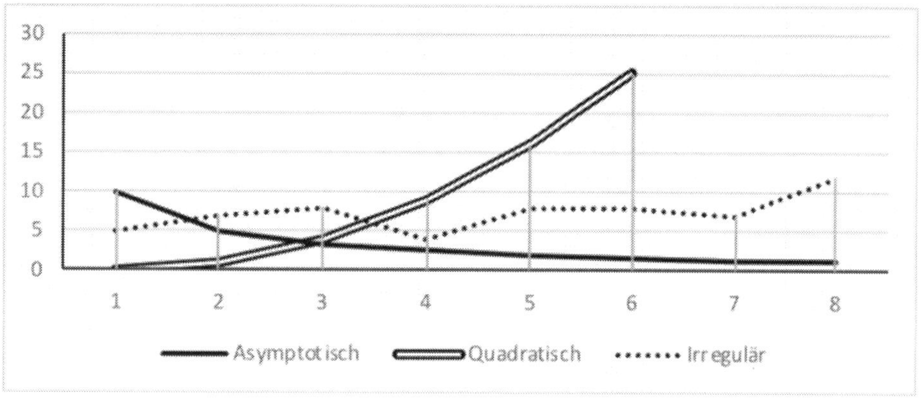

Trends: Wie schon erwähnt, lassen sich aus Liniendiagramm häufig Charakteristika ablesen. Im folgenden Beispiel haben wir dir eine asymptotisch gegen null verlaufende (negativ exponentiell) und eine quadratische Funktion präsentiert. Aus der dritten lässt sich weder auf einen Funktionstyp noch auf einen klaren Trend schließen.

Schnittpunkte: Werden ebenfalls gern verklausuliert abgefragt. Sie lassen sich ganz einfach ablesen. Hier treffen sich bspw. zwei Funktionen in der Nähe des Arguments 3 und des Funktionswertes 4.

Integral: Das Integral ist die Fläche unter der Kurve. Wenn hier die x-Achse für die Zeit in Stunden und die y-Achse für eine bestimmte Menge verteilter Prospekte stünde, dann ließe sich einerseits ablesen, wie viele Prospekte in einer bestimmten Stunde verteilt werden (bspw. 8 Prospekte in der Stunde 6 der irregulären Funktion). Andererseits könnte man durch Bildung des Integrals der irregulären Funktion oder durch Zusammenzählen aller bisheriger Funktionswerte darauf schließen, wie viele Prospekte **bis** zur 6. Stunde verteilt wurden (hier: 40). Ein wichtiger Unterschied!

Übungsaufgaben

7. *Betrachte bitte das dargestellte Liniendiagramm. Anhand der Vermehrung von Fliegen beim Verwesungsprozess lässt sich feststellen, wie oft die Fliegen bereits Eier gelegt haben und um welche Generation von Fliegen es sich wahrscheinlich handelt. Da bekannt ist, wie lange eine Generation von Fliegen etwa bis zur Vermehrung benötigt, lassen sich Rückschlüsse auf das Alter einer Leiche ziehen. Die Anzahl von Fliegen im Verwesungsprozess sei durch die quadratische Funktion dargestellt. Wieviele Fliegen sind bis zum Zeitpunkt 8 geschlüpft?*

8. *Wie viele Fliegen liegen zum Zeitpunkt 4 vor?*

9. *Um die wievielte Generation handelt es sich?*

10. *Die Funktion der durchgezogenen Linie stehe eine abfallende Konzentration eines Stoffs in einer Lösung, welcher durch das Enzym nach und nach abgebaut wird. Welche Dinge lassen sich anhand der Funktion ablesen?*

Punktdiagramm:

Das Punktdiagramm ist eine Abwandlung des Liniendiagramms, bei dem Wert darauf gelegt wird, dass die Punkte Einzelereignisse sind. Bspw. könnte hier darauf Wert gelegt werden, dass alle Prospekte genau zur vollen Stunde verteilt werden und zwischendurch nichts getan wird. Im Beispiel unten siehst du die gleiche „irreguläre" Funktion als Punktdiagramm.

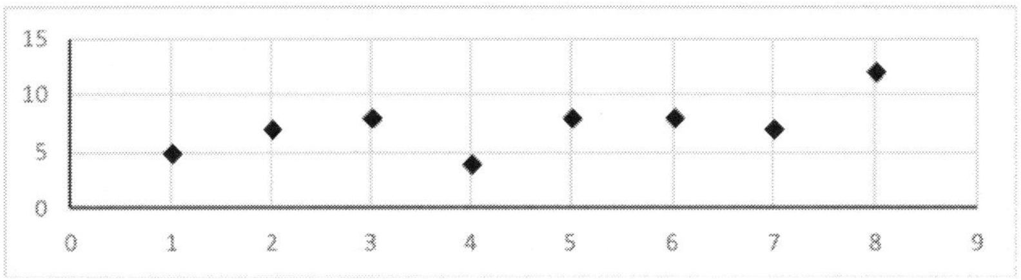

Weitere Diagrammtypen:

Andere Typen sind oftmals Abwandlungen von den o. g. Typen. Als Beispiel wären hier genannt:

Kreis-/Tortendiagramm: ein sehr einfach zu lesendes Diagramm, das lediglich Verhältnisse zwischen einigen wenigen Werten wiedergibt. Nicht immer sind die Prozentzahlen so aufgeschlüsselt wie hier. Üblicherweise kann man hier gut Punkte sammeln. Es lässt sich vergleichen mit dem 100 %-Säulendiagramm, wobei die hier gezeigten fünf Anteile im Säulendiagramm übereinander gestapelt eine einzelne Säule ergeben würden.

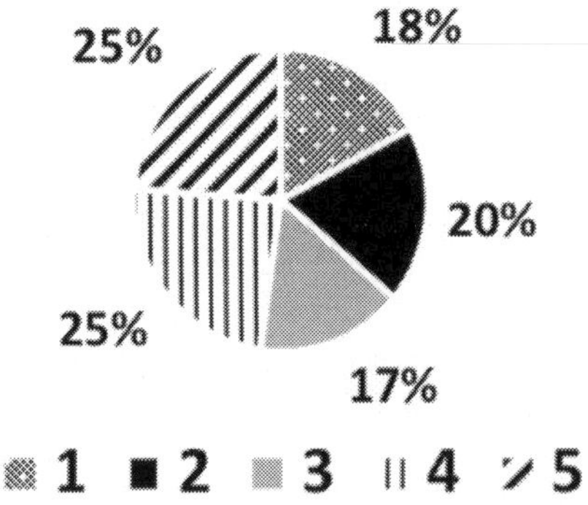

Übungsaufgabe:

11. Betrachte bitte das Tortendiagramm: Welche der Gruppen 1-5 ergeben zusammen einen Anteil von mindestens 44 %?

Sterndiagramm:

Als y-Achse zählt hier die Distanz vom Mittelpunkt. Der Mittelpunkt selbst ist die Null. Dementsprechend sind die Funktionswerte auch abzulesen. Die Legende findet sich hier nicht unter dem Diagramm, sondern direkt an den fünf „Achsen". Zum Vergleich wurden hier die gleichen Werte wie im Kreisdiagramm verwendet.

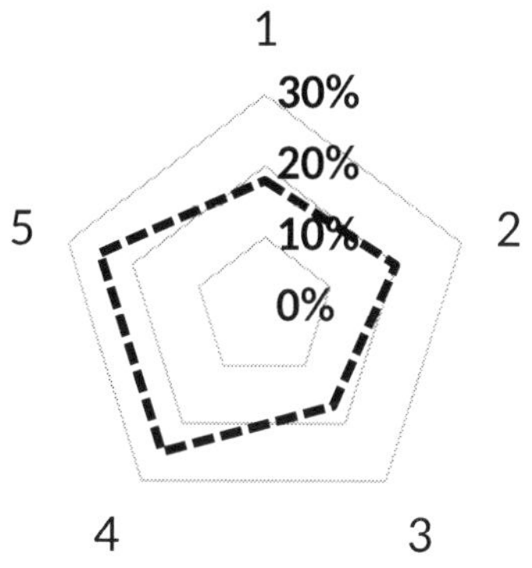

Übungsaufgaben:

12. Betrachte bitte das vorliegende Sterndiagramm. Was lässt sich über den Anteil von „1" an der Gesamtheit aussagen?

13. Wie viele „3" liegen vor?

14. Welche Seite hat den größten Anteil an der Gesamtheit?

Fließendes Prozentdiagramm: Es ist ähnlich dem 100 %-Säulendiagramm und zeigt Verhältnismäßigkeiten an. Hier wird allerdings auf einen fließenden Übergang geachtet, beispielsweise bei langsam veränderlichen Werten oder solchen, bei denen entlang nicht beschrifteter Zwischenschritte die Werte kontinuierlich steigen oder fallen.

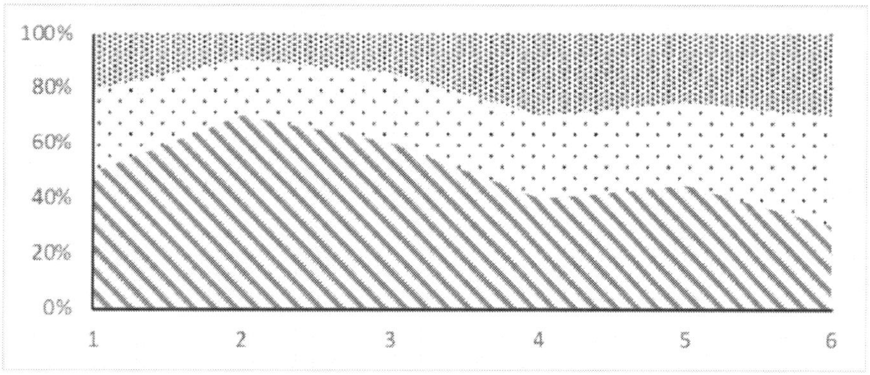

Übungsaufgaben:

15. *Betrachte das fließende Prozentdiagramm. Die mittlere Fläche sei ein Maß für den Energieaufwand der Niere, die obere hingegen für den des Gehirns. An welchem Zeitpunkt übertrifft ersterer den zweiteren?*

16. *Wie hoch ist der Anteil des Gehirns am Gesamtenergieaufwands im Minimum?*

17. *Die unterste Fläche sei das Maß für den Energieaufwand der restlichen Organe. Wie hoch ist der Anteil in etwa im Durchschnitt?*

Bevölkerungspyramide: Ist nichts anderes als ein Balkendiagramm mit vertauschter x- und y-Achse.

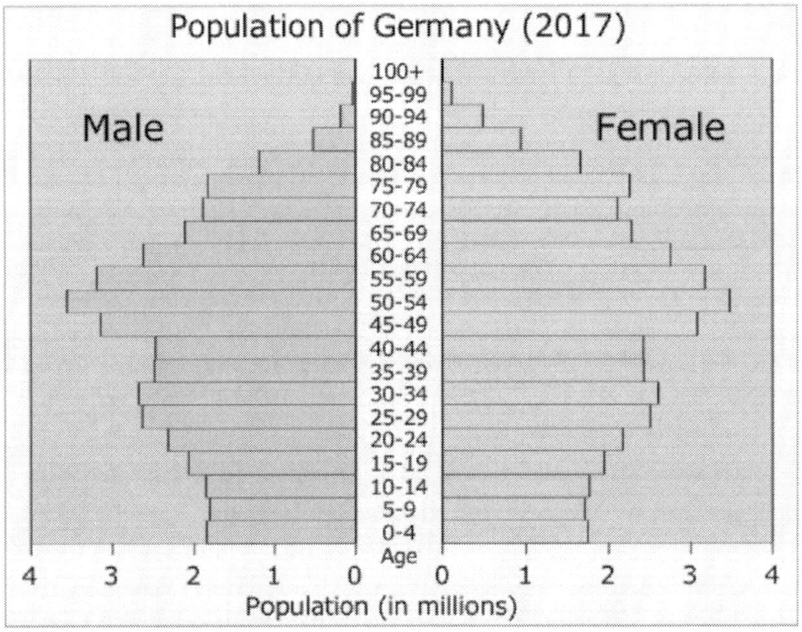

Übungsaufgaben:

18. *Betrachte bitte die Bevölkerungspyramide. Wie hoch ist die Anzahl der 35-39jährigen in der Population?*

19. *Welche Altersgruppe ist am häufigsten vertreten?*

20. *Welche Altersgruppe ist unter den Männern am wenigsten vertreten?*

21. *Welche Altersgruppe hat unter den Frauen den geringsten Anteil?*

Lösungen der Übungsaufgaben

Quantitative und formale Probleme

Dreisatzaufgaben

1. $\frac{200}{36}h = \frac{X}{90h} \Rightarrow \frac{200 \cdot 90h}{36h} = X$
2. 500 Vokabeln
3. $\frac{100L}{10000} = \frac{30L}{X} \Rightarrow \frac{30L \cdot 10000}{100L} = X$
4. 3000 Bienen

Aufgaben zu Misch- und Konzentrationsverhältnissen

5. Lösung A hat 20 l und es liegen 25 % Fruchtanteil vor, das entspricht 5 l. Lösung B hat eine Menge von 100 l. Dies bedeutet, die Gesamtmenge beider Lösungen sind 120 l. Um auf den erforderlichen Fruchtanteil zu kommen, müssten 36 l aber Früchte enthalten sein. Da in der Lösung A bereits 5 l enthalten sind, sind also noch weitere 31 l nötig. Bei 100 l der Lösung B entspricht dies 31 %.

6. Lösung A hat einen Fruchtanteil, der 5 % unterhalb des Geforderten liegt. Lösung C hat einen Fruchtanteil, der 20 % oberhalb liegt. Dies entspricht dem vierfachen Betrag von 5 %. Es muss somit viermal so viel Lösung A wie Lösung C vorliegen, um die Lösung insgesamt auf 30 % anzugleichen. Lösung: 5L.

Proportionalität

7. ...indirekt proportional.
8. ... indirekt proportional.
9. ...einer Verringerung des Wertes des linken Terms.
10. ...einer Verdopplung von K.
11. ...ebenfalls verdoppeln.

Wachstums- und Prozentaufgaben

12. 1/2 Tag entspricht 12 h, also 3 Halbwertszeiten. Nach 12 h ist somit noch 1/8 der Konzentration übrig (0,5 x 0,5 x 0,5), also 0,25 mg/L.
13. 0,1 mg/l sind 1/20 von 2 mg/l. Nach weiteren Halbwertszeiten liegt 1/16, 1/32, 1/64,... der Konzentration vor. Da die Senkung auf 1/16 der Konzentration immer noch nicht ausreicht und somit weitere Zeit benötigt wird, müssen wir von einer weiteren Halbwertszeit ausgehen (dann liegt noch 1/32 vor). Lösung: 5 Halbwertszeiten.

14. 10.000 € x 1,055= 10.000 x 1,05 x 1,05 x 1,05 x 1,05 x 1,05 = 10.000 x 1,28 = 12.800 €.

Umgang mit Einheiten und Termen

15. $= (2 \cdot 5 \cdot 3 \cdot X^3 \cdot cm^2 \cdot p^2) / (3 \cdot 2 \cdot 4 \cdot p^2 \cdot cm^2 \cdot X^2) = (16 \cdot X) / 24 = 2/3\, X$

16. $= ¾ \cdot 10^6 / 10^4 \cdot kg \cdot s^2 / s = ¾ \cdot 10^2 \cdot kg \cdot s = 75 \cdot kg \cdot s$

17. $= 10^4 \cdot K^3 \cdot kg^3$

18. $= 10^4 \cdot 10^{-3} / 10^{-6} \cdot t^6 \cdot c / c^3 \cdot k = 10^5 \cdot t^6 \cdot c^{-2} \cdot k$

19. $= 10^3 \cdot (3r^2)^2 \cdot r \cdot 3v / v^2 = 3 \cdot 3 \cdot 10^3 \cdot r^5 \cdot v^{-1} = 9 \cdot 10^3 \cdot r^5 \cdot v^{-1}$

Umgang mit Formeln und Funktionen

20. Die Masse des Wanderers entspricht m = 100 kg. Die Erdbeschleunigung g = 10 m/s^2. Die Höhe *h* = 200 m.

    $E = m \cdot g \cdot h = 100\ kg \cdot 10\ m / s^2 \cdot 200\ m = 20.000\ kg \cdot m^2 / s^2$. Dies entspricht 20.000 Joule oder 20 Kilojoule. Beachte, wie sich die Einheiten beim Multiplizieren verhalten.

21. Die potentielle Energie berechnet sich wie oben:

    $E = m \cdot g \cdot h = 1\ kg \cdot 10\ m/s^2 \cdot 2\ m = 200\ kg \cdot m^2 / s^2$. Die kinetische Energie, welche die Kugel beim Herabrollen gewinnt, berechnet sich als $E = ½\, m \cdot v^2$. Von dieser Formel kennen wir *m* und *E*. Es ergibt sich sich: $200\ kg \cdot m^2 / s^2 = ½ \cdot 1\ kg \cdot v^2$. Umgestellt nach v:

    $v^2 = (200\ kg \cdot m^2 / s^2) / (½ \cdot kg) = 200 \cdot m^2 / s^2 \cdot 2 = 400\ m^2/s^2$. Durch Ziehen der Wurzel erhalten wir v = 20 m/s. Die Lösung enthält auch die korrekte Einheit für Geschwindigkeit, so dass wir davon ausgehen können, die Formel richtig aufgestellt zu haben.

22. Da jede Arbeitseinheit 3 h dauert, steigt die Zeit in Abhängigkeit der Anzahl der Arbeitseinheiten konstant an. Wir suchen also nach einer linearen Funktion ($y = m\ x + c$). Da der Arbeitsbeginn um 6.00 Uhr und nicht bei 0.00 Uhr ist, ist $c = 6$. Fehlt also noch der Anstieg der Funktion. Dieser muss über eins liegen, da die Zeit schneller voranschreitet als die Anzahl der Arbeitseinheiten. Konkret liegt er bei drei. Die Funktion ist also: $f(x) = 3\ x + 6$. Oder auch: $t(h) = 3\ h + 6$.

Wahrscheinlichkeitsrechnung:

23. Für den ersten Zug liegt die Wahrscheinlichkeit von p = 3/9 vor, da in jedem dritten Ball ein Gewinn enthalten ist. Die Anzahl der Bälle ist irrelevant.

24. Für den zweiten Zug, den er ebenfalls glücklich abschließen möchte, ist die Wahrscheinlichkeit, einen Gewinn zu ziehen niedriger, da ja bereits ein Gewinn weniger enthalten ist. Der Anteil an den Bällen mit 100 € ist also insgesamt niedriger (2 von 8). Im dritten Versuch müssten also noch genau 1 Ball von den restlichen 7 einen Gewinn enthalten (p = 1/7). Die Wahrscheinlichkeit p beträgt folglich

    3/9 • 2/8 • 1/7 = 6/504 = 0,012. Näherungsweise würdest du mit 6/500 ebenfalls zum Ziel kommen.

25. Die Wahrscheinlichkeit, dass eins der richtigen Medikamente zu greifen, liegt bei 3/100 oder 0,03 oder auch 3 %. Auch hier gilt theoretisch, dass das zweite richtige Medikament schwieriger zu finden ist (2/99). Für das dritte gilt: p = 1/98. Dies ist jedoch vernachlässigbar. Vereinfacht können wir von p = 3 (1/100) = 3 / 1.000.000 ausgehen. Greife also niemals blind in den Medikamentenschrank!

Diagramme und Tabellen

1. Die Funktion $f_1(x)$ muss eine Form von Potenzunktion sein, da sich die Abstände zwischen den Zahlen nicht konstant ändern. Wenn wir die Sprünge vergleichen, erkennen wir leicht, dass sich diese ansteigend verändern (1, 4, 5, 7, 16). Wenn man eine Verschiebung der Funktion $c = 10$ hinzunimmt, erhält man die Funktion $f_1(x) = x^2 + 10$. Ableitungen von Funktionen mit einer Potenz von 2 sind linear.

2. Da $f_2(x)$ eine linear ansteigende Funktion ist, muss die zugrundeliegende Stammfunktion einen quadratischen Anstieg besitzen.

3. Die zweite Ableitung einer Quadratfunktion ist konstant, da erster ihrerseits die Ableitung der ersten Ableitung ist. Die erste Ableitung ist demnach eine Linearfunktion.

4. In Säule C und E. Im linken Diagramm muss man dies grob im Kopf überschlagen. Natürlich geht es schneller, wenn man dies im rechten Diagramm direkt abliest.

5. C: ca. 22, E: ca. 23 %. Im TMS würde man anhand des linken Diagramms keine so genauen Werte errechnen müssen. Auch diese Werte lassen sich wesentlich einfacher als Größe der dunklen Fläche im rechten Diagramm ablesen.

6. Nein. Das rechte Diagramm gibt nur Anteile wieder. Links kann man die Größe ablesen, indem man beide Säulen – zusammenrechnet (dunkel und hell).

7. Es sind 16 Fliegen geschlüpft. Dies ist die Fläche unter der Kurve. Alternativ kann man natürlich einfach die Funktionswerte von $t_{1\text{-}4}$ zusammenrechnen.

8. Es liegen neun Fliegen vor.

9. Diese Frage ist nicht lösbar, da lediglich die Zeit dargestellt ist. Wir wissen nichts über die Generationendauer.

10. Wir können zum einen die Konzentration an einem Zeitpunkt ablesen, als auch den Zeitpunkt, an dem eine bestimmte Konzentration erreicht wurde.

11. Durch Zusammenzählen der dargestellten Werte kann man erkennen, dass sowohl 4 und 5, als auch eine Kombination zwischen 2 und 4 oder 5 die Prämisse erfüllen.

12. Der Anteil liegt bei 18 %, was man erkennen kann, dass die gestrichelte Linie knapp unterhalb der 20er-Linie die Achse der 1er-Werte schneidet.

13. Dies lässt sich nicht ablesen, da klar von prozentualen Anteilen die Rede ist.

14. Diejenige Seite hat im Sterndiagramm die höchsten Werte, auf deren Seite die kreisförmige Funktion (gestrichelte Linie) sich am weitesten vom Mittelpunkt entfernt. In diesem Fall 4 und 5. Dies lässt sich auch im Tortendiagramm ablesen (jeweils 25 %).

15. Zwar gibt das Diagramm primär Anteile und keine Absolutwerte an, da jedoch der Gesamtaufwand = 1 ist, können wir sagen, dass auch absolut der Energieaufwand der Niere den des Gehirns an den Punkten 1, 3, 5 & 6 übersteigt. Dies ist durch die Dicke der Schichten dargestellt.

16. 10 % zum Zeitpunkt 2. Dies markiert die dünnste Stelle der Schicht.

17. Der Mittelwert lässt sich für die Restorgane als einzige Schicht mehr oder weniger direkt ablesen, indem man die Werte dieser Schicht addiert und durch die Anzahl der Zeitpunkte teilt (50 %).

18. Die Anzahl ist auf beiden Seiten ca. 2,4 Millionen. Da nach beiden Geschlechtern gefragt ist, ist die Lösung 4,8 Millionen.

19. Die 50- bis 54-jährigen in beiden Geschlechtern, somit auch in der Gesamtheit.

20. 100+. Zu erkennen an dem kaum sichtbaren Balken.

21. Auch hier liegt das bei der 100+-Gruppe.

Übrigens: PräpkursMedizinertest bietet ebenfalls Vorbereitungskurse in vielen deutschen Städten an. In diesen Kursen hast du mit einer Teilnehmerzahl von maximal 15 und TMS-erfahrenen Dozenten die Möglichkeit, Lösungsstrategien zu erlernen, zu vertiefen und konsequent anzuwenden. In einer TMS-Simulation unter realistischen Bedingungen wirst du außerdem auf Herz und Nieren geprüft und hast nach dem Kurs in einem 1:1-Dozententelefonat noch einmal die Möglichkeit, deine Schwächen auszubessern.

1. Testdurchgang

Aufgabengruppe Muster zuordnen

Bearbeitungszeit: 22 Minuten

Bitte betrachten Sie folgende Bildergruppen. Links sehen Sie jeweils ein Muster und rechts fünf Ausschnitte (A bis E). Benennen Sie jeweils dasjenige, das deckungsgleich mit einem Ausschnitt aus dem Muster ist. Die Ausschnitte sind niemals gedreht, vergrößert oder verkleinert.

1) 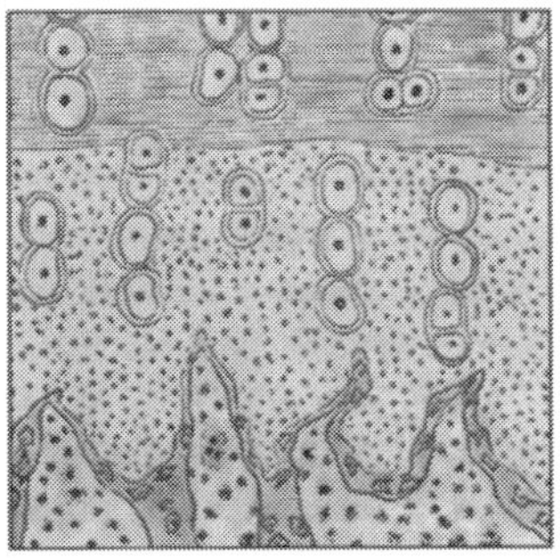

(A) 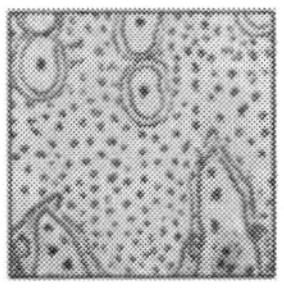
(B) 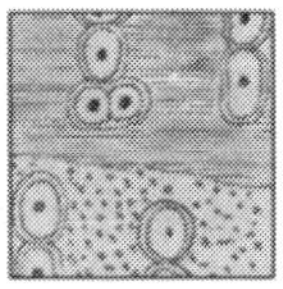
(C) 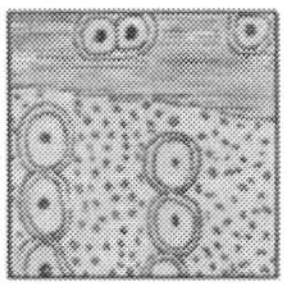
(D) 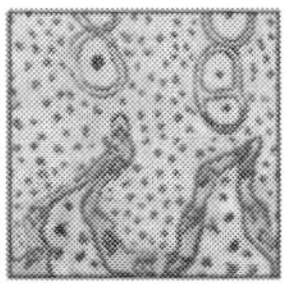
(E) 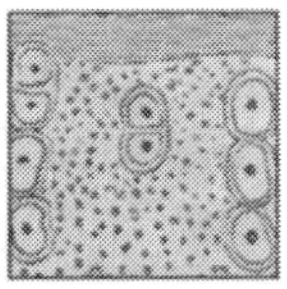

2) 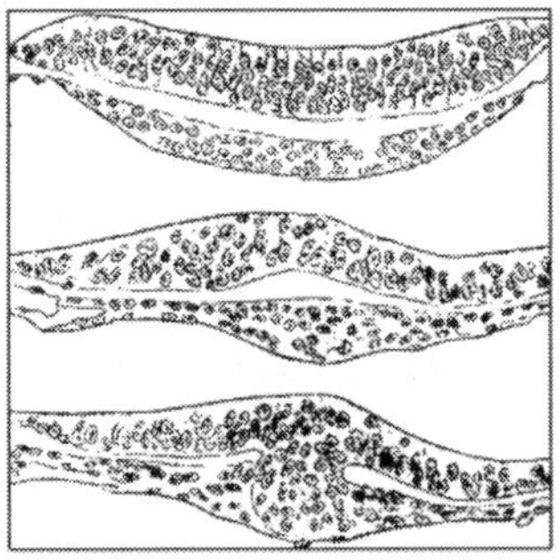

(A) 
(B) 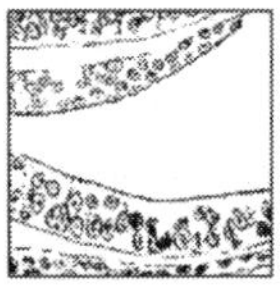
(C) 
(D) 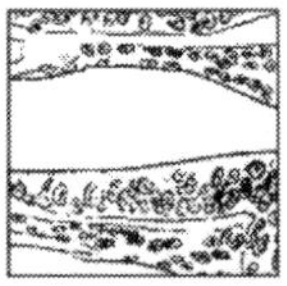
(E) 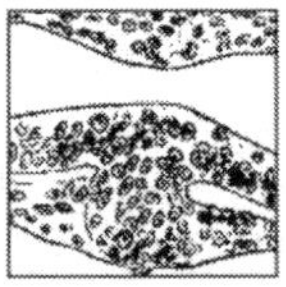

3) 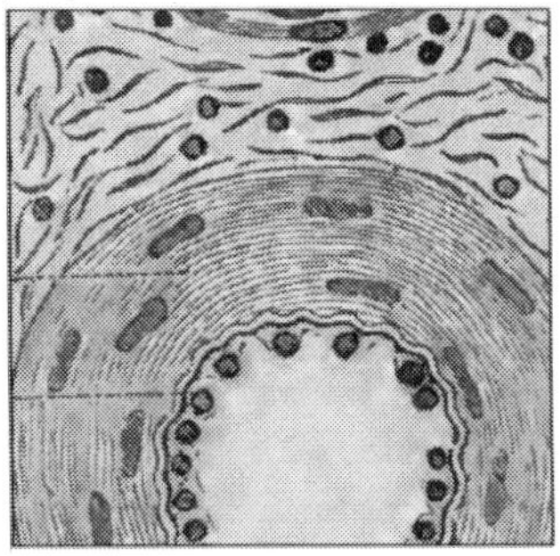

(A) 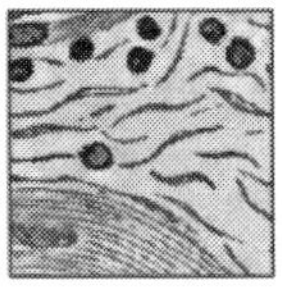
(B) 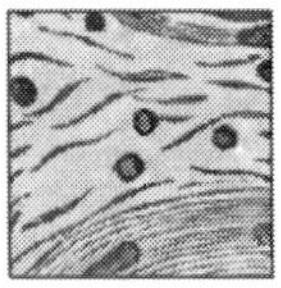
(C) 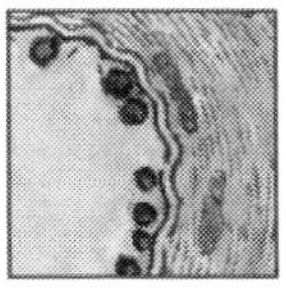
(D) 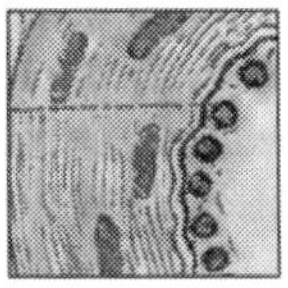
(E) 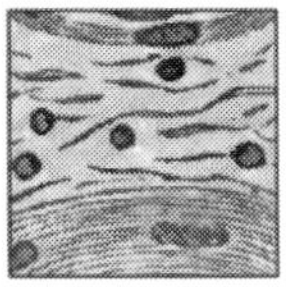

4)

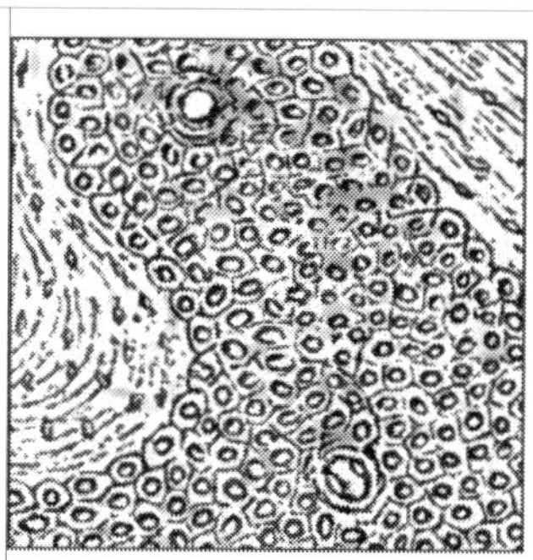

(A) (B) (C) (D) (E)

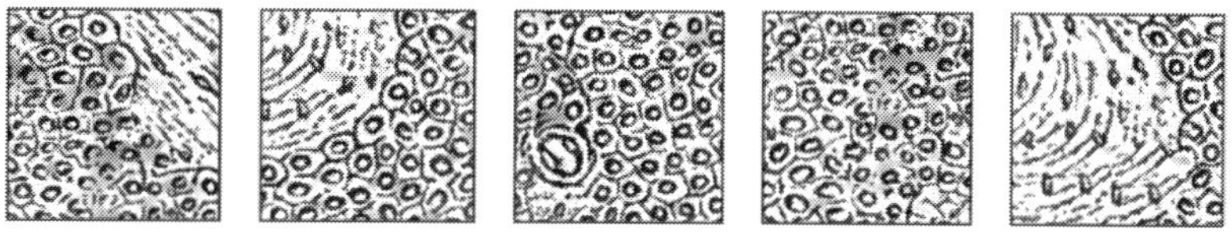

5)

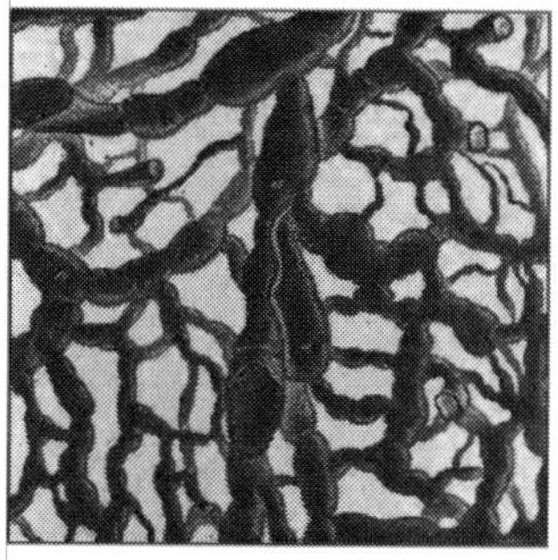

(A) (B) (C) (D) (E)

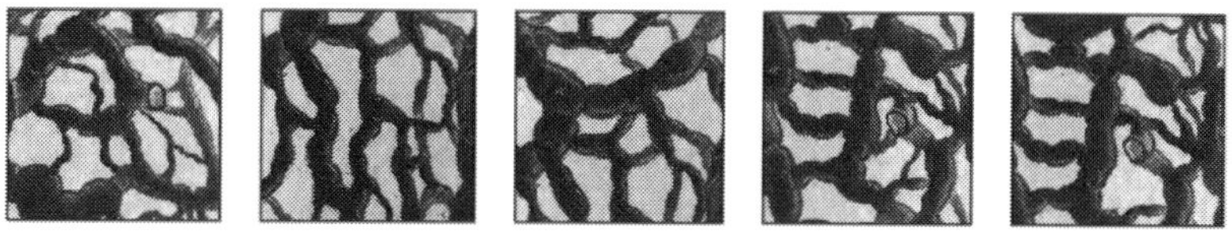

6)

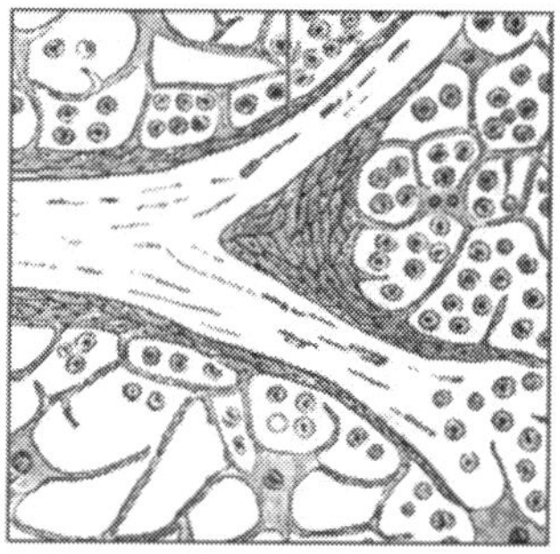

(A) (B) (C) (D) (E)

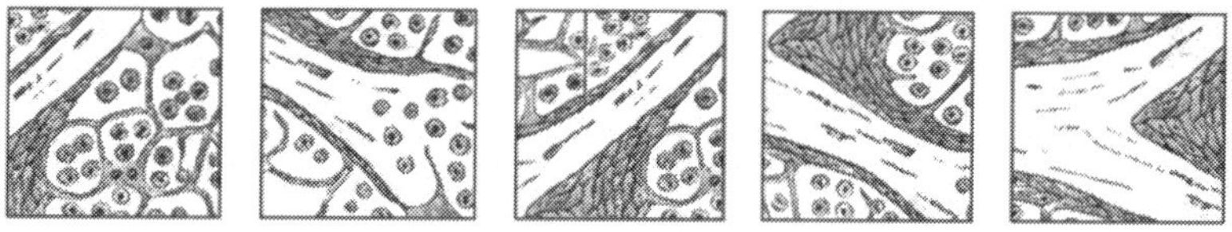

7)

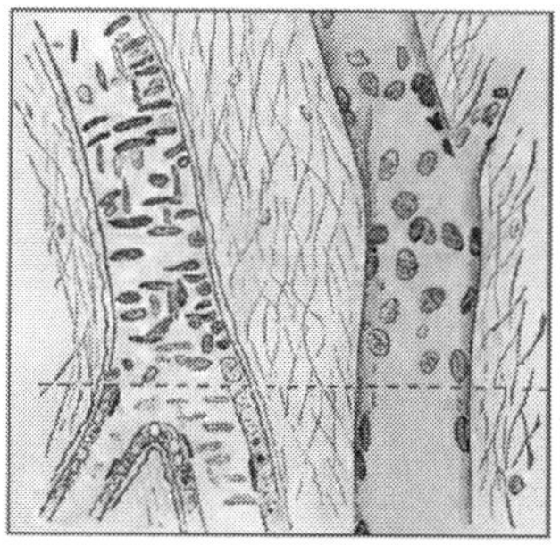

(A) (B) (C) (D) (E)

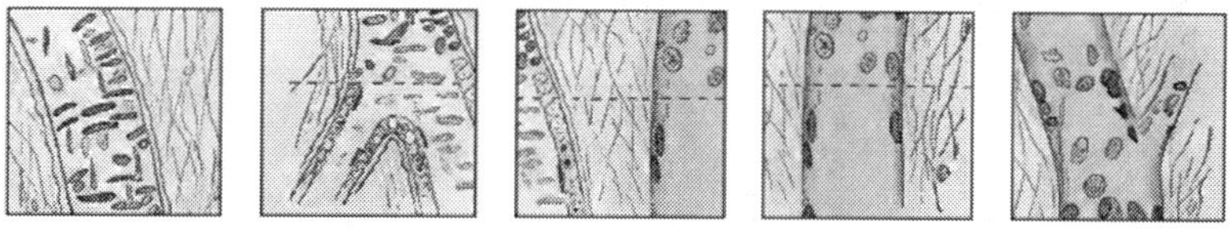

8

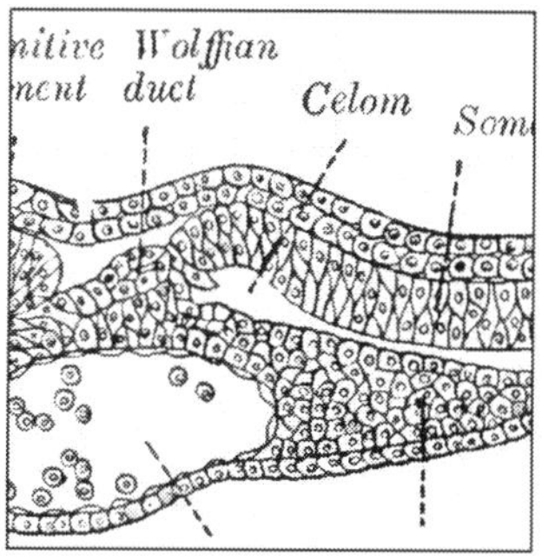

(A) (B) (C) (D) (E)

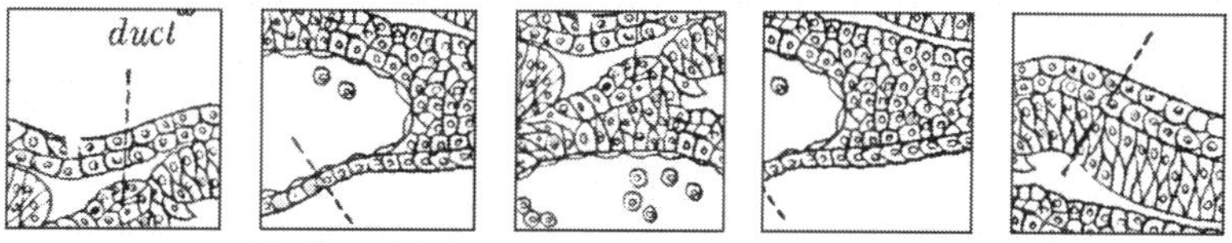

9)

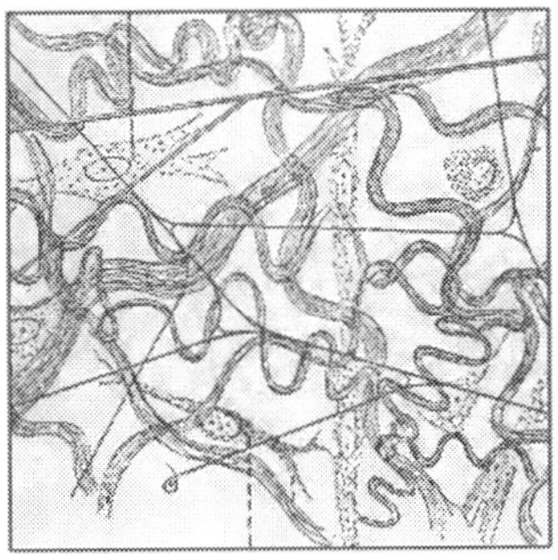

(A) (B) (C) (D) (E)

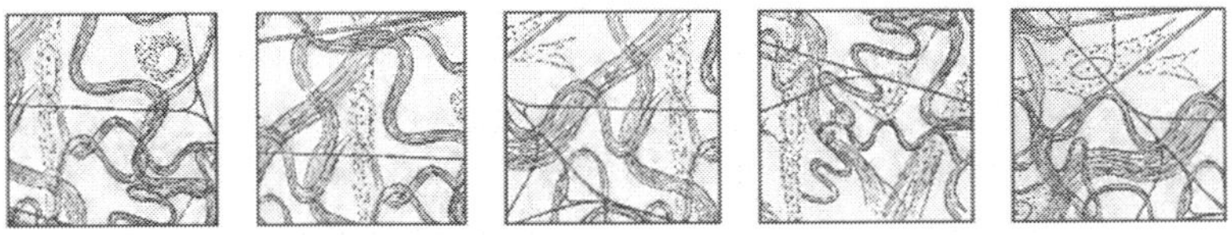

10)

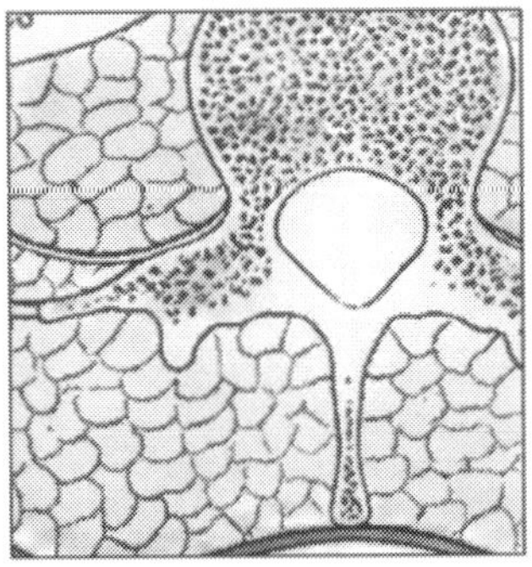

(A) (B) (C) (D) (E)

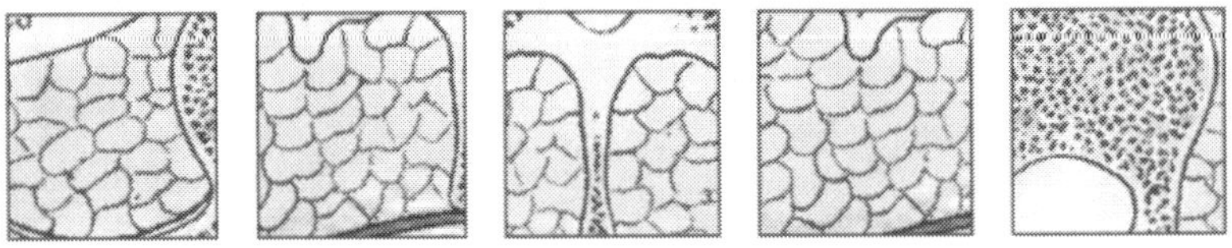

11)

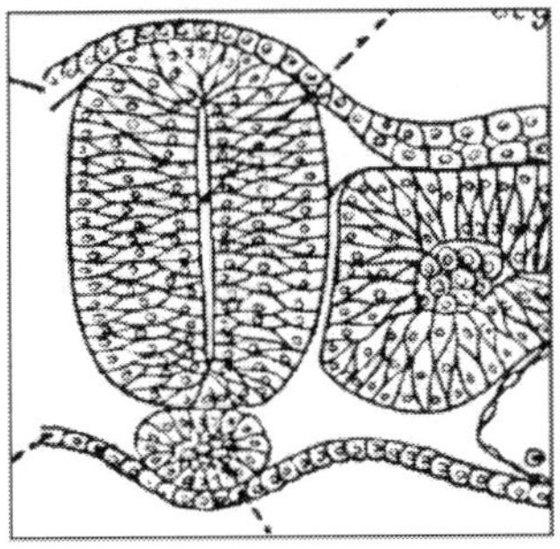

(A) (B) (C) (D) (E)

12)

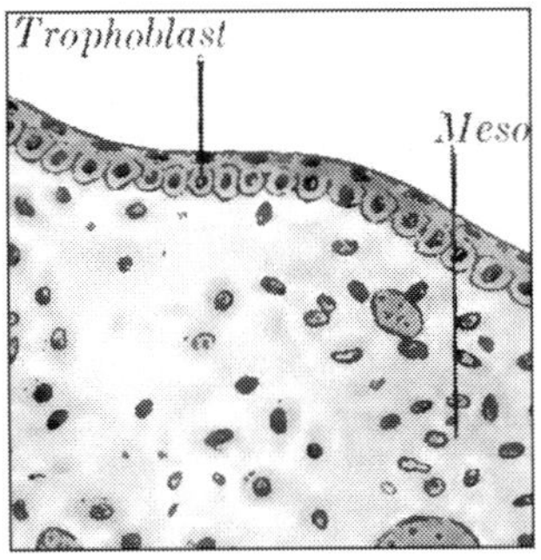

(A) (B) (C) (D) (E)

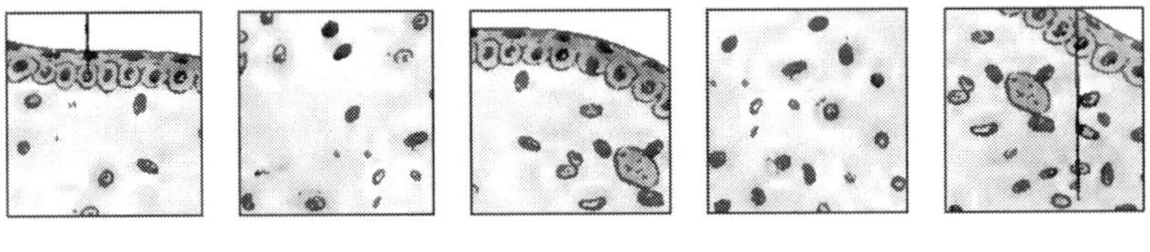

13)

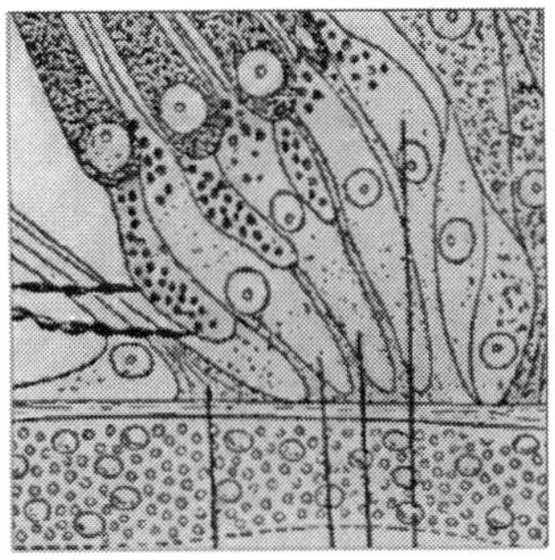

(A) (B) (C) (D) (E)

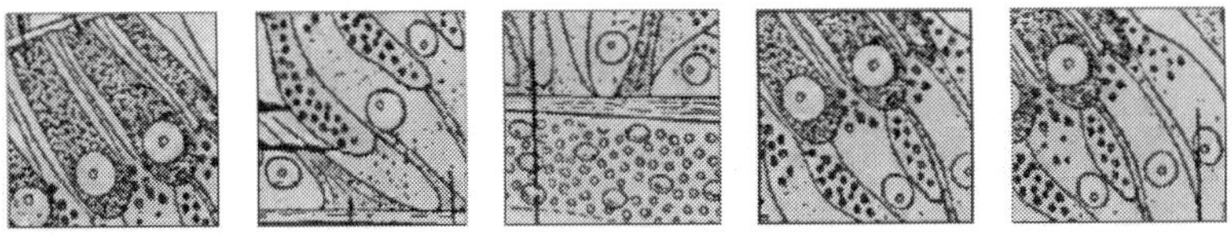

14)

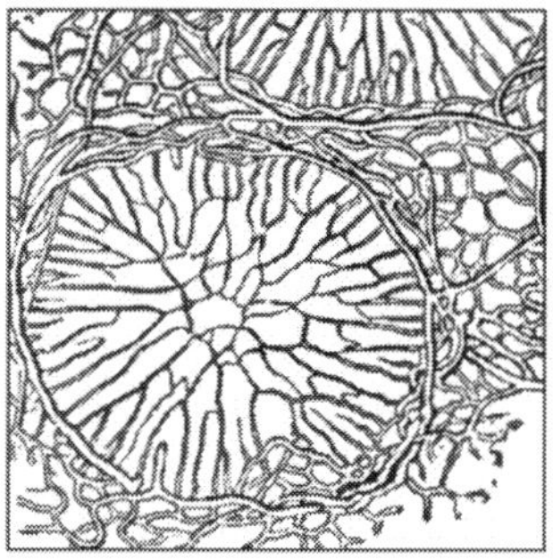

(A) (B) (C) (D) (E)

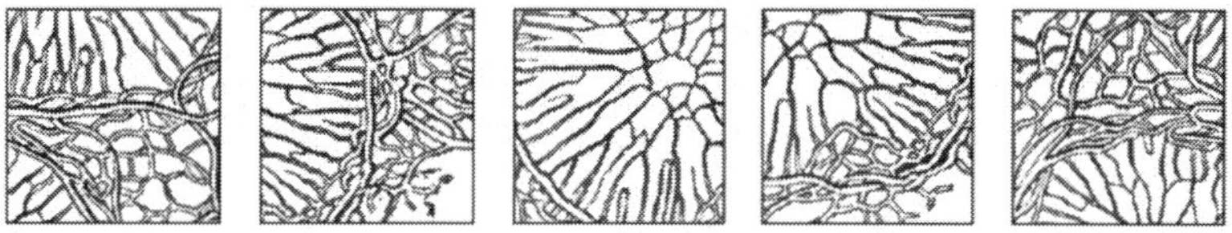

15)

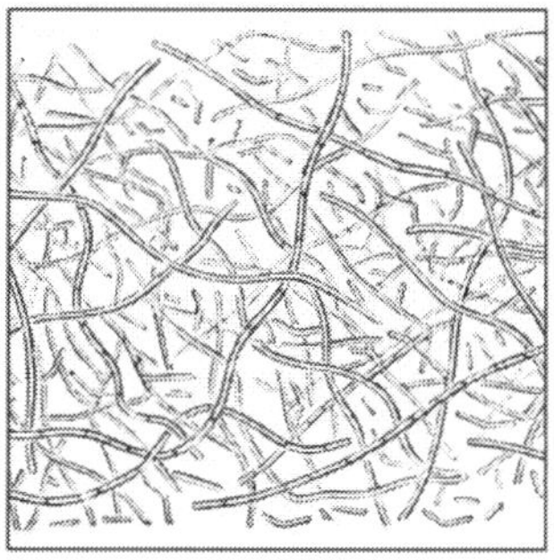

(A) (B) (C) (D) (E)

16)

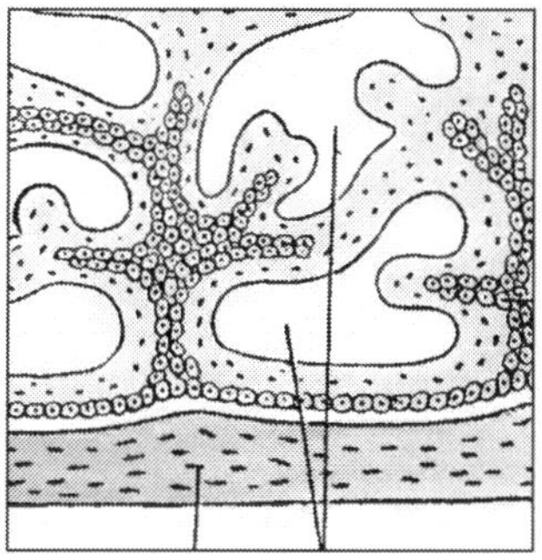

(A) (B) (C) (D) (E)

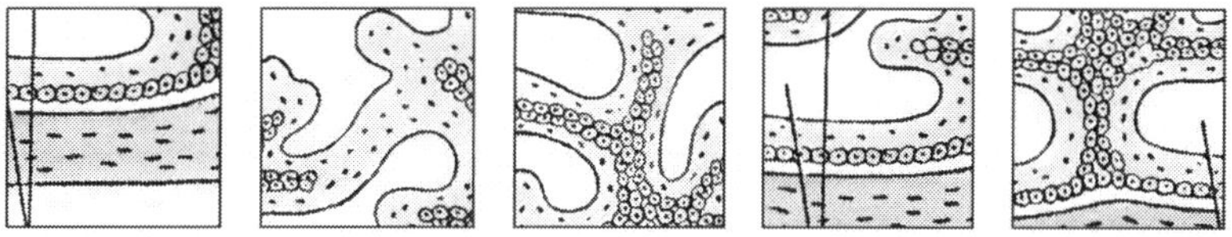

17)

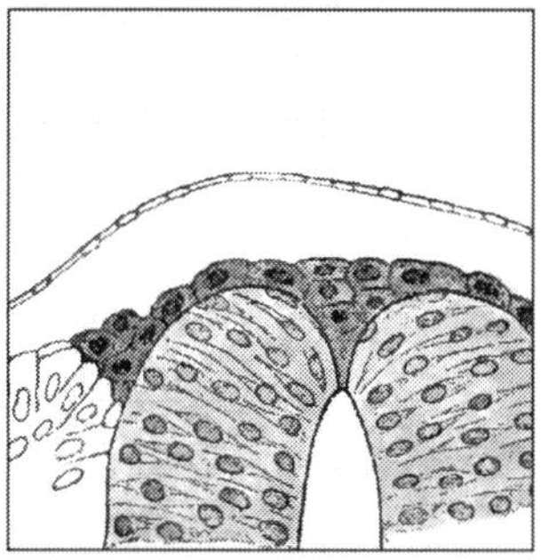

(A) (B) (C) (D) (E)

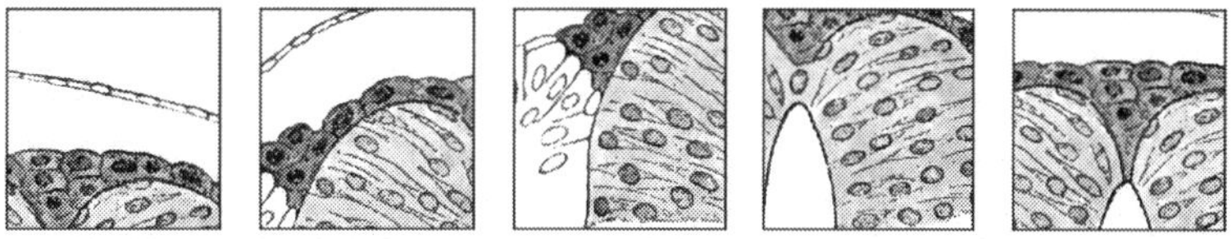

18)

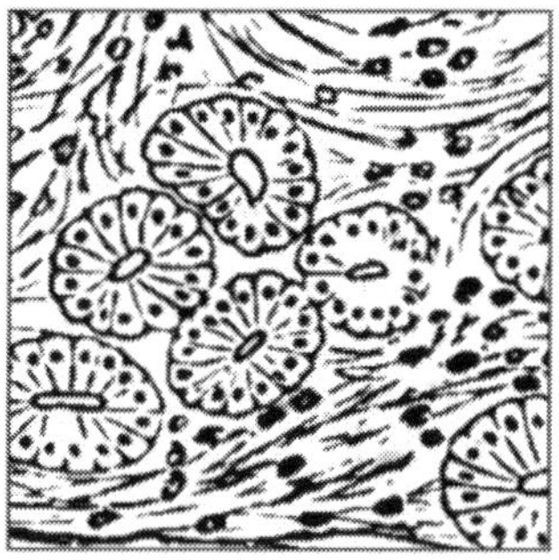

(A) (B) (C) (D) (E)

19) 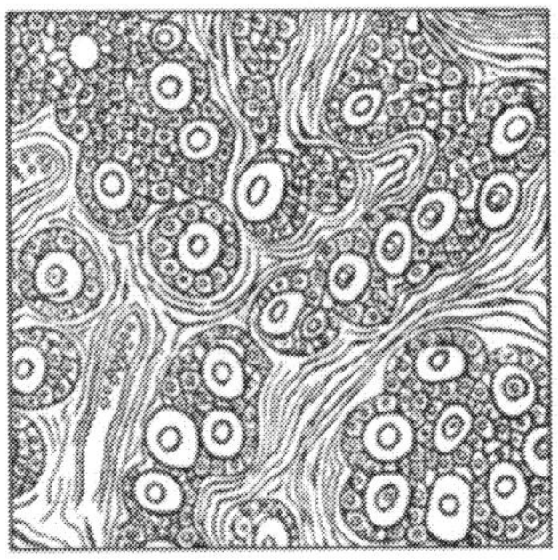

(A) (B) (C) (D) (E)

20) 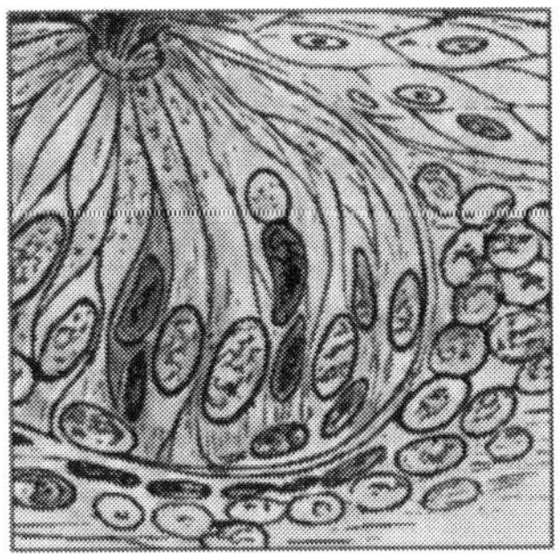

(A) (B) (C) (D) (E)

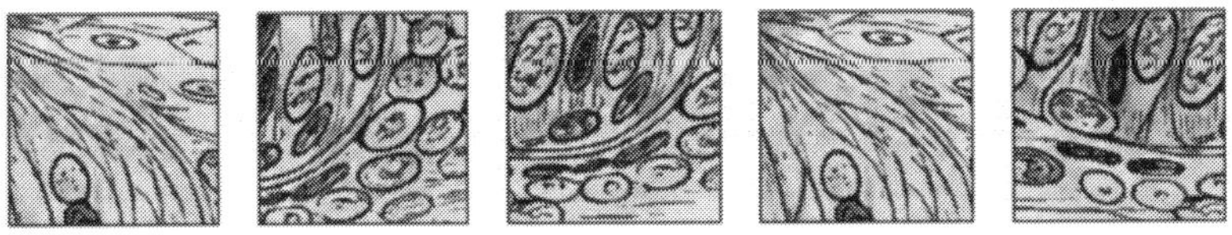

21) 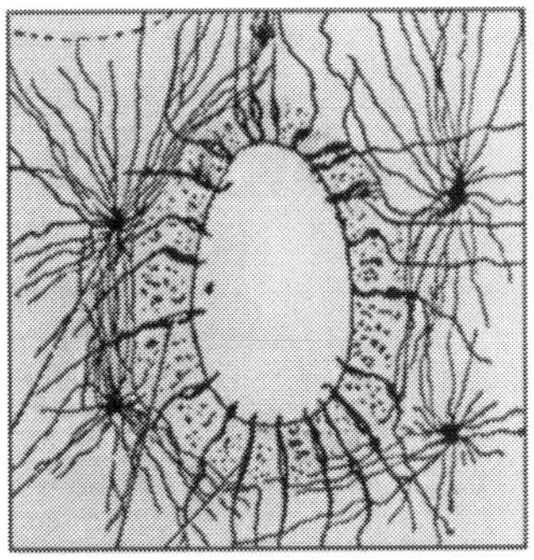

(A) (B) (C) (D) (E)

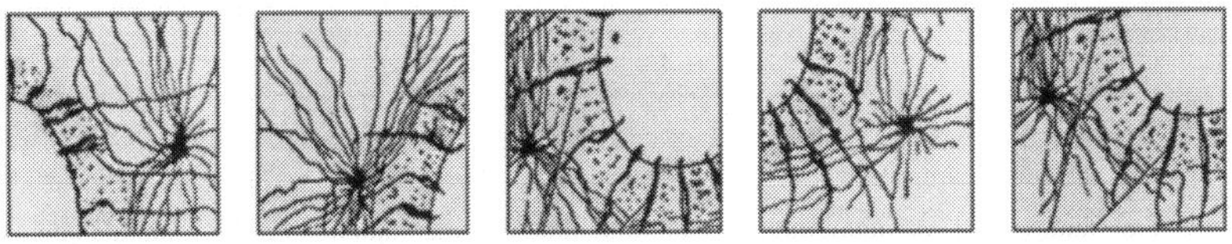

22) 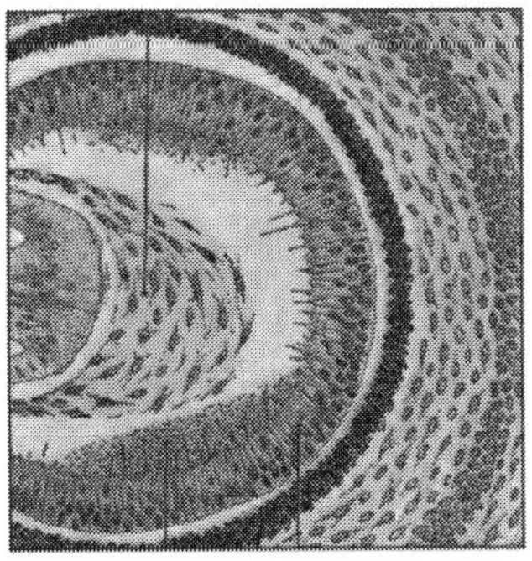

(A) (B) (C) (D) (E)

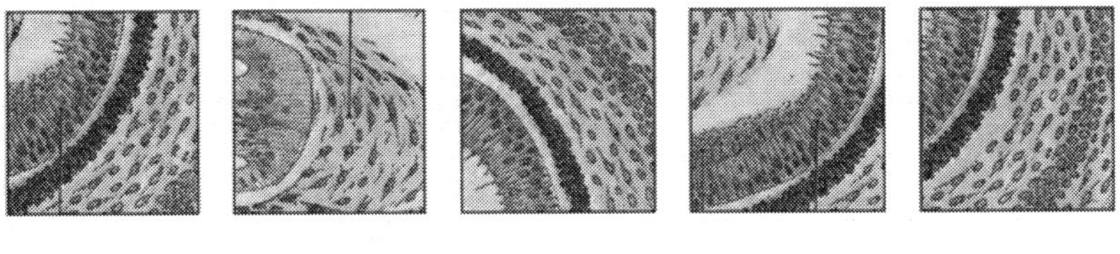

23) 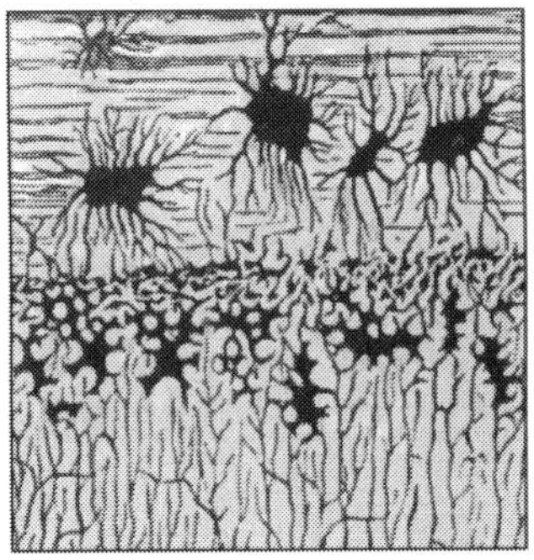

(A) (B) (C) (D) (E)

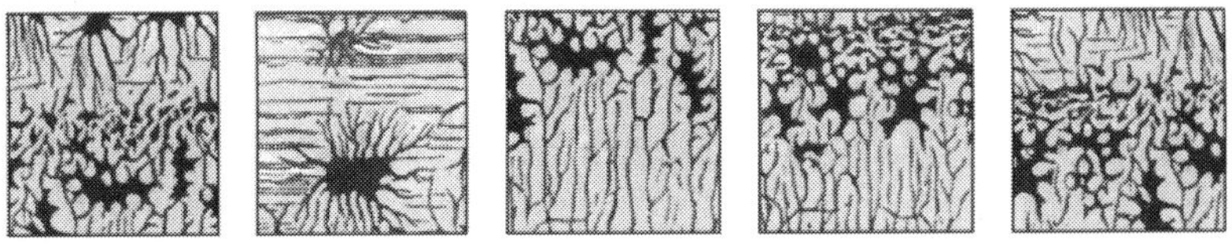

24)

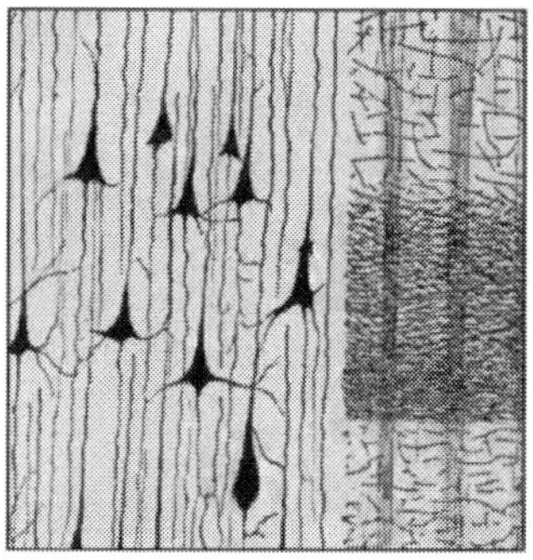

(A)

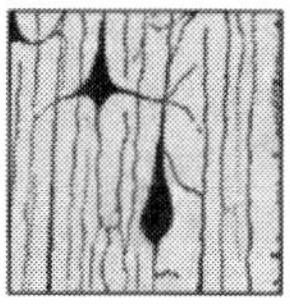

(B)

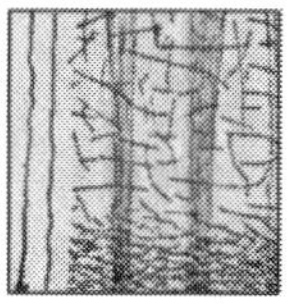

(C)

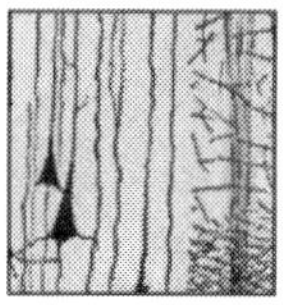

(D)

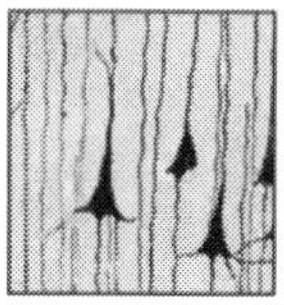

(E)

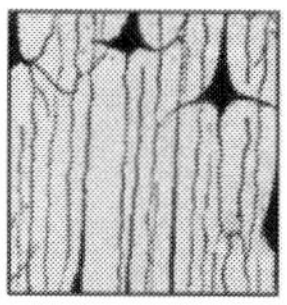

Aufgabengruppe Medizinisch-naturwissenschaftliches Grundverständnis

Bearbeitungszeit: 60 minuten

Bitte lesen Sie die folgenden Texte und Aufgaben sorgfältig und markieren Sie die jeweils korrekte Antwort auf dem Antwortbogen!

25) Fettsäuren sind Verbindungen, die aus einer Kette von Kohlenstoffatomen bestehen, die an einem Ende eine polare Carboxylgruppe (auch: Säuregruppe) tragen. Das jeweils andere Ende der Kette besitzt eine solche Gruppe nicht und ist deshalb apolar. Innerhalb der Kohlenstoffkette können zwischen den C-Atomen sogenannte Doppelbindungen auftreten. Darüber hinaus kann die Länge der Kette stark variieren. Fettsäuren ohne diese Doppelbindungen werden als „gesättigte" Fettsäuren bezeichnet; jene mit Doppelbindungen dementsprechend ungesättigt. Kommen mehrere Doppelbindungen vor, so liegen diese niemals nebeneinander auf der Kette, sondern haben immer Lücken mit Einfachbindungen. Die Bezeichnung C18:2 würde für eine Fettsäure mit 18 C-Atomen und zwei Doppelbindungen („zweifach ungesättigt") in der Kette stehen (hier: Linolsäure). Weitere Fettsäuren sind zum Beispiel Arachidonsäure (C20:4) oder Stearinsäure (C18:0). Der Omega-Wert einer Fettsäure bezeichnet die Distanz derjenigen Doppelbindung zum apolaren Ende, die diesem Ende am nächsten ist.

Welche der folgenden Aussagen lässt sich aus dem Text ableiten?

(A) Linolsäure zählt zu den mehrfach gesättigten Fettsäuren.

(B) Die Bezeichnung C18:2 entspricht einer polaren Fettsäure mit einer Doppelbindung in einer Distanz von zwei C-Atomen zum apolaren Ende.

(C) Arachidonsäure trägt eine Carboxylgruppe an ihrem polaren Ende und hat vier Doppelbindungen.

(D) Omega-3-Fettsäuren besitzen polare Gruppen an beiden Enden der Kohlenstoffkette und haben immer mindestens eine Doppelbindung.

(E) Omega-3-Fettsäuren sind durch ihre Doppelbindung am drittletzten C-Atom (apolareres Ende) gesättigt.

26) Beim Diabetes ist die Fähigkeit des Körpers, den Blutzuckerspiegel zu senken, gestört. Dies geschieht beim gesunden Menschen durch das Peptidhormon Insulin aus dem Inselzellorgan in der Bauchspeicheldrüse. Diese schüttet das Hormon ins Blut aus, sobald der Blutzuckerspiegel steigt. Insulin aktiviert spezielle Zuckertransporter auf der Oberfläche von Muskel- und Fettzellen, welche den Zucker dadurch aus dem Blut ins Zellinnere transportieren und dort verwenden können. Geschieht dies nicht, beschädigt der hohe Blutzucker rote Blutkörperchen, die sich dann in Gefäßen ablagern und für einen Verschluss sorgen. Andere Hormone wie Cortisol haben gegenläufige Funktionen. Das Steroidhormon Cortisol hebt den Blutzucker.

Nennen Sie bitte die falsche Aussage!

(A) Die Entfernung des Inselzellorgans kann zu einer Blutzucker-Fehlregulation führen.
(B) Patienten, die dauerhaft mit medikamentösem Cortisol behandelt werden, haben ein höheres Risiko für Gefäßschäden.
(C) Fettzellen importieren Zucker bei Vorliegen von einem Hormon des Inselzellorgans besonders gut.
(D) Rote Blutkörperchen erfüllen eine wichtige Zucker-Transportfunktion, die durch das Vorliegen von Insulin ermöglicht wird.
(E) Eine medikamentöse Therapie mit Cortisol kann die Effekte des Insulins aufheben.

27) Von Medikament-A werden stündlich 10 mg ausgeschieden. Medikament-B wird zu 150 mg am Tag abgebaut. Beide werden über die Leber abgebaut und über den Darm ausgeschieden. Medikament-C hat eine Halbwertszeit von 30 Minuten (Halbierung der Menge in 30 Minuten) und wird über die Niere mit dem Urin ausgeschieden. Medikament- D und E werden zu 240 mg bzw. 120 mg pro Tag über den Urin ausgeschieden. Nach 36-stündiger Behandlung mit einem Medikament (15 mg pro Stunde) wird bei einem Patienten ein Medikamenten-Plasmaspiegel von 180 mg festgestellt. Bei einem Urintest nach 36 Stunden werden keine Medikamentenrückstände gefunden.

Um welches Medikament handelt es sich?

(A) Medikament A
(B) Medikament B
(C) Medikament C
(D) Medikament D
(E) Medikament E

28) Das Rückenmark leitet neuronale Reize aus dem Gehirn in den Körper oder umgekehrt. Afferente Reize sind solche, die aus der Peripherie zum zentralen Nervensystem (ZNS) ziehen, bspw. ein Eindruck von einer Tastzelle der Haut, welcher zum Gehirn geleitet werden soll. Efferente Reize dagegen laufen umgekehrt, wie etwa ein motorischer Befehl für einen bestimmten Muskel aus dem Gehirn. Das Rückenmark hat eine stabförmige Gestalt und reicht vom Gehirn bis zur Lendenwirbelsäule. Im Querschnitt erkennt man ein Vorder- und ein Hinterhorn. Durch das Vorderhorn laufen efferente, durch das Hinterhorn afferente Reize. Zusätzlich existiert zwischen den beiden ein Seitenhorn, das für sogenannte viszerale Reize zuständig ist. Diese Reize gelten als „vegetativ“, also unbewusst, und umfassen etwa die Steuerung des Darms oder der Drüsen unseres Körpers.

Welcher Aussage stimmen Sie nach Lesen des Textes zu?

(A) Das Hinterhorn leitet afferente Reize in die Peripherie.
(B) Das Gefühl eines Händedrucks wird vom ZNS als afferenter Reiz durch das Vorderhorn geleitet.
(C) Im Querschnitt sind folgende funktionelle Bereiche von vorn nach hinten gegliedert: Sinneseindrücke, Darmtätigkeit, Steuerung eines Muskels.
(D) Der Befehl zum Heben eines Beins kann folgenden Weg nehmen: Gehirn – Vorderhorn – Peripherie (Muskulatur).
(E) Das Seitenhorn fungiert als Anlaufstelle für vegetative Reize, die anschließend durch das Vorderhorn efferent ins Gehirn geleitet werden.

29) Ein Atom besteht aus einem Kern mit seinen Nukleonen sowie einer Hülle, bestehend aus Elektronen. Als Nukleonen kommen die ungeladenen Neutronen sowie die positiv geladenen Protonen in Frage. Jedes Proton trägt die Elementarladung +1. Die Kernhülle ist negativ geladen (Elektronen haben die Elementarladung -1). Ein elektrisch neutrales Atom trägt somit gleich viele Protonen wie Elektronen. Chemische Elemente sind durch die Anzahl ihrer Protonen definiert, wohingegen die Anzahl der Neutronen durchaus veränderlich ist, in der Regel aber grob derer der Protonen entspricht. Atome gleicher Protonen- aber unterschiedlicher Neutronenzahl nennt man Isotope. Atome unterschiedlicher Protonenanzahl hingegen gelten als unterschiedliche Elemente.

Welche Aussage trifft zu?

(A) Deuterium, das im Gegensatz zum Wasserstoff lediglich ein weiteres Neutron im Kern trägt, ist ein Isotop von letzterem.
(B) Helium, das vier Nukleonen, davon zwei Neutronen trägt, besitzt ein Proton.
(C) Ein Atom mit 15 Nukleonen, sieben Neutronen und sieben Elektronen ist elektrisch neutral.
(D) Neutronen neutralisieren die Elementarladung im Kern.
(E) Das Hinzufügen zweier Elektronen zu einem Atom erhöht die Kernladung.

30) Man unterscheidet bei der Entstehung von Durst zwei verschiedene Arten: Den hypovolämischen und den hyperosmolaren Durst. Ersterer entstammt dem Herzvorhof, von wo aus das Blutvolumen über die Gefäßfüllung gemessen wird. Er ist relativ grob und misst Abweichungen vom Blutvolumen ab ca. 10 %. Wird das Blutvolumen zu gering, setzt Durst ein. Der andere Mechanismus misst die Konzentration bestimmter Salze im Blut (Osmolarität). Ist diese Konzentration zu hoch, so wird durch den Körper geschlussfolgert, dass zu wenig Flüssigkeit im Körper ist. Diese Konzentration wird in der Area praeoptica des Gehirns registriert. Aus diesem Grund löst exzessiver Salzkonsum Durst aus, selbst wenn der Körper keine Flüssigkeit verliert. Der Körper reagiert in beiden Fällen mit dem Zurückhalten von Wasser und einer Steigerung des Trinkverhaltens. Das Hormon ADH (antidiuretisches Hormon) vermittelt eine verminderte Ausscheidung von Flüssigkeit mit dem Urin (an der Niere). Im gegenteiligen Fall wird das Hormon ANP ausgeschüttet, das eine umgekehrte Wirkung auf die Nieren hat. Wird das Blut hyperosmolar, also zu salzig, so setzt eine gesteigerte Osmose an den Körperzellen ein, welche Flüssigkeit aus dem Zellinneren in das Blut saugt. Somit verringert sich das Zellvolumen. Blut mit einer zu geringen Salzkonzentration führt zu einem gegenteiligen Effekt auf die Zellen.

Ein Patient klagt über Unwohlsein. Er hat ein erhöhtes Zellvolumen, sein Blutvolumen ist leicht vermindert. Er verspürt keinen Durst und bemerkt gesteigertes Wasserlassen.

Ein Mehr welcher der folgenden Faktoren führt am ehesten zur Normalisierung seines Zustands?

(A) ANP + Konsum von salzfreiem Wasser
(B) ADH + Konsum von salzfreiem Wasser
(C) Salzkonsum + ADH
(D) ANP + ADH
(E) ANP + Konsum von Salzwasser

31) Bakterien werden aufgrund von Unterschieden in ihrer Zellmembran in grampositive (gram+) und gramnegative (gram-) eingeteilt. Diese Einteilung ist wichtig für die Wirkung von Antibiotika. Weiterhin kann man beide Gruppen jeweils noch grob in Kokken und Stäbchen (je nach ihrer Zellform) unterteilen. Für das Antibiotikum A wurde eine besondere Wirkung gegen gram(+) Kokken festgestellt. Gegen gram(-) Kokken hilft vor allem Antibiotikum C, dies hat jedoch gravierende Nebenwirkungen. Antibiotikum B hilft gegen alle Stäbchen und hat leichte Nebenwirkungen. Antibiotikum D hat die beste Wirkung gegen alle Bakterien außer auf gram(+) Stäbchen, verursacht aber leichte Nebenwirkungen. Antibiotikum E wirkt nur auf gram(+) Bakterien. Nebenwirkungen sind hier untypisch.

Ein Patient leidet unter Nebenwirkungen einer Antibiotika-Therapie. Außerdem konnte seine durch gramnegative Kokken verursachte Infektion *nicht* ausreichend therapiert werden.

Mit welchem Antibiotikum wurde er behandelt?

(A) Antibiotikum A
(B) Antibiotikum B
(C) Antibiotikum C
(D) Antibiotikum D
(E) Antibiotikum E

32) Das Ohr besteht aus Außen-, Mittel- und Innenohr. Das Außenohr umfasst die sichtbaren Teile sowie den Gehörgang bis zum Trommelfell (Tympanon). Dahinter erstreckt sich das luftgefüllte Mittelohr. Darin liegen - verbunden mit dem Tympanon - zwei kleine Knöchelchen, die Schwingungen des Trommelfells aufnehmen und in mechanische Bewegungen umwandeln. Sie leiten diese Impulse über den „Steigbügel" in das wassergefüllte Innenohr weiter. Die sogenannte Impedanz macht die Knöchelchen nötig; Die direkte Übertragung von Wellen aus der Luft in die Flüssigkeit würde zu viel Reflexion erzeugen und lediglich kleine Teile der Schwingungen übertragen. Gleichzeitig werden die Longitudinalwellen des Schalls in Transversalwellen des Wassers gewandelt. Im Innenohr schließlich liegen die eigentlichen Sinnesrezeptoren: die Haarzellen. Diese nehmen mit feinen Haaren (Stereozilien) an ihrer Oberfläche die Schwingungen auf und wandeln sie in einen Reiz für eine angeschlossene Nervenzelle um, welche die Information an das zentrale Nervensystem weiterleitet.

Welche Aussage ist korrekt?

(A) Das Trommelfell bildet eine natürliche Grenze zwischen dem luft- und dem flüssigkeitsgefüllten Raum.
(B) Die Transversalwellen des Außenohrs überwinden mithilfe des Trommelfells die Impedanz.
(C) Das Mittelohr ist gekennzeichnet durch: Luftfüllung, Gehörknöchelchen, Longitudinalwellen.
(D) Impedanz bezeichnet das Phänomen stark reflektierter Wellen beim Übertritt aus einem flüssigen in ein gasförmiges Medium.
(E) Durch die Gehörknöchelchen kann eine Transversalwelle aus einem luftgefüllten Raum zu den Sinnesrezeptoren gelangen.

33) Pro Kilogramm Körpermasse sollen 2,5 mg eines Medikaments infundiert werden. Bei dieser Herangehensweise soll jedoch das Gewicht des Körperfettes nicht mitgezählt werden. Ein Mensch von 80 kg Gesamtkörpergewicht erhält insgesamt 175 mg des Medikaments.

Wie hoch ist sein Körperfettanteil, wenn das Medikament korrekt angewendet wurde?

(A) 7,5 %
(B) 12,5 %
(C) 16,66 %
(D) 17,5 %
(E) 22,5 %

34) Zystische Fibrose (auch: Mukoviszidose) ist eine vererbliche mutationsbedingte Erkrankung. Bestimmte Chloridkanäle (CFTR) in den schleimproduzierenden Oberflächenzellen verlieren dabei ihre Funktion. Diese CFTRs transportieren normalerweise Chlorid in die Schleimschichten, welches osmotisch Wasser nach sich zieht. Bei erkrankten Menschen sinkt der Flüssigkeitsgehalt des Schleims. Die Viskosität nimmt zu. Die betroffenen Zellen kommen besonders in der Bauchspeicheldrüse und im Bronchialgewebe (Lunge) vor. In der Lunge führt das zu einer mangelhaften Reinigungs- und Abwehrfunktion. Die dadurch häufigen Bronchialinfektionen heilen durch o.g. Mechanismus auch schlechter ab. Die Lunge wird zunehmend zystisch umgebaut und verliert ihre Funktion. In der Bauchspeicheldrüse, wo CFTRs zusätzlich mit Bikarbonatkanälen vergesellschaftet sind, fallen Probleme bei der Sekretion des basischen Bikarbonats an. So fällt es der Bauchspeicheldrüse schwerer, den sauren Speisebrei zu neutralisieren und sie kann wegen des zähen Sekrets einige wichtige Verdauungsenzyme nicht mehr zum Speisebrei in den Zwölffingerdarm transportieren, weshalb Nahrungsbestandteile schlechter aufgespalten und verdaut werden.

Welche Aussage ist falsch?

(A) Mukoviszidose hängt mit einer erblich bedingten Störung des Chloridtransportes zusammen
(B) Zystische Fibrose erzeugt einen Mangel an basischem Bikarbonat, das für die Reinigungs- und Abwehrfunktion essentiell ist.
(C) Visköses Bronchialsekret von Mukoviszidose-Patienten bedingt schlechtere Heilungsverläufe bei Lungeninfektionen.
(D) CFTRs helfen dabei, Bauchspeicheldrüsensekret weniger viskös zu machen.
(E) Ein Mangel an Bikarbonatkanälen in der Bauchspeicheldrüse ist bei Patienten der zystischen Fibrose nicht feststellbar.

35) Durch eine Elektrophorese kann man mithilfe elektrischer Spannung Plasmaproteine des Bluts ihrer Größe nach auftrennen. Dabei ergeben sich charakteristische Verteilungsmuster. Die Fraktion kleinster Proteine ist die Albuminfraktion; ein Protein, das vor allem die Osmolarität des Blutes aufrechterhält. Die restlichen Fraktionen sind aufsteigend nach griechischen Buchstaben benannt (Alpha, Beta und Gamma). Proteine der Alpha-Fraktion sind z.B. verschiedene Gerinnungsproteine wie Prothrombin und Antithrombin. Fibrinogen - ebenfalls ein Gerinnungsfaktor - entstammt dagegen der Beta-Fraktion. Die Beta-Fraktion umfasst außerdem den Eisentransporter Transferrin, Zu den Gamma-Globulinen zählen vor allem die Immunglobuline, immunspezifische Antikörper. Die meisten Blutproteine - außer den Immunglobulinen - entstammen der Leber.

Welchen der folgenden Aussagen stimmen Sie zu?

I. Die Osmolarität des Blutes wird vor allem durch große Proteine aufrechterhalten.
II. Mängel von Proteinen der Alpha-Fraktion können durch Leberschäden entstehen.
III. Eine Verringerung der Gamma-Fraktion kann sich in verändertem Immunverhalten ausdrücken.
IV. Gerinnungsstörungen können durch Verringerungen in der Alpha- oder Gamma-Fraktion entstehen.
V. Albumin zählt zur kleinen Alpha-Fraktion der Plasmaproteine.

(A) Allen.
(B) Den Aussagen II bis IV.
(C) Nur den Aussagen I, II und III.
(D) Den Aussagen II, III und V.
(E) Den Aussagen II und III.

36) Auf menschlichen Erythrozyten kommen die Antigene A und B vor (Blutgruppe A bzw. B). Es treten sowohl Fälle auf, in denen Menschen beide Antigene (AB) auf ihren Erythrozyten besitzen, wie auch gar keine Antigene (Blutgruppe 0) oder nur eines (A oder B) von beiden. Jeder Mensch besitzt genau einen der o.g., in sich gleichen Satz Erythrozyten mit identischen Antigenen. Wird ein Antigen in den Körper gebracht, gegen das Antikörper vorliegen, so binden diese jeweils gleichnamigen Antikörper daran und lösen die Gerinnung aus. Das zieht z.T. schwere Folgen wie Embolien nach sich. Ein Mensch mit Blutgruppe-A hat Antikörper gegen Blutgruppe B und würde beispielsweise eine Transfusion von Blutgruppe-B- oder Blutgruppe-AB-Blut nicht überleben. Menschen mit der Blutgruppe AB besitzen gegen keine der beiden Antigene Antikörper.

Ein Patient erhält bei einer Transfusion Spenderblut der Blutgruppe-A. Dabei wird ein schwerwiegender Transfusionszwischenfall ausgelöst.

Welcher der Blutbestandteil liegt vermutlich im Blut des betroffenen Empfängers vor?

(A) Antikörper gegen die Antigene A und B
(B) Nur Antikörper gegen Antigen B
(C) Antikörper gegen Erythrozyten mit Antigen 0
(D) Erythrozyten mit Antigen A
(E) Erythrozyten mit den Antigenen A und B

37) Folgende Funktionen der Zellorganellen sind bekannt: Mitochondrien erzeugen durch aerobe, katabole Prozesse Energie. Es werden Mitochondrien vom Tubulus-Typ in steroidproduzierenden Zellen und solche vom Crista-Typ in den restlichen Körperzellen unterschieden. Das raue endoplasmatische Retikulum (rER) ist bedeutsam für die Proteinbiosynthese, da es reich mit Ribosomen besetzt ist. Das glatte endoplasmatische Retikulum (gER) kann Fettsäuren und Steroide synthetisieren. In der Leber ist es zur Gluconeogenese (Neubildung von Zucker) befähigt. Der Golgi-Apparat ist für den Transport von Vesikeln mit im rER produzierten Substanzen von Bedeutung. Im Zellkern liegen die Erbinformationen vor, welche bei Bedarf entpackt werden (etwa während proteinsynthetischen Vorgängen) und sonst dicht gepackt vorliegen.

Die Nebenschilddrüse produziert das Parathormon, ein Hormon des Proteintyp (Peptidhormon). Gleiches gilt für die B-Zellen der Bauchspeicheldrüse, die Insulin produzieren. In der Nebennierenrinde werden Steroidhormone (Cortisol, Aldosteron, Androgene) produziert. Im Nebennierenmark werden Adrenalin und Noradrenalin produziert. Zellen der Bronchien produzieren Schleim - eine sehr hydrophile Substanz aus Proteinen und Zuckern.

Unter dem Mikroskop finden Sie eine Zelle mit reichlich tubulären Mitochondrien und großem glatten ER, wohingegen das raue ER weniger stark ausgeprägt ist.

Den Drüsen welchen Organs entstammt die Zelle vermutlich?

(A) Nebennierenrinde
(B) Nebenschilddrüse
(C) Bronchien
(D) Nebennierenmark
(E) Bauchspeicheldrüse

38) Hirnnerven sind jene Teile des peripheren Nervensystems, die direkt dem Hirn entspringen und nicht den Umweg über das Rückenmark nehmen. Es gibt insgesamt zwölf Hirnnerven. Im Gegensatz dazu werden Nerven, die dem Rückenmark entstammen, „Spinalnerven" genannt. Sie werden noch spezifischer nach dem Rückenmarkssegment benannt, aus dem sie entspringen. Hirnnerven können sämtliche neurologische Qualitäten vermitteln, also Sensibilität, Motorik und vegetative (unbewusste) Funktionen, wobei sie sich in ihren Wirkungen vorrangig auf den Kopfbereich beschränken, bspw. auf die Gesichtshaut, die Sinnesorgane oder die Kopfmuskulatur. Eine Ausnahme bildet der X. Hirnnerv, der Nervus vagus. Er leitet vegetative Reize bis zum Oberbauch und hat auf dem Weg dahin unter anderem Abzweigungen zum Herzen, Brustfell, Magen, Darm. Seine Wirkung beruht im Wesentlichen auf einer Stimulation der Verdauung und einer Bremsung des Herzens. Im Gegensatz dazu kommen Reize, die das Herz stimulieren, eher von Nerven, die dem Rückenmark entstammen.

Welche Aussage ist falsch?

(A) Der Nervus Vagus ist kein Spinalnerv.
(B) Sinnesorgane werden vor allem von Hirnnerven versorgt.
(C) Hirnnerven können eine stimulierende Wirkung auf Bauchorgane haben.
(D) Nerven, die das Herz stimulieren, durchqueren das Rückenmark.
(E) Nerven, die das Herz stimulieren, entstammen vor allem dem Gehirn.

39) Man beobachtet bei den meisten Säugetiere folgende Elektrolytverteilung: Extrazelluläre Flüssigkeiten weisen hohe Natrium- (140 mmol/l) und hohe Chloridkonzentrationen (110 mmol/l), aber nur niedrige Kaliumkonzentrationen (ca. 4mmol/l) auf. Intrazellulär ist dagegen ein geradezu spiegelbildliches Milieu zu erkennen: Kaliumkonzentrationen von 140 mmol/l und ein niedriger Wert für Natrium (10 mmol/l). Diese Umstände werden von der Kalium-Natrium-Pumpe erzeugt, die an den Membranen der meisten Körperzellen vorkommt und diese beiden Elektrolyte in entgegengesetzter Richtung zueinander transportiert („Antiport"). Somit werden die entsprechenden Elektrolyte in den jeweiligen Milieus aufkonzentriert. Die Konzentrationsunterschiede werden an den Membranen für verschiedenste Funktionen genutzt, bspw. für die Vorgänge während des Aktionspotentials der Nervenzellen.

Welche Aussage ist korrekt?

(A) Die Natrium-Kalium-Pumpe erzeugt einen gleichgerichteten Transport von Natrium und Kalium in die Zelle.
(B) Schäden an den Natrium-Kalium-Antiportern würde am ehesten einen Ausgleich der Natrium- und Kalium-Konzentrationen intra- und extrazellulär erzeugen.
(C) Schäden an den Natrium-Kalium-Antiportern würden am ehesten eine Erhöhung der intrazellulären Kaliumkonzentration erzeugen.
(D) Schäden an den Natrium-Kalium-Antiportern würden am ehesten eine Erhöhung der extrazellulären Natriumkonzentration erzeugen.
(E) Schäden an den Natrium-Kalium-Antiportern würden am ehesten eine Verstärkung von Aktionspotentialen erzeugen.

40) Man kann im menschlichen Körper drei Typen von Muskelzellen unterscheiden: quergestreifte, glatte und Herzmuskulatur. Klassifiziert werden sie nach folgenden Kriterien:

Morphologisch: Herzmuskeln wirken im Gegensatz zu den beiden anderen kurz und kompakt. Die anderen beiden tragen optisch ihre namensgebenden Eigenschaften und sind eher langgezogen.

Nervenkontakte: In quergestreiften Muskeln wird jede Zelle durch ein Neuron angesteuert. Im Herzmuskel können sich die Zellen über sogenannte „Gap junctions" gegenseitig erregen und brauchen deshalb keinen separaten Nerv für jede Zelle. Im glatten Muskel ist es ähnlich.

Funktion: Quergestreifte Muskulatur ist willkürlich und bewusst steuerbar. Glatte Muskulatur erhält vegetative Reize und funktioniert somit unbewusst. Man findet sie bspw. am Darm, wo sie den Nahrungsbrei transportiert. Herzmuskelzellen arbeiten kontinuierlich, können aber vom vegetativen Nervensystem reguliert werden.

Markieren Sie bitte die korrekte Aussage!

(A) Muskeln, die vom vegetativen Nervensystem gesteuert werden, können auch willkürlich bewegt werden.
(B) Zellen eines willkürlich steuerbaren Muskels tragen immer einen separaten Nerv.
(C) Zellen der willkürlich gesteuerten Muskulatur erregen sich gegenseitig und haben ein quergestreiftes Aussehen.
(D) Gap junctions kommen nur in Zellen mit kompakten Aussehen vor.
(E) Kontinuierlich arbeitende Nervenzellen stehen pro Zelle jeweils mit einem Nerv in Verbindung.

41) Das zentrale Nervenzystem (ZNS) besteht aus dem Gehirn und dem Rückenmark. Das periphere Nervensystem besteht hingegen aus Nerven, welche vom ZNS wegziehen. Umhüllt ist ein Großteil des ZNS von speziellen Hirnhäuten, den Meningen. Deren innerste Schicht, die Pia mater, liegt dem ZNS direkt an. Außerhalb davon befindet sich die Arachnoidea (Spinnenhaut). Zwischen den Schichten existiert ein enger Raum, der Subarachnoidalraum, in dem sich Liquor befindet - eine Flüssigkeit, die das Nervengewebe mit Glucose versorgt. Weiter darüber befindet sich die Dura mater. Die Arachnoidea liegt der harten Hirnhaut (Dura mater) direkt an und ist mit ihr über das Neurothel verbunden. Oberhalb der Dura mater befindet sich ein weiterer Raum, der Epiduralraum. In ihm verlaufen Blutgefäße zur Versorgung des Hirns. Der Epiduralraum wird nach außen durch Knochen (Schädel bzw. Wirbelsäule) begrenzt.

Welche Aussage ist falsch?

(A) Glucose aus dem Liquor passiert bei der Versorgung des Nervengewebes die Spinnenhaut.
(B) Eine Nadel, die von außen in das Rückenmarkt eingebracht wird, passiert in folgender Reihenfolge folgende Schichten bzw. Räume: Epiduralraum – Dura mater – Arachnoidea – mit Glucose gefüllter Spalt – Pia mater – ZNS
(C) Die Arachnoidea begrenzt den Subarachnoidalraum nach außen hin.
(D) Dem Knochen liegt die Dura mater von allen Hirnhäuten am nächsten an.
(E) Der Liquor hat Kontakt zur Spinnenhaut und zur innersten Schicht der Meningen.

42) Kapillaren sind die kleinsten Verzweigungen von Blutgefäßen. Sie sind kein geschlossener Schlauch, sondern sind durchlässig für Flüssigkeiten. Wenn Flüssigkeiten aus einem Gefäß austreten, wird dies als Filtration bezeichnet. Andersherum nennt man es Reabsorption. Der Blutdruck im Gefäß drückt Flüssigkeiten mit einem Druck von bis zu 30 mmHg aus der Kapillare (hydrostatischer Druck). Dem gegenüber steht der kolloidosmotische Druck (25 mmHg) des Blutes, der osmotisch Flüssigkeit in die Kapillare saugt. Effektiv tritt dauernd eine kleine Menge Flüssigkeit aus Kapillaren in das umliegende Gewebe aus, die jedoch über parallelverlaufende Lymphgefäße wieder resorbiert und zurück zum Gefäßsystem transportiert wird. Lymphgefäße erzeugen dafür einen kleinen negativen hydrostatischen Druck (ca. -1mmHg), der Flüssigkeiten aus dem freien Gewebe „ansaugt".

Welche der folgenden Aussagen ist nicht richtig?

(A) Der hydrostatische Druck der Kapillare und deren kolloidosmotischer Druck stehen im Gegensatz zueinander.
(B) Erhöht sich der kolloidosmotische Druck im Gefäß, dann verringert sich die Filtration.
(C) Der hydrostatische Druck der Kapillare erzeugt Filtration.
(D) Eine Verringerung des hydrostatischen Drucks und eine Erhöhung des kolloidosmotischen Drucks der Kapillaren könnte bewirken, dass die Filtration zum Erliegen kommt.
(E) In Lymphgefäßen überwiegt die Filtration, weil dort ein negativer hydrostatischer Druck herrscht.

43) Als arterielle Hypertonie werden dauerhaft erhöhte hydrostatische Drücke des Gefäßsystems bezeichnet. Normdrücke eines Gesunden liegen zwischen 100 und 130 mmHg. Dauerhaft erhöhte Drücke jenseits 140 mmHg belasten das Herz, da es Blut gegen einen erhöhten Gefäßdruck in die Aorta, die zentralen Schlagader, pumpen muss. Dieser der Herzleistung entgegenstehende Druck wird als Nachlast bezeichnet. Bei einer dauerhaften Hypertonie durchläuft das Herz eine Phase starken Wachstums (Herzhypertrophie). Bei weiter erhöhter Nachlast geht das Herz in diesem Fall zunehmend zugrunde und büßt Leistungsfähigkeit ein (Herzinsuffizienz). Außerdem häufen sich bei älteren Menschen Hirnblutungen und Gefäßaussackungen (Aneurysmen), die durch die hohe Belastung der Gefäßwände bedingt sind.

Welche Aussage ist korrekt?

(A) Eine erhöhte Nachlast kann eine Herzhypertrophie erzeugen.
(B) Die Leistungsfähigkeit des Herzens nimmt nach Beginn der arteriellen Hypertonie zügig ab.
(C) Hirnblutungen werden bei hydrostatischen Drücken bis 130 mmHg häufiger.
(D) Aneurysmen werden beobachtet, wenn das Herz gegen eine verringerte Nachlast arbeiten muss.
(E) Ein langfristiger Leistungsverlust des Herzens könnte durch eine Erhöhung der Nachlast kompensiert werden.

44) Verschiedene Energieträger besitzen verschiedene Energie- also Nährwerte. So setzt man für Fett einen Wert von 39 kJ/g an, für Eiweiß (Proteine) und Zucker (Kohlenhydrate) jeweils 17 kJ/g und für Alkohol 30 kJ/g. Auch werden die Energieträger in unterschiedlichen Situationen verbraucht: Kohlenhydrate vor allem bei kurzen intensiven Belastungen, Fette bei längerfristigen Belastungen wie Wandern. Zusätzlich können auch Proteine mit einem Brennwert von 17 kJ/g konsumiert werden. Da diese aber teilweise nicht verbrannt, sondern für den Aufbau der Muskulatur verwendet werden, ist der effektive Energiegehalt niedriger.

Welche Aussage ist inkorrekt?

(A) Energieträger, die für längerfristige Belastungen verbrannt werden, haben einen höheren Brennwert.
(B) Um den Energiegehalt von 1 kg Fett zu ersetzen, könnten ebenso 2,3 kg Zucker konsumiert werden.
(C) Ein Bier von 500 ml mit 5 % Alkoholanteil hat einen Brennwert von mindestens 750 kJ.
(D) Zur Ernährung eines zehnjährigen Kindes ist entweder eine Menge X an Fett oder eine Menge 2,3 X an Zucker nötig.
(E) Für die Bewältigung intensiver Belastungsphasen, wie Sprints, benötigt der Körper Nahrungsbestandteile mit hohen Energiekonzentrationen.

45) Biomembranen können Zellen und Zellorganellen wie Mitochondrien, begrenzen. Sie bestehen meistens aus einem „Bilayer“, also einer Lipiddoppelschicht. Lipide bestehen aus einem polaren Kopf und zwei Fettsäuren. Die Fettsäuren sind apolar, weshalb sie schlecht in Wasser löslich sind. Wenn sich die Doppelschicht zusammenlagert, so liegen immer die Fettsäuren nach innen, also zu einer anderen Fettsäure hin und die polaren Köpfe nach außen, also aus der Membran heraus. Insgesamt ergibt sich so ein spiegelbildliches Aussehen jeder Seite. Zusätzlich kommen Proteine und Kohlenhydrate in den Membranen vor, die ihre Oberfläche weiter charakterisieren und bspw. bestimmte Antigene auf der Membran präsentieren. Die Membranen der Mitochondrien haben einen besonders hohen Proteinanteil von über 75 %, wohingegen Zellmembranen (Plasmamembranen) zu 50 % aus Lipiden bestehen. Kohlenhydrate machen mit jeweils unter 10 % nur einen geringen Teil aus. Charakteristisch für Mitochondrien ist das Lipid „Cardiolipin“.

Wie bewerten Sie folgende Aussagen?

I. Apolare Bereiche von Lipiden sind der Zellinnenseite zugewandt.
II. Plasmamembranen haben einen Proteinanteil von höchstens 50 %.
III. Mitochondrien präsentieren weniger polare Lipidköpfe als Plasmamembranen.
IV. Im Zentrum einer Lipidmembran liegen besonders schlecht wasserlösliche chemische Verbindungen.

(A) Die Aussagen I und II sind korrekt.
(B) Die Aussagen I, II und IV sind korrekt.
(C) Die Aussagen II und III sind korrekt.
(D) Die Aussagen II, III und IV sind korrekt.
(E) Alle Aussagen sind korrekt.

46) Die Eizelle durchläuft in ihrer Entwicklung diverse Stadien. So besitzen Oogonien einen Chromosomensatz aus zwei Chromosomen mit jeweils einem Chromatiden (2n2c). Sie existieren nur vorgeburtlich. Es werden somit die Geschlechtszellen noch im Embryo angelegt, auch wenn diese erst Jahre später geschlechtsreif werden. Durch die Verdopplung der Chromatiden erreichen sie das Stadium 2n4c (primäre Oozyte). Die nun einsetzende „Meiose Nr.I" bewirkt die Aufspaltung der Zelle in zwei Tochterzellen und dabei die Reduktion des Chromosomensatzes jeder Tochterzelle auf 1n2c. Die Meiose I wird jedoch in der Prophase der Kernteilung unterbrochen und die Zellen fallen in diesem Zustand in ein langjähriges Ruhestadium (Diktiotän). Erst beim Eisprung nach Einsetzen der Pubertät Jahre später löst sich die Zelle aus dem Diktiotän und vollendet die Meiose Nr.I. Die nun vorliegenden zwei sekundären Oozyten beginnen die „Meiose Nr.II", in der der Chromosomensatz erneut reduziert (1n1c) und auf jeweils zwei weitere Tochterzellen verteilt wird . Abermals wird die Meiose gestoppt - diesmal in der Metaphase der Kernteilung - und erst nach Befruchtung durch ein Spermium, mit dem Einsetzen der folgenden Anaphase und Telophase abgeschlossen.

In welcher Phase tragen Eizellen den Chromosomentsatz 1n2c?

(A) Nur vorgeburtlich
(B) Während des Diktiotän
(C) Kurz vor der Befruchtung durch ein Spermium
(D) Als primäre Oozyte
(E) Vor der Anaphase der Meiose II

47) Die Synthese von Steroidhormonen nimmt ihren Anfang im Cholesterin, das vom Körper selbst gebildet wird, aber auch über die Nahrung aufgenommen werden kann. Durch das Enzym Desmolase werden mehrere Kohlenstoffatome abgespalten, sodass Cholesterin nun als Pregnenolon vorliegt. Dieses wird im Folgenden zu Progesteron oxidiert, wobei ein Molekül NAD als Oxidationsmittel und Coenzym benötigt wird. Durch dreifache Hydroxilierung wird aus Progesteron das Cortisol gewonnen. Cortisol hat eine entscheidende Bedeutung bei der Stoffwechselregulation des Körpers. Alternativ kann aus Pregnenolon aber auch Testosteron gewonnen werden. Auf diesem Weg sind weitere Kohlenstoff-Abspaltungen nötig. Schließlich wird mithilfe des Enzyms Aromatase aus Testosteron Östradiol gewonnen.

Welche Aussage ist falsch?

(A) NAD wird zur Synthese von Cortisol benötigt, aber nicht für Testosteron.
(B) Aromatase wird zur Synthese von Testosteron und Östradiol benötigt.
(C) Desmolase ist für die Synthese von Progesteron unverzichtbar, wenn dieses vom Körper, ausgehend vom Cholesterin, synthetisiert werden soll.
(D) Für die Östradiol-Synthese sind Kohlenstoff-Abspaltungen und das Enzym Aromatase notwendig.
(E) Desmolase und Cholesterin sind für die Synthese aller genannten Steroidhormone notwendig.

48) Das Rückenmark leitet Nervenreize vom Gehirn in die Körperperipherie. Jedes der Rückenmarkssegmente besitzt einen hinaus- und einen hineinziehenden Nerv (Efferenz bzw. Afferenz). Während die Afferenzen hinten ins Rückenmark eintreten, treten die Efferenzen vorn aus dem Rückenmark aus. Beim sog. Eigenreflex erfolgt auf einen Reiz eine schnelle, automatisierte Reaktion, die vom Rückenmark ausgeht und nicht erst vom Gehirn aktiviert wurde. Aktion und Reaktion liegen im gleichen Organ: Beim Patellarsehnenreflex kann der Arzt mit einem Hämmerchen die Kniesehne anschlagen und erhält beim Gesunden eine Kontraktion im Musculus quadrizeps femoris, also eine Streckung des Knies. Der Reiz wurde ins Rückenmark geleitet, direkt verschaltet, ist wieder zurück gelangt und hat schließlich den Muskel aktiviert. Beim Fremdreflex liegen Aktion und Reaktion in unterschiedlichen Organen, bspw. unterschiedlichen Muskeln. Ein Beispiel wäre, dass ein Mensch auf einen Nagel tritt. Auf diesen Reiz aus dem Fuß, zieht er instinktiv das Bein nach oben. Bei solchen komplexen Reflexen reicht die Steuerung über das Rückenmark nicht aus. In diesem Fall ist das Hirn beteiligt.

Welche Aussage ist richtig?

(A) Fremdreflexe nutzen nur die Afferenzen des Rückenmarks.
(B) Der Patellarsehnenreflex ist nur dann ein Eigenreflex, wenn diese Reaktion auch am Knie provoziert wurde.
(C) Eigenreflexe können mit dem EEG (Hirnwellenmessung) detektiert werden und laufen wesentlich schneller als Fremdreflexe.
(D) Vorn ins Rückenmark ein- und hinten wieder austretende Reize, die direkt und ohne Hirnbeteiligung eine Reaktion auslösen, sind Eigenreflexe.
(E) Eine Unterbrechung der Verbindung vom Gehirn zum Rückenmark (Querschnittslähmung) ruft Lähmungen hervor und beeinträchtigt die Eigenreflexe besonders.

Aufgabengruppe Schlauchfiguren

Bearbeitungszeit: 15 Minuten

Bitte betrachten Sie folgende 24 Paare von Bildern aufmerksam. Im linken Bild sehen Sie jeweils einen Würfel mit darin enthaltenen Kabeln in der Frontalperspektive. In der rechten Abbildung erscheint der Würfel gedreht. Bitte entscheiden Sie, aus welcher Perspektive der Würfel nun zu sehen ist!

49)

(A): r

(B): l

(C): u

(D): o

(E): h

50)

(A): r

(B): l

(C): u

(D): o

(E): h

51)

(A): r

(B): l

(C): u

(D): o

(E): h

52)		(A): r (B): l (C): u (D): o (E): h	
53)		(A): r (B): l (C): u (D): o (E): h	
54)		(A): r (B): l (C): u (D): o (E): h	
55)	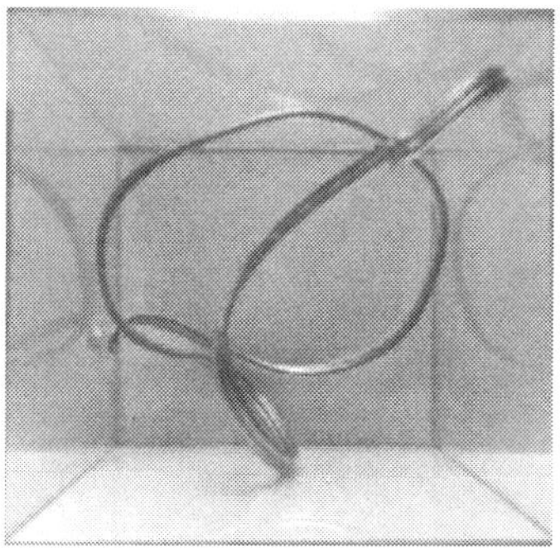	(A): r (B): l (C): u (D): o (E): h	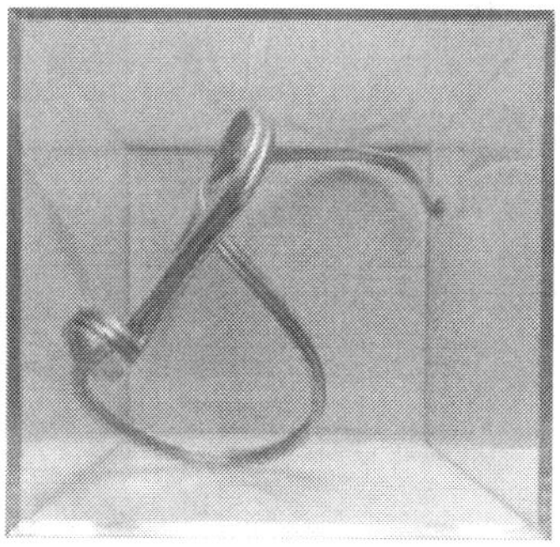

56)

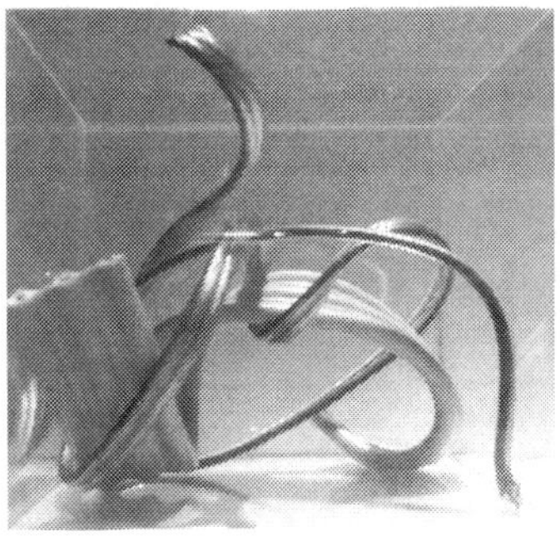

(A): r

(B): l

(C): u

(D): o

(E): h

57)

(A): r

(B): l

(C): u

(D): o

(E): h

58)

(A): r

(B): l

(C): u

(D): o

(E): h

59)

(A): r

(B): l

(C): u

(D): o

(E): h

60)		(A): r (B): l (C): u (D): o (E): h	
61)		(A): r (B): l (C): u (D): o (E): h	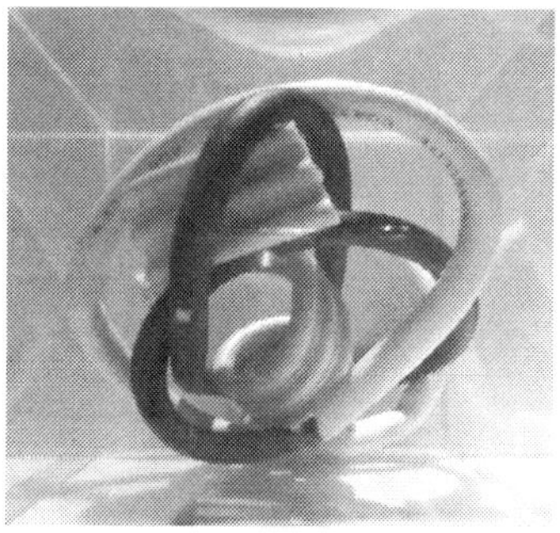
62)		(A): r (B): l (C): u (D): o (E): h	
63)		(A): r (B): l (C): u (D): o (E): h	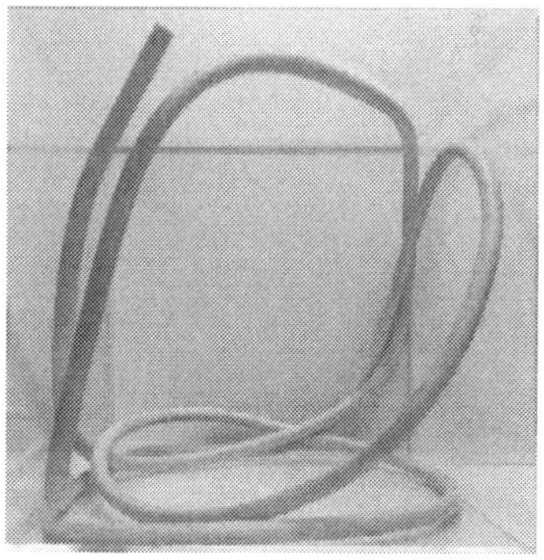

64)

(A): r

(B): l

(C): u

(D): o

(E): h

65)

(A): r

(B): l

(C): u

(D): o

(E): h

66)

(A): r

(B): l

(C): u

(D): o

(E): h

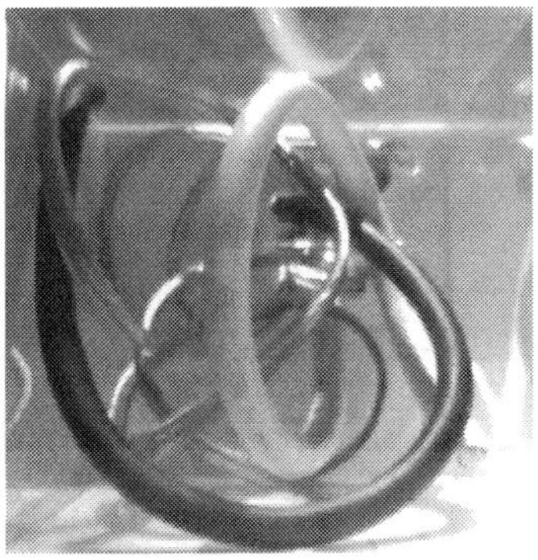

67)

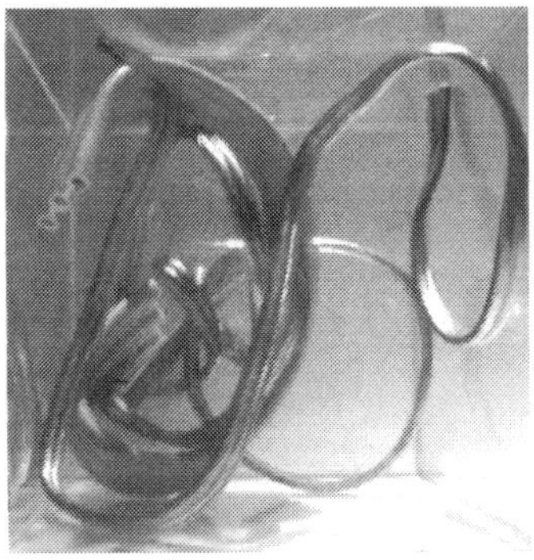

(A): r

(B): l

(C): u

(D): o

(E): h

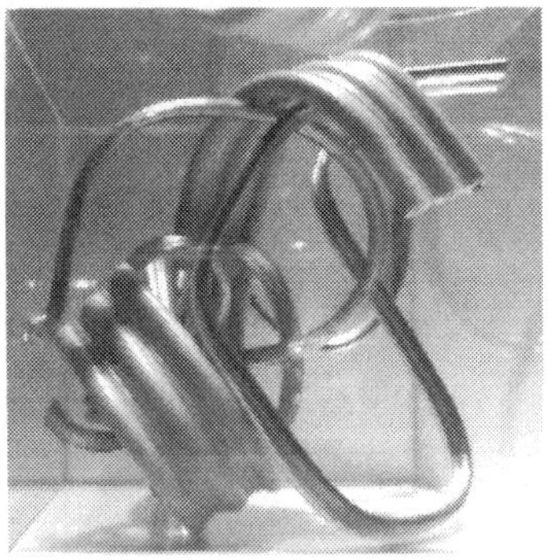

68)		(A): r (B): l (C): u (D): o (E): h	

69)

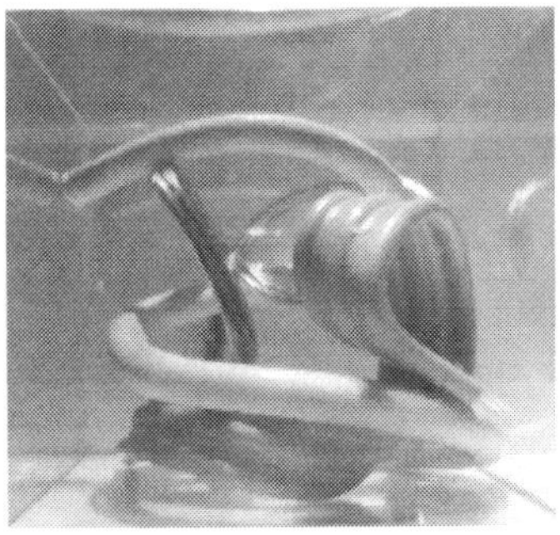

(A): r

(B): l

(C): u

(D): o

(E): h

70)

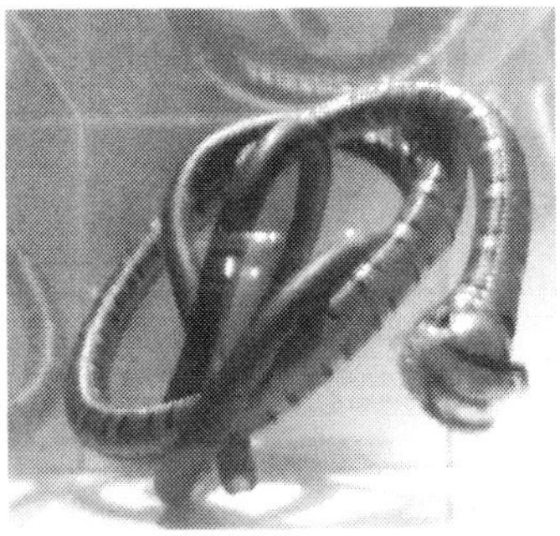

(A): r

(B): l

(C): u

(D): o

(E): h

71)

(A): r

(B): l

(C): u

(D): o

(E): h

72)

(A): r

(B): l

(C): u

(D): o

(E): h

Aufgabengruppe Quantitative und Formale Probleme

Bearbeitungszeit: 60 minuten

Bitte lesen Sie folgende Texte und Aufgaben zum Thema Rechnen, Zahlen und Einheiten sorgfältig und markieren Sie die jeweils richtige Antwort auf dem Antwortbogen!

73) Verglichen wird der Verkehr an mehreren Punkten. An verschiedenen Autobahnbrücken werden folgende Verkehrsflüsse beobachtet:

A1: drei Autos pro Sekunde
A2: ein Auto alle vier Sekunden
A3: 15 Autos pro Minute
A4: drei Autos alle zwei Sekunden

Welche der Aussagen ist falsch?

(A) Auf der A1 fahren mehr Autos als auf den drei anderen Autobahnen zusammen.
(B) Auf der A3 fahren in acht Sekunden 1/13 der Autos durch wie auf der A1 und A2 in acht Sekunden zusammen.
(C) Auf den Autobahnen 2 und 3 passieren in acht Sekunden nur 1/15 so viele Autos, wie auf A1 und A4 zusammen in sechs Sekunden.
(D) Auf A2 fahren nur 1/20 aller Autos der vier Autobahnen.
(E) Auf der A3 fahren pro Minute 1/6 so viele Autos wie auf der A4.

74) In einem optischen Test werden Stoffe ihrer Absorptionsfähigkeit von Licht nach quantifiziert. Bestimmte Stoffe haben bei bestimmten Wellenlänge Absorptionsmaxima und sind daran gut zu erkennen. NADH ist ein Coenzym, das in vielen biochemischen Reaktionen eine Rolle spielt. Entsprechend wichtig ist seine quantitative Bestimmung in chemischen Laboren. NADH absorbiert das meiste Licht bei einer Wellenlänge von λ = 270 nm.

Wenn sich die Wellenlänge des Maximums bei etwa λ = 270 nm zeigt (nm= 10^{-9} m) und sich Lichtwellen nach folgender Gleichung verhalten - welche Frequenz f besitzen die Lichtwellen? (Einheit: 1/s)

$$f = \frac{c}{\lambda} \text{ (Lichtgeschwindigkeit = c = 300.000.000 m / s} = 3 \cdot 10^8 \text{ m / s)}$$

(A) $1{,}1 \cdot 10^{15} \cdot 1/s$
(B) $1.100.000.000 \cdot 1/s$
(C) $0{,}85 \cdot 10^{6} \cdot 1/s$
(D) $85 \cdot 10^{15} \cdot 1/s$
(E) $110.000.000 \cdot 1/s$

75) Das erblich übertragene Klinefelter-Syndrom kommt in Deutschland im Schnitt in 250 Fällen je 100.000 Einwohnern vor. In einer Stadt wurden 81 Fälle gezählt.

Welche Größe kann für die Stadt angenommen werden?

(A) 380.000 Einwohner
(B) 250.000 Einwohner
(C) 49.000 Einwohner
(D) 38.000 Einwohner
(E) 32.000 Einwohner

76) Die Wahrscheinlichkeit, eine nosokomiale Infektion zu erleiden, liege bei ca. 8,5 %. Nosokomiale Infektionen sind solche, die man im Verlauf eines Klinikaufenthaltes erleidet und sind oftmals durch besonders resistente Keime gekennzeichnet.

Anteile der häufigsten Arten an allen nosokomialen Infektionen:
Lungenentzündungen (35 %)
Wundinfektionen (32 %)
Magen-Darm-Infekte (27 %)
Sonstige (6 %)

Welche Wahrscheinlichkeit besteht, in ein Krankenhaus eingeliefert zu werden und eine nosokomiale Lungenentzündung zu erleiden?

(A) 0,24 %
(B) 2,9 %
(C) 8,5 %
(D) 2,4 %
(E) 0,3 %

77) Der Körper produziert kontinuierlich Kreatinin, welches über die Nieren ausgeschieden werden muss. Täglich fallen ca. 1500 mg davon an, die dann mit dem Blutplasma zirkulieren. Ein zu hoher Plasmaspiegel ist typisch für Nierenkrankheiten und spricht für eine schlechte Ausscheidungsfunktion. 11 mg/l gelten für Männer als oberer Grenzwert.

Ausgehend von einem plötzlichen Nierenversagen, das nur noch eine Ausscheidung von 1440 mg / d zulässt - Wie lange würde es dauern, dass ein Mann (5 l Plasmavolumen) mit einem aktuellen Plasmaspiegel von 5 mg/l die obere Grenze erreicht?

(A) Eine halbe Stunde
(B) 12 Stunden
(C) 24 Stunden
(D) 2 Tage
(E) 12 Tage

78) Viele physikalische Einheiten können durch Umformung in die Einheiten Sekunde, Meter und Kilogramm zerlegt werden.

Welcher der folgenden Terme ergibt durch Umformung die Einheit Sekunde?

(A) $(s \cdot m^2 / kg) \cdot (s/m) \cdot (kg/s)$
(B) $(s^2 \cdot m^2 \cdot kg) / (m \cdot s^2 \cdot kg^2)$
(C) $(m/kg) \cdot (kg/s) \cdot (s^2/kg)$
(D) $m \cdot (1/s) \cdot (s^2 \cdot 1/m)$
(E) $m \cdot (s^2 \cdot 1/m) \cdot (1/s^2)$

79) Der osmotische Druck einer Flüssigkeit ist direkt proportional zu der Menge gelöster Teilchen pro Menge Flüssigkeit. Bedeutend ist dies etwa für die Osmolarität des Plasmas. Eine Lösung mit einem absoluten Volumen von einem Liter enthält 3,0 g Natriumchlorid, welches in destilliertem Wasser gelöst ist. Dies entspricht einer Zahl von $6 \cdot 10^{22}$ gelösten Ionen, die einen osmotischen Druck von $2{,}4 \cdot 10^5$ Pascal (Pa) erzeugen. Natriumchlorid werde nun ersetzt durch ein Salz, das aufgrund höherer Dichte bei gleichem Gewicht nur halb so viele Teilchen enthält. Von diesem Salz werden 3,0 g anstelle des Natriumchlorids in der gleichen Menge destillierten Wassers gelöst. Gleichzeitig werden der Lösung neun Liter destilliertes Wasser hinzugefügt.

Welche der folgenden Eigenschaften charakterisiert die entstandene Lösung am besten?

(A) Osmotischer Druck = $2{,}2 \cdot 10^5$
(B) Menge gelöster Teilchen = $12 \cdot 10^{22}$
(C) Osmotischer Druck = $1{,}1 \cdot 10^6$
(D) Menge gelöster Teilchen pro Liter = $3 \cdot 10^{21}$
(E) Osmotischer Druck = $0{,}12 \cdot 10^5$

80) Die Bahnhöfe Auerbach und Baahr liegen genau 810 km auseinander. Züge die von Baahr starten, fahren zunächst 2/3 der Strecke auf einem eigenen Gleis, während Züge von Auerbach diese Strecke auf einem anderen Gleis zurücklegen. Das letzte Drittel der Strecke ist nur eingleisig angelegt ist, das heißt ein entgegenkommender Zug muss abgewartet werden. Am Pfingstmontag starten ein Zug aus Auerbach und ein Zug aus Baahr zeitgleich um den jeweils anderen Bahnhof zu erreichen. Der Zug aus Baahr fährt mit einer Geschwindigkeit von 75 m/s.

Wie schnell muss der Zug aus Auerbach mindestens fahren, damit der entgegenkommende Zug seine Geschwindigkeit nicht reduzieren muss, bzw. es nicht zur Kollision kommt?

(A) 153 km/h
(B) 270 km/h
(C) 270 m/s
(D) 135 m/s
(E) 37,5 m/s

81) Der Körper reguliert die Verteilung der Blutmenge genau und passt je nach Erfordernis die Versorgung einzelner Organe an. Folgende Organe erhalten in Ruhe und im maximalen Betrieb folgende Minuten-Blutmengen:

I. Herz: 280 bzw. 890 ml
II. Niere: 400 bzw. 520 ml
III. Gehirn: 500 bzw. 2000 ml
IV. Haut: 50 bzw. 830 ml
V. Muskeln: 600 bzw. 7200 ml

Bitte sortieren Sie die Organe nach ihrer größten Steigerungsrate in Prozent, beginnend mit dem niedrigsten!

(A) II – III – I – IV – V
(B) III – II – I – V – IV
(C) I – III – IV – I – V
(D) II – I – III – V – IV
(E) II – III – V – I – IV

82) Der Schalldruckpegel L ist ein objektives Maß für Lautstärken. Er wird berechnet aus einem aktuellen Schalldruck p (Newton pro Quadratmeter) und einem willkürlich festgelegten Bezugsschalldruck (p_0) und wird in dB (Dezibel) angegeben.

$$L_p = 20 \log_{10}\left(\frac{\widetilde{p}}{p_0}\right) dB$$

Ein Patient stellt sich in Ihrer Praxis mit einseitiger Schwerhörigkeit vor. Dabei stellt sich heraus, dass seine Hörschwelle (leisestes noch hörbares Geräusch) links 20 dB höher ist als rechts. Bei einem Hörtest erhöhen Sie den Schalldruck am linken Ohr immer weiter, um die Hörschwelle genau zu ermitteln. Sie starten mit dem Schalldruck des rechten Ohres.

Um welchen Faktor mussten Sie den Schalldruck gegenüber dem rechten Ohr erhöhen, um das Geräusch im linken Ohr wahrnehmbar zu machen?

(A) 1000
(B) 20
(C) 10
(D) 2
(E) 100

83) Zwei Patienten werden aufgrund schwerer Infektionen mit einem Antibiotikum behandelt. Das Antibiotikum ist dafür bekannt, in jedem vierten Fall zur kompletten Heilung und in 75 % der Fälle zu einer teilweisen Heilung zu führen.

Mit welcher Wahrscheinlichkeit werden beide Patienten komplett geheilt?

(A) 4 %
(B) 0,0625
(C) 0,025
(D) 0,2
(E) 60 %

84) Der Luftdruck auf Meereshöhe beträgt ca. 100 kPa. Der Druck, welcher dabei auf die einzelnen Bestandteile entfällt, wird Partialdruck genannt. 78 % des Drucks macht der Stickstoff, 21 % der Sauerstoff und den Rest 1 % Edelgase und Kohlendioxid aus. Auf dem Mount Everest wurde bei ca. 8800 m Höhe ein niedrigerer Luftdruck als auf Meereshöhe gemessen. Die Verhältnisse der Partialdrücke haben sich aber insgesamt nicht geändert. Der Sauerstoffpartialdruck lag bei 6kPa. Umgangssprachlich wird statt dem physikalischen Druckmaß kPa im medizinischen Bereich häufig die Einheit Quecksilbersäule (mmHg) verwendet. Ein kPa entspricht grob 7mmHg.

Wie hoch ist der grobe Stickstoffpartialdruck?

(A) 7,5 mmHg
(B) 26 mmHg
(C) 156 mmHg
(D) 240 mmHg
(E) 700 mmHg

85) Ein Skispringer nutzt eine Rampe, um bei seiner Abfahrt Geschwindigkeit für den anschließenden Sprung zu sammeln. Die Energie, die der Skifahrer beim Abfahren an Höhe (potentielle Energie) verliert, gewinnt er an Bewegungsenergie (kinetische Energie), sodass diese gleichgesetzt werden können. Dies spiegelt sich in unten stehender Formel wieder. Potentielle Energie enthält die Erdanziehung g, die einem Wert von 9,8 m/s^2 entspricht.

$$m \bullet g \bullet h = \frac{m \bullet v^2}{2}$$

Ein Skifahrer nutzt eine Piste von einer Höhe von 80 m. Sein Gewicht beträgt 70 kg. Wie hoch ist seine Geschwindigkeit (v) am tiefsten Punkt der Piste, kurz vor seinem Sprung?

(A) 40 m/s
(B) 62m/s
(C) 80 m/s
(D) 16 m/s
(E) 70 m/s

86) Bei einem physikalischen Experiment an einer medizinischen Fakultät wird mit einem radioaktiven Strahler gearbeitet. Die Intensität der emittierten Strahlung nimmt quadratisch mit der Entfernung von der Strahlenquelle ab. Der hier verwendete Strahler erzeugt eine Strahlungsintensität I_0 von 1,3 W/m². Für den Schutz der Studenten soll auf einen Grenzwert der Strahlungsintensität von 0,2 W/m² geachtet werden.

Es gilt: $I = \frac{I_0}{r^2}$; I_c beschreibt die initiale Strahlungsintensität.

Wie weit entfernt müssen die Studenten mindestens stehen?

(A) 12 m
(B) 3,6 m
(C) 2,6 m
(D) 20 m
(E) 1,2 m

87) Es wird angenommen, dass die Wirkung eines Hormons X direkt proportional abhängig von seiner Aktivität und der ausgeschütteten Menge des Hormons ist. Das Hormon X kann seine Aktivität abhängig von der Körpertemperatur verändern. Unter der Maßgabe, dass 37 °C als Normaltemperatur angenommen wird, veranderthalbfacht Hormon X seine Aktivität mit jedem hinzugewonnenen Grad Celsius. Weiterhin variabel ist die Ausschüttung des Hormons X. Im Maximalfall werden statt der üblichen 15 mikrogramm/min bis zu 120 mikrogramm/min ausgeschüttet.

Um welchen Faktor erhöht sich die Wirkung des Hormons X bei 39 °C maximal?

(A) 3
(B) 8
(C) 12
(D) 18
(E) 24

88)	Die ziemlich konstante Ausscheidungsrate des Medikaments Lipomaflux erlaubt eine relativ zuverlässige Berechnung des Medikamentenspiegels eines Patienten. Wenn der Verdacht besteht, dass ein Patient über 120 mg vom Wirkstoff im Körper hat, darf der Patient noch kein Auto fahren. Die Ausscheidungsrate beträgt 20 % pro Stunde. Jede zweite Stunde wird auf der Station der Medikamentenspiegel gemessen. **Nach welcher Kontrolle darf der Patient nach einmaliger Gabe von 400 mg frühestens wieder ein Auto fahren?** (A) Sofort, da nicht bekannt ist wie viel Prozent der 400 mg vom Körper tatsächlich aufgenommen werden. (B) Nach der ersten Kontrolle. (C) Nach der zweiten Kontrolle. (D) Nach der dritten Kontrolle. (E) Nach der vierten Kontrolle.
89)	Für den Strömungswiderstand (R) in einem Blutgefäß gelte unten stehende Formel. Sie ist abhängig davon, wie lang und wie eng das Gefäß und wie flüssig (Viskosität) das Blut ist. L = Länge der Strecke (Einheit = m) η = Viskosität (Einheit = Pa • s) r = Radius des Gefäßes (Einheit = m) $R=\frac{8 \cdot L \cdot \eta}{r^3 \cdot \pi}$ **In welcher Einheit wird der Strömungswiderstand vermutlich gemessen?** (A) Pa • s (B) Pa • s / m² (C) Pa • s •m / m² (D) m² • Pa • s (E) m • Pa • s

90) Bezugnehmend auf die Formel aus der Aufgabe Nr. 89 für den Strömungswiderstand R:

Welche der folgenden Antwortmöglichkeiten liefert eine korrekte Aussage, wenn der Radius eines willkürlich ausgewählten Gefäßes um den Faktor 3 erhöht wird?

(A) Um den gleichen Strömungswiderstand wie vorher zu erreichen, müsste die Länge des Gefäßes um zwei Drittel verringert werden.
(B) Der Strömungswiderstand steigt um den Faktor 6.
(C) Der Strömungswiderstand fällt um den Faktor 27.
(D) Der Strömungswiderstand fällt um den Faktor 3.
(E) Wenn weiterhin die Viskosität um den Faktor 9 steigen würde, bliebe der Strömungswiderstand dennoch konstant.

91) Da bei der Behandlung von Kindern aufgrund ihrer unterschiedlichen Körpergewichte Medikamente besonders genau dosiert werden müssen, werden für verschiedene Medikamente Kurven erstellt, wie viel Gramm eines Wirkstoffes verabreicht werden müssen, um die angemessene Menge für ein Kind mit dem Gewicht M zu erreichen. Gehen wir davon aus, dass das zu besprechende Kind fünf Medikamente gleichzeitig benötigt und folgende Wirkstoffmengen nötig sind.

Nötige Wirkstoffmengen:
Medikament 1: 3 g/kg Körpergewicht
Medikament 2: Wirkstoffmenge in g = 2 • M
Medikament 3: proportional zu M, wobei 1 kg Körpergewicht 8g Wirkstoff entspricht.
Medikament 4: umgekehrt proportional zu mit der gleichen Prämisse wie Medikament 3
Medikament 5: Wirkstoffmenge in g = (2 • M) • 2

Bei einem Arztbesuch ein Jahr später ist das Kind ca. 8 kg schwerer, sodass eine Anpassung erforderlich ist. Bitte sortieren Sie die Medikamente nach der absoluten Zunahme des benötigten Wirkstoffs, beginnend mit der stärksten Veränderung.

(A) 2 – 5 – 4 – 3 – 1
(B) 3 – 5 – 4 – 2 – 2
(C) 5 – 2 – 1 – 3 – 4
(D) 2 – 5 – 1 – 3 – 4
(E) 5 – 2 – 3 – 1 – 4

92) Für die zur Messung von Arbeit oder Energie eingesetzte Größe Joule (J) gilt: $J = N \cdot m = kg \cdot (m^2 / s^2)$

Welcher Term ist korrekt?

(A) $N = (J \cdot m) / (m^2)$
(B) $J = m^2 / (kg \cdot s^2)$
(C) $J = N \cdot (kg / s^2)$
(D) $J = (N \cdot kg) / s^2$
(E) $J = Nm = (kg \cdot s) / (kg \cdot m)$

93) Ein Patient hat zu Beginn seines stationären Aufenthalts einen Spiegel von 9000 Leukozyten sowie 200.000 Thrombozyten pro Mikroliter Blut. Nach Beginn einer Infektion steigen seine Leukozyten um 80 % an, wohingegen seine Thrombozyten um 25 % fallen.

Wie hoch ist die Gesamtzahl beider Zellarten pro Mikroliter nun?

(A) 77.000
(B) 161.000
(C) 166.000
(D) 173.000
(E) 189.000

94) In einem Schullandheim sind 46 Schüler zusammen mit zwei Eltern und zwei Lehrern untergebracht. Vor der Abreise soll der Bedarf an Nahrungsmitteln abgeschätzt werden, wobei vereinfacht wird, dass sich alle Bewohner nur von Kartoffeln ernähren. Für den Energiebedarf wird für jeden der Bewohner ein Bedarf von 6000 kilojoule (kJ) Energie/Tag abgeschätzt. Insgesamt sind alle Bewohner für drei Tage im Schullandheim untergebracht. Der Energiegehalt von Kartoffeln liegt bei ca. 1500 kJ / 100 g.

Wie hoch ist die benötigte Menge Kartoffeln, um alle Bewohner für die gesamte Zeit mit ausreichenden Energieträgern zu versorgen?

(A) 245 kg
(B) 160 kg
(C) 60 kg
(D) 35 kg
(E) 15 kg

95) Ein 7-jähriges Kind soll ein Antibiotikum erhalten, wobei der Hersteller für die Anwendung empfiehlt täglich 15 mg Wirkstoff pro kg Körpergewicht zu verwenden. Pro Tablette sind 100 mg Wirkstoff enthalten und die Therapie soll auf zwei Einnahmezeitpunkte verteilt werden (Morgen/Abend)

Wenn das Kind 20 kg wiegt; wie viel vom Medikament ist jeweils zum Einnahmezeitpunkt nötig?

(A) 0,6 Tabletten
(B) 1,2 Tabletten
(C) 1,5 Tabletten
(D) 2,0 Tabletten
(E) 2,4 Tabletten

96) Wärme ist eine Form von Energie und wird dadurch mit der Einheit J (= Joule = kWh) gemessen. Sie berechnet sich folgendermaßen: $Wärme(Q) = c \cdot m \cdot \Delta T$

ΔT = Temperaturunterschied

c = spezifischer Wärmekoeffizient (Wasser = 4,18)

m = 0,5 kg

Wärme wird immer von einem Körper auf einen anderen oder seine Umgebung übertragen (Energie kann nicht erschaffen oder vernichtet werden). Wenn sich ein Körper abkühlt, heizt sich dadurch ein anderer auf. Eine Dose Limonade von 0,5 kg (vereinfacht als Dose Wasser) soll von 20°C Raumtemperatur auf 5 °C herabgekühlt werden. Sie wird dafür in eine deutlich kältere Umgebung (Kühlschrank) gebracht.

Bitte benennen Sie die falsche unter den folgenden Aussagen:

(A) Wenn die Dose nur um 10 °C abgekühlt werden soll, führt das zu einer Verringerung der umzusetzenden Wärmeenergie.

(B) Ca. 32 J werden an Wärmeenergie von der Dose auf die Umgebung übertragen.

(C) Die Umgebung wärmt sich während des Prozesses leicht auf, indem sie ca. 32 J an Wärmeenergie von der Dose empfängt.

(D) Für eine möglichst große Wärmeübertragung ist eine betragsmäßig große Temperaturdifferenz förderlich.

(E) Die Umgebung kühlt sich bei dem o.g. Prozess leicht ab und nimmt etwa 32 J Energie von der Dose auf.

Aufgabengruppe konzentriertes und sorgfältiges Arbeiten

Bearbeitungszeit: 8 Minuten

Aufgabenstellung: Bitte markieren Sie all jene Zahlen, die zusammen mit der Folgeziffer die Summe 5 ergeben. Nicht markiert werden sollen alle anderen Zahlen. Das Nicht-Markieren richtiger sowie das Markieren falscher Ziffern führt zu Punktabzug.

Beispiel: 2 2 ~~1~~ 4 ~~3~~ ~~2~~ 3 ...

0 5 0 1 3 1 4 2 4 3 1 3 2 3 0 3 2 1 2 4 1 1 3 4 1 0 3 0 2 3 4 4 3 1 4 3 4 1 1 3
1 4 1 4 1 0 0 1 1 3 1 0 1 0 4 3 2 3 1 3 3 3 2 2 1 4 3 3 2 3 0 5 2 2 1 2 2 0 1 3
4 1 3 4 3 4 1 2 4 4 2 0 3 0 1 3 2 0 1 0 3 1 3 3 1 2 0 3 3 3 1 0 0 2 3 2 3 2 3 2
3 2 2 4 1 4 3 2 0 5 4 4 2 4 3 2 3 4 3 1 4 1 1 3 2 3 1 0 3 4 4 0 0 4 2 2 0 4 0 1
1 1 1 4 2 1 2 3 0 5 1 3 1 2 3 1 2 1 1 0 4 4 4 1 4 2 3 0 5 2 4 2 3 2 4 3 4 1 3 1
3 0 3 2 3 2 0 5 2 1 2 1 2 3 2 1 0 0 0 3 3 3 1 4 4 3 1 1 3 4 1 1 4 1 4 2 1 2 2 1
0 4 4 1 3 3 0 1 3 4 1 4 1 4 4 1 3 4 4 1 4 0 3 3 0 0 1 4 1 0 5 2 1 3 0 3 4 3 1 1
4 1 4 1 2 3 0 0 5 3 3 4 1 3 1 2 0 0 3 2 4 1 4 1 4 2 2 0 4 2 4 2 2 2 4 3 4 2 4 4
2 4 0 3 0 4 0 0 4 2 3 2 4 1 4 0 0 3 0 1 4 0 3 3 3 2 1 4 1 1 2 2 0 1 0 5 0 2 0 1
4 1 0 0 4 4 3 2 3 2 1 0 1 4 2 0 4 0 3 4 0 1 2 2 0 2 4 2 4 1 3 2 4 2 1 0 2 1 4 1
1 3 2 3 3 4 4 0 5 3 1 4 0 2 3 4 0 5 1 0 3 1 4 4 1 0 5 4 1 4 3 3 1 0 1 2 4 2 0 3
2 4 4 3 0 2 2 4 3 2 3 4 3 0 5 0 5 4 3 3 1 1 4 0 0 2 3 0 5 4 1 3 4 2 0 1 1 1 3 4
2 3 4 0 2 3 1 0 1 4 2 1 1 3 1 0 5 1 4 4 4 2 0 3 3 0 5 4 2 3 0 0 3 1 4 0 4 1 4 1
2 1 3 3 0 0 5 0 1 4 4 1 2 1 2 3 4 3 1 3 4 4 4 1 0 5 4 1 2 0 5 3 2 3 3 1 2 4 4 2
3 0 3 4 1 1 0 4 0 5 3 1 1 4 0 1 2 2 4 1 4 2 3 2 2 3 2 1 2 3 1 3 3 4 1 1 3 0 2 1
2 4 1 0 0 1 1 2 1 0 3 2 2 3 2 3 3 2 4 2 3 4 3 3 0 1 2 2 1 4 2 3 4 2 2 4 3 2 0 0
3 0 0 5 3 2 3 2 0 5 2 0 5 0 4 1 4 1 1 4 4 3 1 3 4 4 3 4 4 2 0 2 2 4 2 4 3 1 3 1
0 2 4 2 2 4 1 4 1 3 4 3 3 0 3 2 3 1 3 4 1 1 1 0 1 0 2 1 4 2 1 3 4 3 1 3 4 4 1 4
1 2 3 1 2 3 4 2 3 0 5 0 3 4 3 1 4 3 0 5 1 0 2 3 1 0 0 2 0 1 4 4 4 1 2 3 3 3 3 4
0 1 0 0 1 2 2 2 3 4 4 2 3 1 3 2 4 1 3 2 0 1 2 1 3 0 1 2 3 2 3 4 4 4 3 0 4 3 3 2
2 3 3 0 5 3 2 0 5 0 3 2 2 3 2 3 2 0 1 2 1 3 0 0 3 2 1 1 1 3 4 2 1 3 0 4 4 0 3 0
4 1 0 3 3 1 0 2 1 4 1 2 1 4 4 1 3 2 4 1 3 1 0 2 0 1 2 4 0 3 2 0 0 5 3 4 4 2 1 2
2 0 5 4 4 1 3 4 1 0 3 3 2 0 2 3 4 2 1 4 0 5 2 1 4 2 4 2 3 2 2 3 4 3 1 2 4 4 3 3
0 0 4 1 3 3 1 0 0 2 3 2 4 2 1 0 4 0 2 3 1 3 0 1 4 2 4 4 3 0 4 3 4 1 0 4 1 2 3 2
2 0 1 2 3 2 4 1 4 3 2 1 3 3 0 4 1 4 3 3 4 0 5 2 4 4 1 0 3 2 3 1 2 1 0 4 0 0 4 0
2 4 0 0 5 4 3 1 1 0 4 2 1 0 4 4 2 3 1 3 1 4 4 2 4 1 4 0 4 1 4 0 3 2 3 3 3 2 1 1
2 1 2 1 0 3 2 3 1 2 1 4 2 1 4 1 2 1 4 3 1 3 3 2 3 4 1 1 1 1 2 4 4 4 2 0 4 3 1 3
0 5 1 4 4 1 4 1 4 1 0 5 4 2 3 0 3 0 1 0 5 1 1 3 4 0 3 2 4 3 3 4 3 0 2 1 2 2 0 3
3 4 1 3 3 0 5 4 0 5 0 5 4 3 1 2 3 1 3 3 1 4 0 3 2 4 1 1 0 3 3 2 3 0 4 3 3 1 3 4
1 2 3 4 1 3 2 1 4 0 5 4 1 3 0 0 5 2 0 1 4 3 2 4 1 1 4 0 4 2 4 0 0 1 3 3 1 1 2 0
1 0 4 4 1 3 4 1 3 2 4 3 0 0 0 4 1 4 3 0 3 2 1 1 0 5 1 0 3 4 1 2 3 0 5 0 3 1 0 3
2 3 4 1 1 0 2 4 2 3 0 5 0 5 3 4 1 3 0 1 4 3 2 2 3 0 4 3 4 1 2 4 2 1 0 3 3 0 3 0
4 1 4 4 3 1 3 4 2 3 3 2 3 3 3 0 3 2 4 2 4 1 1 0 5 3 0 1 0 0 1 1 3 3 2 1 0 5 3 1
4 0 0 5 0 4 1 0 0 1 1 1 4 1 2 4 2 0 2 4 0 0 4 2 3 2 4 2 3 4 1 3 0 1 0 2 1 4 2 3
2 1 1 0 0 2 0 3 0 3 3 4 3 3 3 2 3 0 0 3 1 1 4 1 3 1 0 5 4 2 3 2 0 5 1 0 3 4 1 0
4 1 4 2 4 2 1 2 3 3 4 3 2 1 1 2 3 4 2 4 2 4 4 2 3 2 1 2 3 4 1 1 3 0 0 0 5 2 4 0
0 3 3 3 4 1 0 2 2 4 3 0 5 0 2 2 3 2 4 2 2 1 4 2 3 4 2 0 5 0 5 0 2 4 4 4 2 1 1 0
2 2 2 4 1 4 4 2 4 0 5 4 0 3 0 5 2 2 0 5 3 2 2 0 5 2 3 0 2 1 2 0 0 4 1 2 0 5 2 2
3 0 4 4 0 3 3 2 3 0 5 4 1 4 3 0 5 0 3 1 2 3 2 0 1 0 4 2 1 0 4 0 4 1 0 5 3 3 4 2
1 3 1 0 5 0 1 1 4 3 2 0 5 1 1 3 0 3 4 1 3 0 3 2 3 2 2 0 3 4 3 2 4 3 3 3 3 2 4 4

Pause

60 Minuten

Aufgabengruppe Figuren Lernen

Einprägephase

Bearbeitungszeit: 4 Minuten

Bitte betrachten Sie sorgfältig unten stehende Figuren. Alle bestehen aus fünf Flächen, von denen jeweils eine geschwärzt ist. In der später folgenden Reproduktionsphase werden Sie nach der Stellung der geschwärzten Fläche gefragt werden.

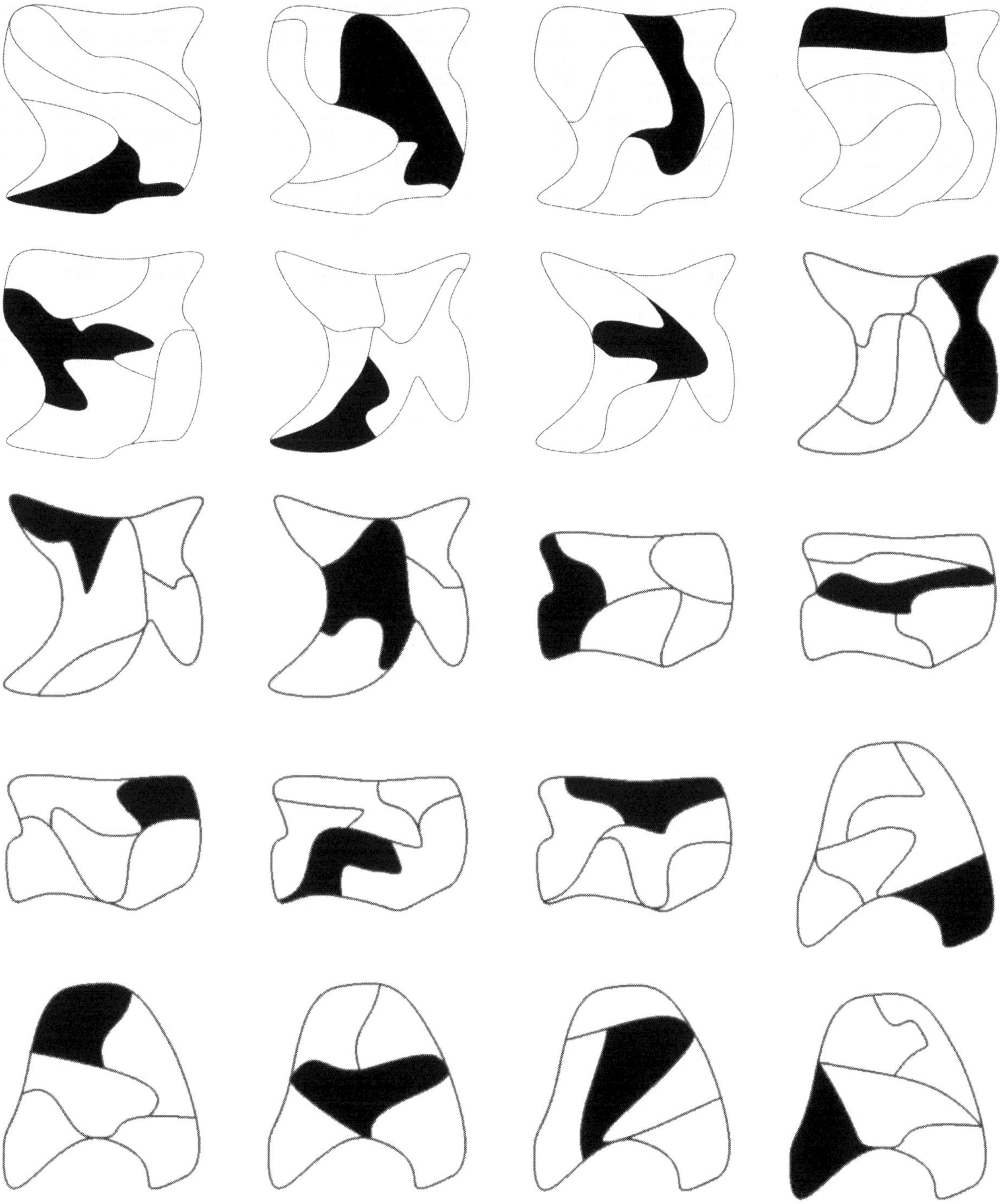

Aufgabengruppe Fakten Lernen

Einprägephase - Bearbeitungszeit: 6 Minuten

Bitte betrachten Sie sorgfältig unten stehende Fakten zu den insgesamt 15 Personen. Beispielperson:

Merkel - ca. 60 Jahre – Physikerin – ruhig – Burnout

Ihre Aufgabe ist es, möglichst viele Fakten davon im Gedächtnis zu behalten. In einer späteren Reproduktionsphase werden diese Fakten nach folgendem Schema von Ihnen erfragt:

Die Physikerin ist wie alt?

20 Jahre

25 Jahre

40 Jahre

50 Jahre

Lammert	ca. 30 Jahre,	Elektriker, hilfsbedürftig - Hernie
Liechtensten	ca. 30 Jahre,	Maurer, alleinerziehend - vergrößerte Milz
Liszt	ca. 30 Jahre,	Staplerfahrer, Notfall - Nachblutung
Hahn	ca. 35 Jahre,	Bürokauffrau, Normalstation - Nierensteine
Specht	ca. 35 Jahre,	Manager, lebhaft - Fistel
Finkenstein	ca. 35 Jahre,	Telefonkraft, drei Kinder - Bauchschmerzen
Müller	ca. 45 Jahre,	Florist, überwiesen - Depression
Förster	ca. 45 Jahre,	Landschaftsgärtner, ernst - Muskelfaserriss
Becker	ca. 45 Jahre,	Mikrobiologin, kinderlos - Herzbeutelentzündung
Schlecht	ca. 50 Jahre,	Verbraucherberater, verantwortungsvoll - Lähmung
Wildenau	ca. 50 Jahre,	Beamter, Pflegefall - Schädeltrauma
Heller	ca. 50 Jahre,	Bankkaufmann, alleinstehend - Nierenkrebs
Binder	ca. 55 Jahre,	Selbstständiger, arrogant - Autoimmunerkrankung
Schuster	ca. 55 Jahre,	Haustierbetreuer, Intensivstation - Jodmangel
Gerber	ca. 55 Jahre,	Tierarzt, verwitwet - geschwollene Bein

Aufgabengruppe Textverständnis

Bearbeitungszeit: 60 minuten

Die folgenden Aufgaben testen Ihre Fähigkeit mit komplexen Texten umzugehen und Informationen zu extrahieren. Bitte lesen Sie die folgenden Texte und lösen Sie anschließend die gestellten Aufgaben.

Text zu den Fragen 97 – 102

Die Bauchspeicheldrüse (Pancreas) hat einen endokrinen und einen exokrinen Anteil. Endokrin bedeutet, dass Drüsensekrete ins Blut abgegeben werden. Bei der Bauchspeicheldrüse ist dies bei den Hormonen Glucagon und Insulin, zentralen Regulatoren des Blutzuckerspiegels, der Fall. Der Untergang des endokrinen Gewebes, bspw. bei Tumorerkrankungen der Bauchspeicheldrüse oder aber bei einer chirurgischen Entfernung, führt daher zu Störungen der Zuckerregulation (Diabetes mellitus). Insulin ist das einzige Hormon im Menschen, das den Blutzuckerspiegel senkt. Glucagon hat eine antagonistische Wirkung und steigert den Blutzucker.

Exokrine Drüsen sekretieren im Gegensatz zu endokrinen aus dem Körper heraus, wozu auch die Lumen von Hohlorganen zählen. Der exokrine Pancreasanteil gibt sein Sekret in den Zwölffingerdarm ab, mit dem er über den Ductus pancreaticus (Ausführungsgang) verbunden ist. Der Zwölffingerdarm ist der erste Abschnitt des Darms, direkt nach dem Magen. Im Pancreas werden verschiedene Verdauungsenzyme produziert: Pancreaslipase zur Fettspaltung, Trypsinogen zur Proteinspaltung und Amylase zur Kohlenhydratspaltung. Die Lipase wird erst im Zwölffingerdarm aktiviert und zwar durch die Anwesenheit des Gallensaftes, der seinen Ausführungsgang in direkter Nähe zum Ductus pancreaticus hat. Verstopfungen im Gallengang, wie es bei Gallensteinen oder Lebertumoren häufiger der Fall ist, äußern sich somit in der Funktionsuntüchtigkeit der Lipase: Der Stuhlgang enthält viel Fett (Steatorrhoe), ist übelriechend und durch das Fehlen der braunen Gallensäfte auffällig hell. Die proteinspaltenden Enzyme (Proteasen) sollen wie die Lipasen nicht schon im Pancreas aktiviert werden, da dies zur Selbstverdauung führen würde. Sie durchlaufen daher eine Kaskade gegenseitiger Aktivierung. Entscheidend ist die im Dünndarm vorliegende Enteropeptidase: Sie aktiviert Trypsinogen zum aktiven Trypsin, das nun in der Lage ist, Proteine zu spalten. Zwei andere Proteasen, Procarboxypeptidase und Chymotrypsin - selbst Proteine - werden nun durch das aktive Trypsin gespalten und dadurch selbst aktiv. Bei Verdauungsstörungen (Malassimilation) kann grob unter Maldigestion und Malabsorption unterschieden werden. Eben besprochene Vorgänge betreffen die Digestion - die Aufspaltung der Nahrungsbestandteile zur späteren Aufnahme. Maldigestion umfasst dementsprechend Schäden des exokrinen Pancreas und diverser anderer Organe wie der Galle und des Zwölffingerdarms, kurzum überall dort wo Enzyme zur Aufspaltung der Nahrung normalerweise bereitgestellt werden. Malabsorption ist ein Problem der Aufnahme dieser aufgespaltenen Bestandteile in den hinteren Abschnitten des Darms. Malabsorption tritt dann auf, wenn der Darm chronisch oder akut entzündet ist oder Teile des Darms durch chirurgische Eingriffe oder beim Kurzdarmsyndrom fehlen.

97) **Welche der Aussagen können Sie als falsch ausschließen?**

(A) Chymotrypsin hat innerhalb der Proteasen-Kaskade keine Bedeutung.
(B) Gallensäfte treffen im Zwölffingerdarm auf Pancreasenzyme, aktivieren aber keine Proteasen.
(C) Trypsinogen wird durch Enteropeptidase aktiviert, sodass es nun Chymotrypsin aktivieren kann.
(D) Verstopfungen im Gallengang führen zur Steatorrhoe und zur Selbstverdauung des Pancreas.
(E) Procarboxypeptidase ist eine Protease und ein Protein.

98) **Welche der Aussagen stimmt mit den im Text gemachten Aussagen zu den Erkrankungen des Verdauungssystems überein?**

(A) Maldigestion umfasst Krankheiten der Nahrungsaufspaltung, wie etwa den Lipase- oder Glucagonmangel.
(B) Das Kurzdarmsyndrom ist eine Malabsorptionserkrankung und wird nicht durch Veränderungen an den Enzymen des Pancreas verursacht.
(C) Schäden am Pancreas äußern sich im Mangel von Proteasen wie der Enteropeptidase.
(D) Erkrankungen der Gallengänge betreffen die Malabsorption.
(E) Erkrankungen des hinteren Darms betreffen die Maldigestion.

99) **In den Zwölffingerdarm münden Ausführungsgänge der Galle und der Bauchspeicheldrüse. Welche Aussage stimmt?**

(A) Durch den Ductus pancreaticus strömen Amylase und fettspaltende Enzyme in den Zwölffingerdarm.
(B) Die Enteropeptidase erreicht über den Ductus pancreaticus den Zwölffingerdarm.
(C) Der Ductus pancreaticus ist auch beim gesunden Menschen dem ständigen Angriff von proteinspaltenden Verdauungsenzymen ausgesetzt.
(D) Pancreaslipase strömt durch den Gallengang in den Zwölffingerdarm.
(E) Durch den Ductus pancreaticus strömen Enzyme wie die Amylase zur Gallenblase.

100) **Die Bauchspeicheldrüse...**

(A) ... ermöglicht mit ihrem exokrinen Anteil die Malabsorption der Nahrungsbestandteile.
(B) ...erfüllt mit ihrem endokrinen Anteil enzymatische Funktionen bei der Spaltung von Nahrungsbestandteilen.
(C) ...kann chirurgisch entfernt werden, was jedoch Blutzuckerstörungen und Maldigestion nach sich ziehen kann.
(D) ...sezerniert Insulin u.a. in den Zwölffingerdarm.
(E) ...benötigt die Anwesenheit von Gallensäften zur Aktivierung der Amylase.

101) Im Zwölffingerdarm findet nicht statt:

(A) ...Sekretion des Gallensaftes zusammen mit Pancreasenzymen
(B) ...Kohlenhydratspaltung
(C) ...Aktivierung von Chymotrypsin durch die Enteropeptidase
(D) ...Sekretabgabe des exokrinen Anteils der Bauchspeicheldrüse
(E) ...Aktivierung von Pancreaslipase durch den Gallensaft

102) Welche der Aussagen ist wahr?

(A) Diabetes mellitus ist eine Malabsorptionserkrankung.
(B) Tumorerkrankungen der Bauchspeicheldrüse können zum Diabetes mellitus führen.
(C) Das Kurzdarmsyndrom verursacht Maldigestionserkrankungen.
(D) Die fehlerhafte Aktivierung der Pancreaslipase führt zu Malabsorptionskrankheiten.
(E) Erkrankungen des exokrinen Pancreas führen zum Diabetes mellitus.

Text zu den Fragen 103 – 108

HIV (Humanes Immundefizienz-Virus) ist ein den Menschen befallendes Retrovirus, das eine Viruserkrankung auslösen kann. Das HI-Virus kann über Körperflüssigkeiten wie Blut, Sperma oder Vaginalsekret übertragen werden, über kleinere Hautdefekte in den Körper eindringen oder aber durch verunreinigtes Drogenbesteck (mehrfach verwendete Spritzen) und Reste von daran klebenden Blut direkt in den Blutkreislauf gelangen. Sex mit häufig wechselnden Partnern wird deshalb als Risikofaktor für die Erkrankung betrachtet. Kritisch ist dabei die Viruslast in der jeweiligen Körperflüssigkeit: So scheint Speichel kaum infektiös zu sein, während es durch Sperma viel eher zu einer Infektion kommt. Die Viruslast hängt weiterhin entscheidend von der Krankheitsphase ab: Kurz nach einer Infektion kommt es zunächst zu einer Vermehrung des Erregers. Durch die Bildung von Antikörpern nimmt die Viruslast jedoch nach einigen Wochen wieder ab. Erst in den späteren Stadien der Krankheit steigt die Last langsam wieder an. Antikörpernachweise für den Erreger können als HIV-Test verwendet werden, wirken aber erst nach einigen Wochen zuverlässig.

Nachdem das HI-Virus in die Blutbahn eingebrochen ist, sucht es Wirtszellen mit einem CD-4-Rezeptor auf ihrer Oberfläche, die es infiltrieren und zur Fortpflanzung nutzen kann. Viren sind nicht zur selbstständigen Fortpflanzung oder Proteinsynthese befähigt. Sie benötigen dafür eine Wirtszelle. Das Virus besitzt ein spezielles Antigen zur Interaktion mit CD-4. Den Rezeptor tragen vor allem T-Helferzellen, die normalerweise zur Aktivierung anderer T- und B- Lymphozyten zuständig sind. Außerdem sind auch Monozyten, Makrophagen und dendritische Zellen betroffen. HIV trägt sein Erbgut in Form von RNA. Über das eigens dafür mitgebrachte Enzym Reverse Transkriptase wird zunächst ein gegensätzlicher DNA-Doppelstrang entlang der viralen RNA-Matrix synthetisiert. Die Reverse Transkriptase übersetzt also eine RNA-Erbinformation in eine DNA-Erbinformation, wie sie der menschliche Körper verwendet. Man spricht von einer RNA-abhängigen DNA-Polymerase. Anschließend wird die RNA entfernt und der neue DNA-Doppelstrang dupliziert. Durch die sich dadurch in der Zelle befindlichen DNA-Erbinformationen beginnt die Wirtszelle nun virale Proteine, unter anderem auch neue Reverse Transkriptase zu erzeugen. Später werden neue Viren aus der Wirtszelle freigesetzt, wobei die Zelle häufig zerstört wird. Einige Zellen werden auch durch andere Immunzellen eliminiert, soweit sie als gefährlich erkannt werden.

Viele der betroffenen T-Helferzellen können durch den Infiltrationsprozess nicht mehr ihrer eigentlichen immunologischen Aufgabe nachkommen und werden zerstört, bzw. produzieren sogar selbst neue Viren. Mit fortschreitendem Verlauf sinkt die Zahl funktionsfähiger CD4-positiver Zellen immer weiter, so dass sich Infekte und Erkrankungen mehren, die auf ein geschwächtes Immunsystem zurückzuführen sind. Man spricht von der Latenzphase, in der die Erkrankung durch Antikörpertest und direkte Erregernachweise (Polymerase Chain-Reaktion) diagnostizierbar ist, sie aber häufig nicht an Symptomen erkennbar ist. Mit der Zeit kann der Körper die zerstörten Helferzellen nicht mehr ersetzen und deren Zahl sinkt unter kritische Werte. Die letzte Phase der Erkrankung wird als AIDS bezeichnet und ist durch schwere opportunistische Erkrankungen, etwa durch Pilze oder Parasitenbefall gekennzeichnet, die beim Gesunden eigentlich nicht vorkommen. Zwar konnte bis heute keine ursächliche Heilung der Erkrankung erreicht werden, jedoch konnte die Lebenserwartung von HIV-Patienten stark gesteigert werden. U.a. kommen Medikamente gegen die Reverse Transkriptase zum Einsatz.

103) Das HI-Virus ist erst seit einigen Jahrzehnten bekannt. Welche Aussage dazu trifft zu?

(A) Die zur Vermehrung notwendige Reverse Transkriptase repliziert unter anderem einen DNA-Doppelstrang an einer entsprechenden Matrize.
(B) Das HI-Virus trägt die reverse Transkriptase, eine DNA-abhängige RNA-Polymerase.
(C) Die reverse Transkriptase dient dem HI-Virus zum Eindringen in Wirtszellen.
(D) Als Wirtszelle können auch dendritische Zellen dienen, solange der CD4-Rezeptor vorkommt.
(E) Vor der DNA-Synthese findet die Proteinsynthese der reversen Transkriptase statt.

104) Welche Aussage zur HIV-Erkrankung trifft nicht zu?

(A) Pilze und Parasitenbefall treten durch das bei HIV-Infektionen geschwächte Immunsystem häufiger auf.
(B) Eine Infektion mit dem HI-Virus führt erst langfristig zu AIDS.
(C) Die Viruslast ist nach Infektion zunächst relativ hoch, fällt dann und steigt langfristig wieder.
(D) In der Wirtszelle mit CD-4 spezifischem Antikörper findet die Virusvermehrung statt.
(E) Das HI-Virus trägt ein CD-4 spezifisches Antigen auf seiner Oberfläche.

105) Welche Aussage zur Übertragung trifft zu? Das HI-Virus, bzw. die resultierende Erkrankung...

(A) ist besonders ansteckend in den ersten Wochen der Erkrankung.
(B) trägt seine Erbinformationen in Form einer reversen Transkriptase.
(C) ist durch Medikamente gegen die reverse Transkriptase heilbar.
(D) äußert sich in der Latenzphase durch typische, opportunistische Erkrankungen.
(E) wird durch Antikörper-Tests nachgewiesen, die erst nach einem Jahr zuverlässig sind.

106) Welche der Aussagen können Sie als falsch identifizieren?

(A) niedriger die Viruslast, desto geringer die Ansteckungsgefahr.
(B) AIDS ist auch durch einen zunehmenden Mangel an T-Helferzellen bedingt.
(C) Eine HIV-Infektion ist durch einen Antikörpertest auch in der Latenzphase nachweisbar.
(D) Die Latenzphase erklärt sich durch die erst langsam-fortschreitende Zerstörung von CD4 - positiven Zellen.
(E) Mit zunehmender Erkrankungsdauer steigt die Zahl CD-4-Antigen-tragenden Zellen.

107) Welche der folgenden Aussagen ist falsch?

(A) Das Fortschreiten der Erkrankung ist auch für die Funktion von B-Lymphozyten von Bedeutung.
(B) Die Reverse Transkriptase wird durch das HI-Virus produziert und übersetzt RNA-Erbinformationen in DNA-Erbinformationen.
(C) Zellschäden an T-Helferzellen nach Virusbefall und Vermehrung in einer Körperzelle sind häufig.
(D) Drogenabhängige haben ein höheres Risiko eine HIV- Infektion zu erleiden.
(E) HIV-Infektionen sind durch einen Eintritt von Retroviren in die Blutbahn bedingt.

108) RNA...

(A) spielt für den Lebenszyklus des HIV keine Rolle.
(B) wird in die Wirtszelle zur Produktion neuer Viren eingeschleust, wobei bei deren Freisetzung die Wirtszelle immer stirbt.
(C) wird bei HIV-Infektion in menschlichen Wirtszellen, die DNA als Erbgut verwenden, in DNA übersetzt.
(D) wird vom HI-Virus selbstständig vervielfältigt, um eine schnelle Fortpflanzung zu garantieren.
(E) wird mithilfe von einer RNA-abhängigen-RNA-Polymerase des HI-Virus vervielfältigt.

Text zu den Fragen 109 – 114

99 % des körpereigenen Kalziums befinden sich in der Knochenmatrix. Ca. 1 % des Kalziums ist jedoch frei im Körper verfügbar und hat dort verschiedene Funktionen. Insgesamt ist etwa ein 1 kg der Körpermasse Kalzium. Extrazellulär liegt eine Konzentration von 2,25 mmol/l vor, wohingegen innerhalb von Zellen und deren Zytoplasma weniger als ein Hundertstel dieser Menge vorliegt. Die Konzentration im Blut/ Plasma kann etwa mit der allgemeinen, extrazellulären Konzentration gleichgesetzt werden. In der Blutgerinnung hat Kalzium ebenfalls eine Funktion und wird dort als Faktor IV bezeichnet. Dieser Faktor ist für die Aktivierung des Prothrombin (Faktor II) zu Thrombin (Faktor IIa) zuständig, was wiederum den Faktor I (Fibrinogen) zu Faktor Ia (Fibrin) aktiviert. Blutproben sollten nach dem Abnehmen im Röhrchen nicht gerinnen. Ein Weg dies zu erreichen ist die Bindung des Kalziums durch Citrat („Citratröhrchen").

In der Zelle liegt Kalzium zwar in niedriger Konzentration vor, jedoch kommt es im sarkoplasmatischen Retikulum (SR) von Muskelzellen deutlich höher konzentriert vor (0,2 mmol/l). Das SR ist ein abgegrenzter Bereich innerhalb des Zytoplasmas der Zelle. Dies ist wichtig für die Muskelkontraktion, wofür das Kalzium in das Zytoplasma ausgeschüttet werden kann. Die Regulation des Blut-Kalziumspiegels läuft zum einen über die Aufnahme mit dem Essen (ca. 1 g/d) und die Abgabe über die Nieren und damit dem Urin (ein anderer Regulationsweg ist die Freisetzung aus dem Knochen). In den Nieren werden zunächst große Mengen des Blutes filtriert, wobei in den Glomeruli der Primärharn abgepresst wird. Dieser enthält jedoch, abgesehen vom Kalzium, auch große Mengen wichtiger Mineralien. In einem komplizierten Tubulussystem wird der Großteil des Primärharns wieder ins Blut rückresorbiert. Der Rest wird als Sekundärharn bezeichnet und ausgeschieden. Kalzium wird im distalen Tubulus zu 99 % rückresorbiert, wobei es einer Regulation durch Calcitriol und Parathormon unterliegt. Diese Hormone steuern spezielle Kanäle und Pumpen in der Wand des distalen Tubulus.

Das Calcitriol fördert die Resorption von Kalzium im Tubulus und erhöht gleichzeitig die Aufnahme von Kalzium aus der Nahrung. Calcitonin (aus den C-Zellen der Schilddrüse) hemmt die Freisetzung von Kalzium aus dem Knochen, senkt dadurch den Kalzium-Blutspiegel. Parathormon (gebildet in den Nebenschilddrüsen) ist der Gegenspieler und fördert die Kalzium-Freisetzung aus dem Knochen und gleichzeitig die Calcitriol-Synthese in der Niere. Parathormon hat somit einen Blut-Kalzium-steigernden Effekt. Knochenauf- und Abbau werden wesentlich durch die Wirkung zweier Zelltypen beeinflusst: den Osteoblasten (verantwortlich für den Aufbau von Knochenmatrix) und den Osteoklasten, spezielle Zellen mit gegensätzlichem Effekt. Calcitonin hat eine hemmende Wirkung auf Letztere. Auf der anderen Seite werden durch Calcitonin Osteoblasten aktiviert, wodurch insgesamt mehr Kalzium in die Knochen gelangt als abgebaut wird. Calcitriol wirkt über verschiedene Mechanismen auf den Transport von Kalzium durch die Darmepithelzellen in die Blutbahn und beeinflusst somit die Resorption von Kalzium aus dem Speisebrei. Es entsteht in verschiedenen Schritten aus Cholesterin über Provitamin D3, Cholecalciferol und Calcidiol. Die Umwandlung zu Cholecalciferol ist sonnenlichtabhängig und findet in der Haut statt. Dies erklärt, dass es durch Mangel an (u.a.) Sonnenlicht zur Rachitis kommen kann: Das Ausbleiben einer ausreichenden Calcitriol-Synthese führt zum Mangel an Kalzium wodurch die Mineralisation der Knochen gestört wird. Dies kann zu gehäuften Knochenbrüchen führen.

109) **Welche Aussage über das Parathormon ist korrekt?**

(A) Das Parathormon hat eine gegensätzliche Wirkung zu Calcitonin.
(B) Das Parathormon wirkt über die Aktivierung von Osteoblasten steigernd auf den Kalziumspiegel im Blut.
(C) Das Parathormon stammt aus der Schilddrüse und wirkt steigernd auf das Blut-Kalzium.
(D) Parathormon erhöht direkt den intrazellulären Kalziumspiegel.
(E) Zu wenig Parathormon würde eine Synthesestörung von Calcitonin nach sich ziehen.

110) **Kalzium hat verschiedene Funktionen in unserem Körper. Welche Aussage dazu ist richtig?**

(A) Die größten Teile des Kalziums unseres Körpers liegen im Blutplasma vor.
(B) Für die Blutgerinnung ist die Aktivierung von Faktor IV durch den Faktor IIa notwendig.
(C) Osteoklasten sind die Gegenspieler von Osteoblasten: Während Osteoklasten Knochenmatrix synthetisieren, bauen Osteoblasten diese ab.
(D) Eine Steigerung des Blut-Kalziums wird durch gesteigerte Resorption im Darm, verminderte Rückresorption aus dem Primärharn und verstärkte Freisetzung aus dem Knochen erreicht.
(E) Die Kalziumkonzentrationen sortieren sich wie folgt: Blutplasma > sarkoplasmatisches Retikulum > Zytoplasma.

111) **Welche Aussage ist Ihrer Ansicht nach inkorrekt?**

(A) Für eine gesunde Knochenmineralisation ist ein Blut-Kalziumspiegel von 0,2mmol/l notwendig.
(B) Calcitriol wirkt u.a. auf Darmepithelzellen und reguliert dort die Kalziumaufnahme.
(C) Nur ein Bruchteil des in den Glomeruli abgepressten Primärharns wird später ausgeschieden. Der Großteil wird rückresorbiert.
(D) Calcitriol und Parathormon haben Wirkung auf spezielle Kanäle im Nieren-Tubulus-System.
(E) Über Kalziumausschüttung aus dem sarkoplasmatischen Retikulum wird die Muskelkontraktion reguliert.

112) **Welche der Antworten können Sie als falsch ausschließen Calcitriol...**

(A) wird in der Niere unter Einfluss von Parathormon gebildet.
(B) kann bei übermäßiger Produktion Rachitis verursachen.
(C) wird sonnenlichtabhängig aus verschiedenen Vorstufen gebildet.
(D) wirkt steigernd auf die Kalzium-Resorption im Darm.
(E) reguliert am distalen Tubulus die Kalzium Reabsorption.

113) Etwa ein Kilogramm der Körpermasse besteht aus Kalzium, welches vor allem in den Knochen abgelagert wird. Kalzium...

(A) -überschuss löst im Körper schwere Reaktionen wie Krämpfe und Rachitis aus.
(B) liegt extrazellulär in deutlich geringerer Konzentration als intrazellulär vor.
(C) aktiviert den Faktor II der Blutgerinnung zum Faktor IIa.
(D) wird zusammen mit dem Primärharn in den Glomeruli abgepresst, im Gegensatz zu anderen Mineralien jedoch nicht rückresorbiert.
(E) wird durch Osteoblasten in den Knochen ab- und durch Osteoklasten eingebaut.

114) Welche Aussage ist falsch?

(A) Wenn Cholecalciferol nicht mehr ausreichend synthetisiert werden kann, ist das Risiko einen Knochenbruch zu erleiden erhöht.
(B) Rachitis kann durch eine gesteigerte Parathormon-Synthese ausgeglichen werden.
(C) In einer Woche sollten dem Körper durchschnittlich 7g Kalzium mit der Nahrung zugeführt werden.
(D) Rachitis ist bedingt durch eine verminderte Einlagerung von Kalzium in den Knochen.
(E) Parathormon und Calcitriol erhöhen den Blut-Kalzium-Spiegel.

Text zu den Fragen 115-120

Der Blutdruck ist eine wichtige Größe für die Abschätzung der Kreislauffunktion. Er wird von verschiedenen Faktoren bestimmt. Die Blutgefäße des Körpers können sich durch integrierte Muskeln zusammenziehen oder durch erhöhten Druck passiv erweitert werden. Wenn sich die Gefäße der Muskeln stark erweitern, etwa bei körperlicher Arbeit, so sinkt dadurch der Blutdruck, da dem vorhandenen Blut nun mehr Raum zur Verfügung steht. Das Herz kann in so einem Fall seine Leistung kompensatorisch steigern und den Umlauf des Blutes erhöhen. Man spricht vom Herz- Minuten-Volumen (HMV), also der Auswurfleistung multipliziert mit der Auswurffrequenz. Diese liegen in Ruhe etwa bei 70 ml bzw. 70 Schlägen pro Minute.

Sowohl Gefäßzustand als auch Herz-Minuten-Volumen haben Einfluss auf den Blutdruck. Auf diese Weise überkompensiert das Herz häufig, so dass bei körperlicher Arbeit der Blutdruck auch steigen kann.

Wenn ein großes Organ seine Gefäße verengt, bspw. die Haut bei starker Kälte, dann führt dies zu einem Blutdruckanstieg. Da aber über das Herz-Minuten-Volumen eine Gegenreaktion herbeigeführt werden kann, bleibt der Blutdruck beim gesunden Menschen in einem gewissen Bereich konstant.

Ein weiteres kreislaufaktives Organ ist die Niere. Sie kann über die Regulation der Wasserausscheidung erheblich den Blutdruck verändern. Wenn der Blutdruck bspw. sinkt, so sinkt auch die Urinproduktion. Dies geschieht über verschiedene Hormone: Wenn der Blutdruck des in die Niere einströmenden Blutes sinkt, so wird das Hormon Renin ausgeschüttet. Renin ist wiederum ein Faktor für die Aktivierung von Angiotensin. Angiotensin entsteht aus Angiotensinogen, welches sich unter Hilfe von Renin zu Angiotensin I spaltet. Zur aktiven Variante Angiotensin II wird es anschließend unter Einfluss von ACE (Angiotensin converting enzyme), welches vor allem in den Endothelzellen der Lunge findet. Angiotensin II regelt über verschiedene Mechanismen den Blutdruck hoch. So löst es eine Ausschüttung von Aldosteron aus der Nebenniere aus, welches die Urinproduktion hemmt. Weiterhin löst es eine Ausschüttung von ADH (Antidiuretisches Hormon) aus der Hypophyse aus (Verminderung der Urinproduktion) und führt zu einer Verengung der

Gefäße, was direkt steigernd auf den Blutdruck wirkt. Außerdem löst es u.a. Durstgefühl aus, so dass dem Körper mehr Flüssigkeit zugeführt wird.

115)	**Der Blutdruck wird gesenkt...** (A) wenn lediglich die Auswurfleistung, nicht aber die -frequenz steigt. (B) wenn Herzfrequenz und Auswurfleistung (HMV) steigen. (C) wenn sich Gefäße erweitern („Dilatation") und das HMV konstant bleibt. (D) wenn sich Gefäße verengen, aber das HMV konstant bleibt. (E) indem die Haut ihre Gefäße verengt.
116)	**Was trifft <u>nicht</u> zu?** (A) Eine Verringerung des Druckes des in die Nieren einströmenden Blutes führt zu einer erhöhten Ausschüttung von Aldosteron. (B) Ein Überschuss an ACE kann eine Erhöhung der Urinproduktion nach sich ziehen. (C) Eine Verringerung des Herz-Minuten-Volumens kann eine vermehrte Ausschüttung von Renin zur Folge haben. (D) Aldosteron bewirkt eine verringerte Urinausscheidung. (E) Eine gesteigerte Urinproduktion wirkt einem erhöhten Blutdruck entgegen.
117)	**Welche Aussage zum menschlichen Blutdruck trifft <u>nicht</u> zu?** (A) Das HMV beträgt stets etwa 500 ml pro Minute. (B) Körperliche Arbeit kann einen Blutdruckanstieg nach sich ziehen. (C) Die Wirkungen einer Erhöhung des HMVs und einer entsprechenden Gefäßdilatation heben sich gegenseitig auf. (D) Eine blutdrucksteigernde Wirkung der Niere kann die vermehrte Erzeugung von Angiotensin II über Renin sein. (E) Eine blutdrucksteigernde Wirkung der Niere kann die Stimulation der ADH-Ausschüttung sein.
118)	**Aldosteron...** (A) wird u.a. durch Angiotensin II stimuliert. (B) löst eine Reaktion des Körpers aus, die durch Flüssigkeitsinfusionen aufgehoben werden kann. (C) erhöht die Urinproduktion und damit die Flüssigkeitsausscheidung. (D) löst eine Gefäßerweiterung aus. (E) unterliegt der hormonellen Regulation der Hypophyse.

119) Welche Aussage trifft dem Text zufolge zu?

(A) Bei körperlicher Aktivität verengen sich besonders die Muskelgefäße, um den Blutdruck zu steigern.
(B) Kälte bewirkt zunächst eine Gefäßerweiterung in der Haut, was man durch die Rötung der Haut erkennen kann.
(C) Eine Vergrößerung des Blutvolumens bedingt einen verminderten Blutdruck.
(D) Der Blutdruck wird bestimmt durch das Zusammenspiel von Auswurfleistung des Herzens, Flüssigkeitsmenge des Blutes und Zustand und Verengungsgrad der Gefäße.
(E) Eine Erhöhung des Blutdrucks ist aus medizinischer Sicht grundsätzlich krankhaft.

120) Die Niere...

(A) senkt durch Ausschüttung von Renin den Blutdruck.
(B) senkt durch Ausschüttung von ACE den Blutdruck.
(C) kann Einfluss auf die Sekretion von Hormonen aus der Hypophyse haben.
(D) kann durch direkte Ausschüttung von ADH den Blutdruck steigern.
(E) steigert durch Erhöhung der Wasserausscheidung den Blutdruck.

Aufgabengruppe Figuren Lernen - Reproduktionsphase

Bearbeitungszeit: 5 Minuten

Bitte benennen Sie korrekt jene Fläche der folgenden Figuren, die in der vorangegangenen Einprägephase schwarz gefärbt waren.

121)

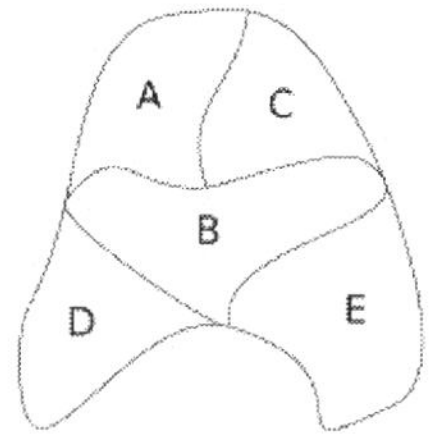

122)

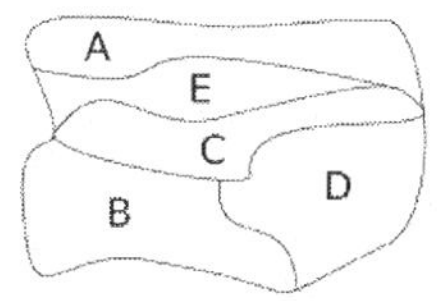

123)

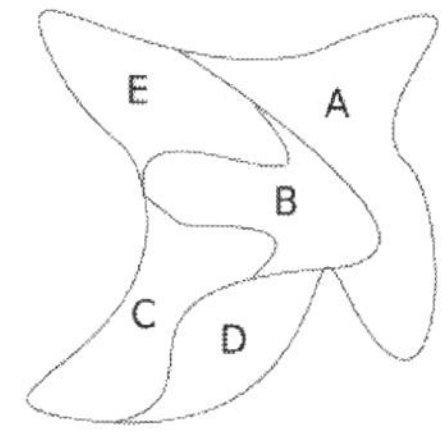

124)

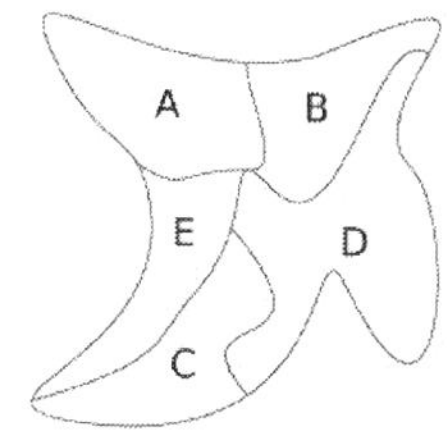

125)

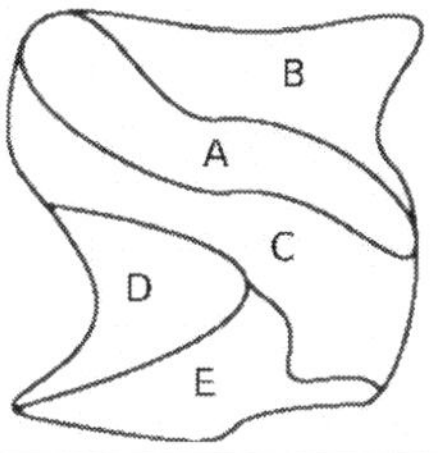

126)

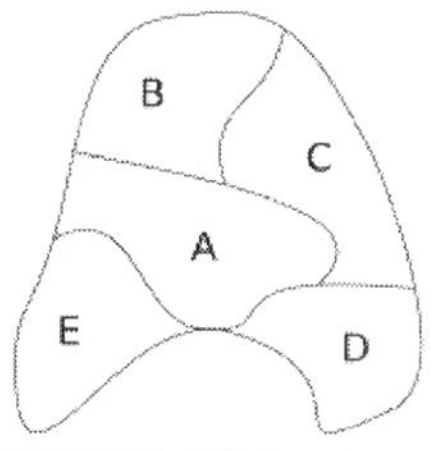

127)

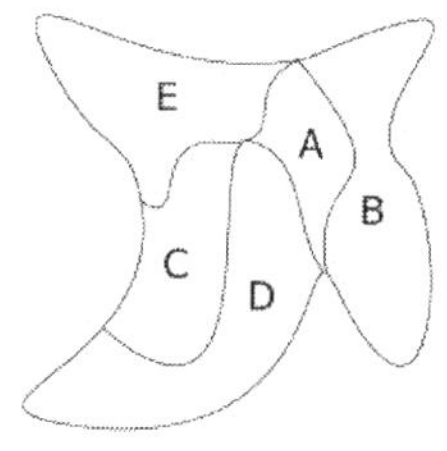

128)

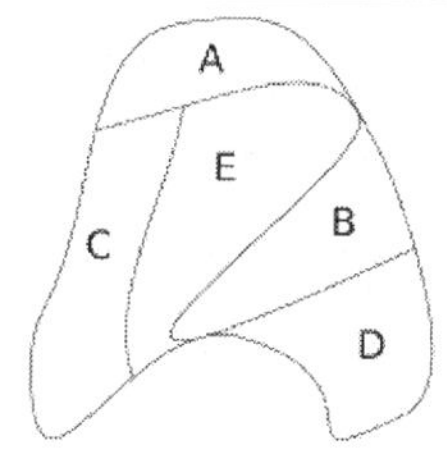

129)

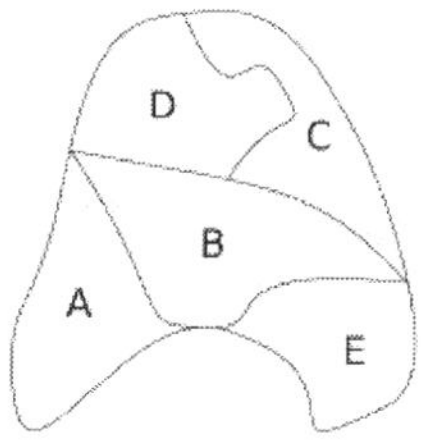

130)

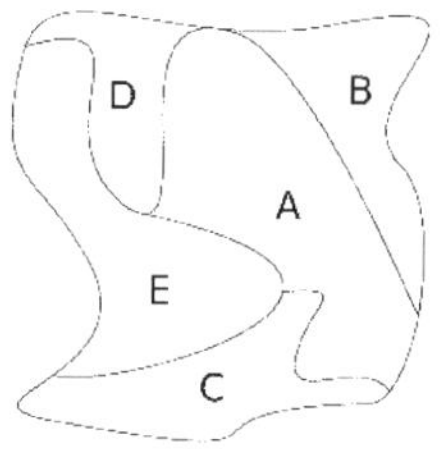

131)

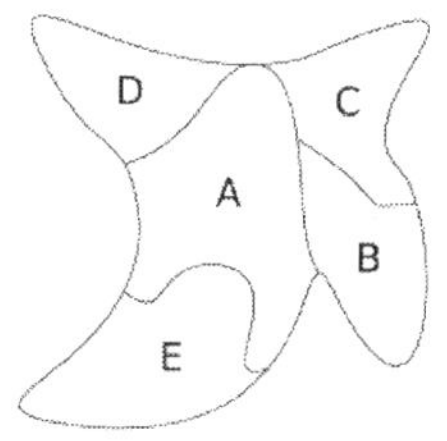

132)

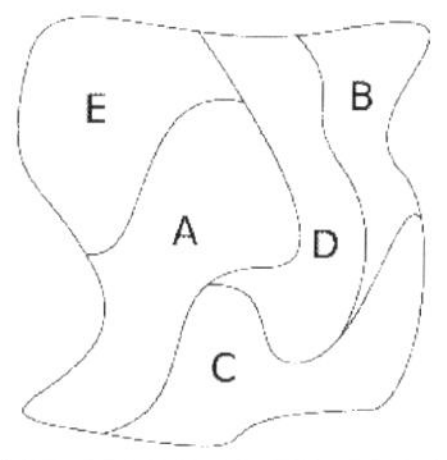

133)

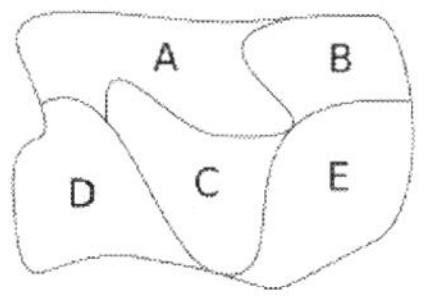

134)

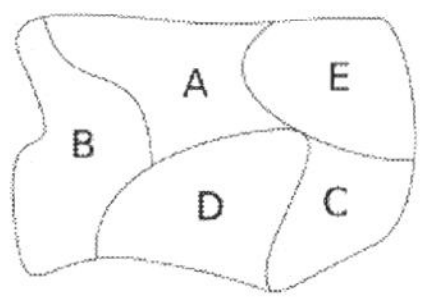

135)

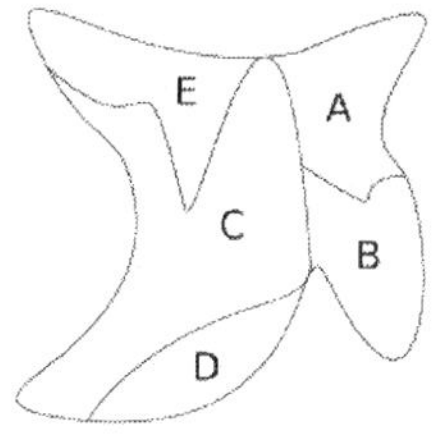

136)

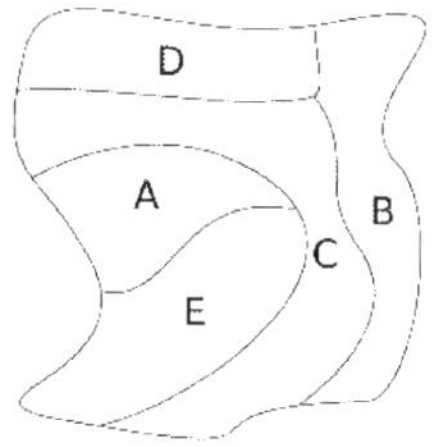

137)

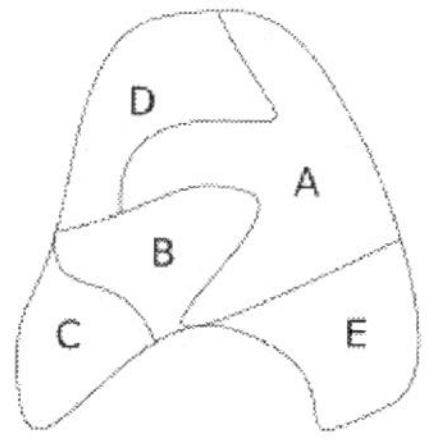

138)

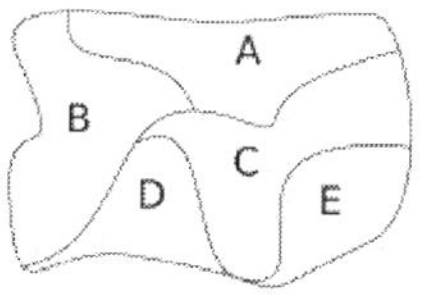

139)

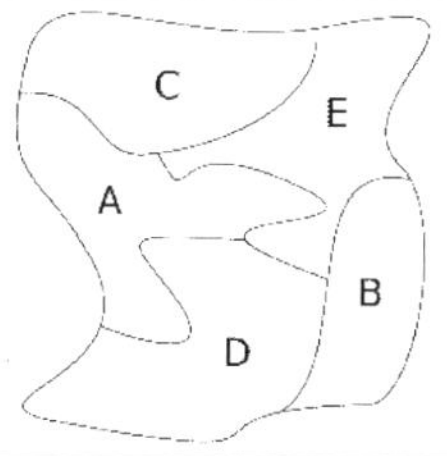

140)

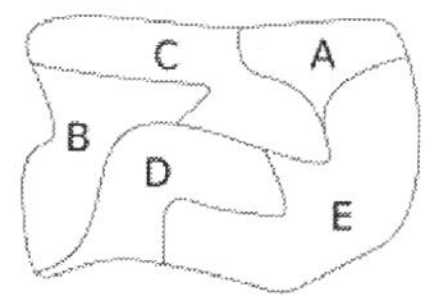

Aufgabengruppe Fakten Lernen

Reproduktionsphase

Bearbeitungszeit: 7 Minuten

Bitte beantworten Sie folgende Fragen mithilfe der zuvor in der Einprägephase auswendig gelernten Informationen.

141) Der alleinerziehende Patient ist von Beruf...
- (A) Tierarzt
- (B) Landschaftsgärtner
- (C) Maurer
- (D) Beamter
- (E) Mikrobiologe

142) Der Manager ist...
- (A) lebhaft
- (B) ein Notfall
- (C) verwitwet
- (D) arrogant
- (E) verantwortungsvoll

143) Das Alter des Selbstständigen beträgt...
- (A) 30 Jahre
- (B) 35 Jahre
- (C) 40 Jahre
- (D) 50 Jahre
- (E) 55 Jahre

144) Der Bankkaufmann leidet an...
- (A) Depression
- (B) Jodmangel
- (C) Muskelfaserriss
- (D) Herzbeutelentzündung
- (E) Nierenkrebs

145) Der Patient mit der Nachblutung ist von Beruf...
- (A) Professor
- (B) Florist
- (C) Telefonkraft
- (D) Bankkaufmann
- (E) Staplerfahrer

146) Der Landschaftsgärtner ist...
- (A) ernst
- (B) verantwortungsvoll
- (C) arrogant
- (D) selbstbewusst
- (E) langsam

147) Die Diagnose für den Selbstständigen lautet...
- (A) Bauchschmerzen
- (B) Schaufensterkrankheit
- (C) Blasenentzündung
- (D) Autoimmunerkrankung
- (E) Geschwollene Beine

148) Der an Nierensteinen erkrankte Patient ist...
- (A) auf Normalstation
- (B) ein Pflegefall
- (C) auf der Intensivstation
- (D) überwiesen
- (E) ein Notfall

149) Der Elektriker heißt...
- (A) Specht
- (B) Schlecht
- (C) Lammert
- (D) Liszt
- (E) Hahn

150) Die Diagnose für den überwiesenen Patienten lautet...
- (A) Nierensteine
- (B) Nierenkrebs
- (C) Depression
- (D) Bauchschmerzen
- (E) Hernie

151) **Die Telefonkraft ist...**

(A) hilfsbedürftig
(B) hat drei Kinder
(C) ernst
(D) ein Pflegefall
(E) verantwortungsvoll

152) **Der alleinstehende Patient heißt...**

(A) Heller
(B) Finkenstein
(C) Binder
(D) Schuster
(E) Gerber

153) **Frau Schlecht ist von Beruf...**

(A) Managerin
(B) Floristin
(C) Mikrobiologin
(D) Verbraucherberaterin
(E) Beamtin

154) **Der Patient mit den geschwollenen Beinen ist...**

(A) ein Notfall
(C) verwitwet
(D) überwiesen
(E) langsam
(B) arrogant

155) **Der Patient, der sich die Fistel zugezogen hat, ist...**

(A) 30 Jahre alt
(B) 35 Jahre alt
(C) 40 Jahre alt
(D) 50 Jahre alt
(E) 55 Jahre alt

156) **Frau Finkenstein ist...**

(A) alleinerziehend
(B) überwiesen
(C) ein Pflegefall
(D) ein Notfall
(E) hat drei Kinder

157) **Die Diagnose der Verbraucherberaterin ist...**

(A) Lähmung
(B) Jodmangel
(C) Depression
(D) Schädeltrauma
(E) Bauchschmerzen

158) **Der Notfall hat folgende Diagnose:**

(A) Schädeltrauma
(B) Muskelfaserriss
(C) Nierensteine
(D) vergrößerte Milz
(E) Nachblutung

159) **Die Diagnose für Herrn Lichtenstein lautet...**

(A) Hernie
(B) Vergrößerte Milz
(C) Bauchschmerzen
(D) Autoimmunerkrankung
(E) Geschwollene Beine

160) **Der Patient mit der Hernie ist...**

(A) langsam
(B) alleinstehend
(C) auf der Intensivstation
(D) hilfsbedürftig
(E) ein Pflegefall

Aufgabengruppe Tabellen & Diagramme

Bearbeitungszeit: 60 minuten

Bitte beantworten Sie nach Betrachtung der tabellarisch oder grafisch dargestellten Informationen die gestellten Fragen.

161) Die Grafik zeigt die Altersstruktur der Volksrepublik China im Jahr 2015, wobei auf der Ordinate das Alter und auf der Abszisse die Anzahl der Menschen der jeweiligen Altersgruppe abzulesen ist. Zwischen den Geschlechtern treten dabei Unterschiede zutage.

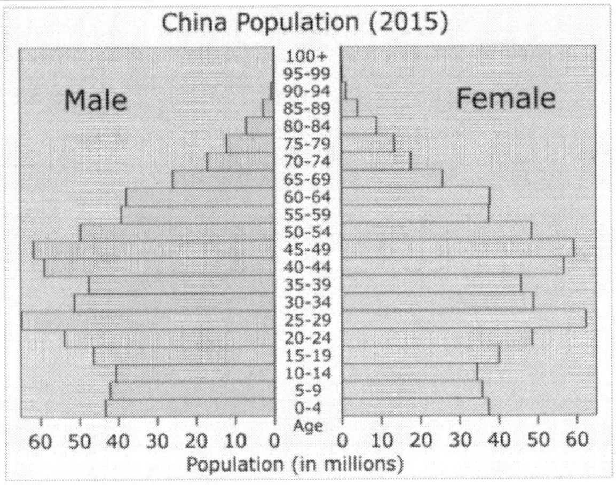

Welche Antwort ist korrekt?

(A) In der Gruppe hochaltriger Menschen gibt es in China mehr Männer

(B) Frauen neigen der Grafik zufolge eher zu einem frühen Tod als Männer

(C) Geschlechterunterschiede sind vor allem in der Zahl der Kleinkinder e#rkennbar.

(D) Das Maximum beider Geschlechter im mittleren Alter deutet auf ein Durchschnittsalter der Population von ca. 43 Jahren hin.

(E) Die Gesamtbevölkerung in den drei niedrigsten Altersstufen ist jeweils kleiner als 45.000.000

162) Das menschliche Ohr kann Frequenzen zwischen 16 Hz und 20 kHz wahrnehmen. Um ein Geräusch aber überhaupt wahrnehmen zu können, muss dieses einen ausreichenden Schalldruck erzeugen. Definitionsgemäß liegt die Hörschwelle bei einer Frequenz von 1 kHz bei 20 µPa, dieser Schalldruck wird auch als Bezugsschalldruck definiert. Dieser Punkt liegt auf einem zugehörigen Graphen, der die Hörschwelle definiert, denn für andere Frequenzen sind andere Schalldrücke notwendig um ein Geräusch wahrnehmen zu können. Der Graph der Hörschwelle ist somit die unterste Isophone (sonst schwarze Graphen). Geräusche, die sich auf der gleichen Isophone befinden, werden vom menschlichen Ohr als gleich laut wahrgenommen.

Bewerten Sie folgende Aussagen nach ihrer Richtigkeit.

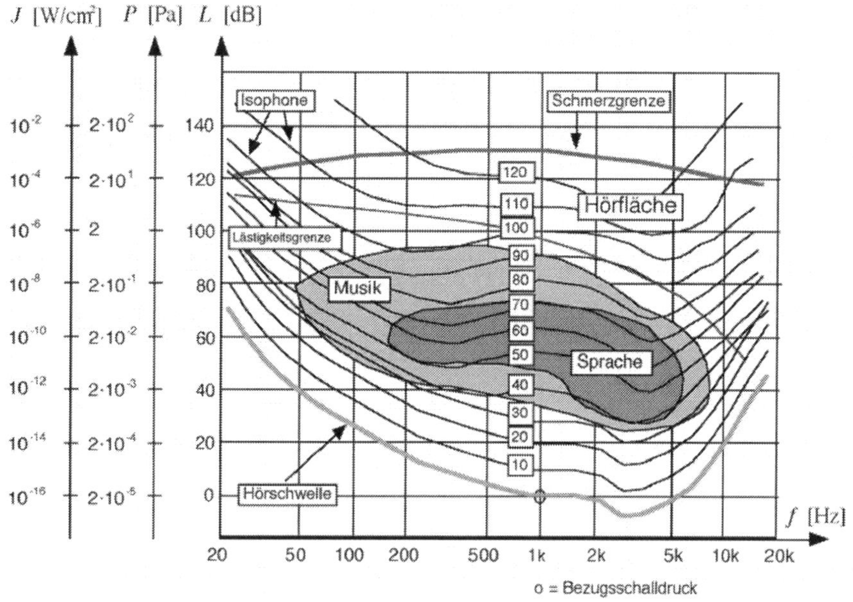

1. Geräusche, welche einen geringeren Schalldruck als den Bezugsschalldruck aufweisen, können nicht wahrgenommen werden.
2. Bei der Presbyakusis, der Altersschwerhörigkeit, verschiebt sich die obere Hörgrenze auf bis zu 5000 Hz. Dadurch verlieren die Betroffenen die Fähigkeit große Teile des Frequenzbereiches der Sprache wahrnehmen zu können.
3. Ein Geräusch mit einer Frequenz von 50 Hz und einem Schalldruck von 20 mPa kann genauso laut empfunden werden wie ein Geräusch mit der Frequenz 10000 Hz und einem Schalldruck von 2000 µPa

(A) Nur Aussage 1. ist richtig.
(B) Nur Aussage 2. ist richtig.
(C) Nur Aussage 3. ist richtig.
(D) Nur die Aussagen 1. und 3. sind richtig.
(E) Nur die Aussagen 2. und 3. sind richtig.

163) Patienten mit Nierenerkrankungen haben Probleme Kalzium, Phosphat, Kalium, Harnstoff und Kreatinin auszuscheiden. Ausscheidungsstörungen der ersten beiden Stoffe äußern sich in Gelenkablagerungen mit entsprechenden Symptomen. Ein Überschuss an Kalium dagegen erzeugt Probleme bei der Fortleitung von Aktionspotentialen in den Nerven: Lähmungen und Herzstillstand sind die Folge. Andersherum erzeugt ein Kaliummangel z.T. ein Kammerflimmern am Herzen. Die Kaliumsymptomatik zeigt sich schnell. Harnstoff und Kreatinin entstehen bei Stoffwechselprozessen über einen längeren Zeitraum und sind zunächst symptomlos. Kreatinin wird dabei als Diagnosekriterium für Nierenfunktionsstörungen herangezogen. Als Stationsarzt erhalten Sie folgende Werte frisch aus dem Labor zugesandt. Mit einem weiteren gefährlichen Anstieg der Werte ist zu rechnen, erhalten Sie nicht bald eine Behandlung mit einem Dialysegerät. Leider steht Ihnen nur ein Gerät zur Verfügung.

Parameter	Normwert	Patient Nr.1	Patient Nr.2	Patient Nr.3
Kalium	3,5 – 4,8	5,3	4,5	3,5
Harnstoff	17 - 45	141	138,7	56
Kalzium	2,1 – 2,25	2,43	2,4	2,12
Phosphat	0,8 – 1,5	1,63	1,9	1,5
Kreatinin	0,6 – 1,2	2,15	4,16	2,7

Welche Aussagen sind korrekt?

I Patient Nr. 1 hat ein erhöhtes Risiko für einen Herzstillstand, ist aber nachrangig zu behandeln.
II Die Dringlichkeit der Behandlung sortiert sich wie folgt: Patient Nr. 1 – Nr. 2 – Nr. 3.
III Patient Nr. 2 hat ein erhöhtes Risiko für Gelenkbeschwerden, sollten seine Werte anhalten; Patient Nr. 3 ebenfalls.
IV Alle drei Patienten haben eine Nierenunterfunktion.

(A) Die Aussagen I, II und IV sind korrekt.
(B) Die Aussagen I, II und III sind korrekt.
(C) Die Aussagen III und IV sind richtig.
(D) Die Aussagen II und IV sind richtig.
(E) Die Aussagen II und III sind richtig.

164) In einer Schulkantine sollen die Oberflächen von einem neu entdeckten Keim befreit werden, um Schüler vor Magen-Darm-Infekten zu schützen. Ein Hygieneteam möchte dieses Problem mit einer neuen Desinfektionsbehandlung der Oberflächen lösen. Eine Studie kommt allerdings zu dem Ergebnis, dass diese neue Lösung möglicherweise gesundheitsgefährdend ist. Sie werden mit der Beurteilung der Studienlage betraut und sollen die Behandlung mit einer neuen und einer alten Lösung sowie dem kompletten Unterbleiben einer Behandlung (konservativ) vergleichen.

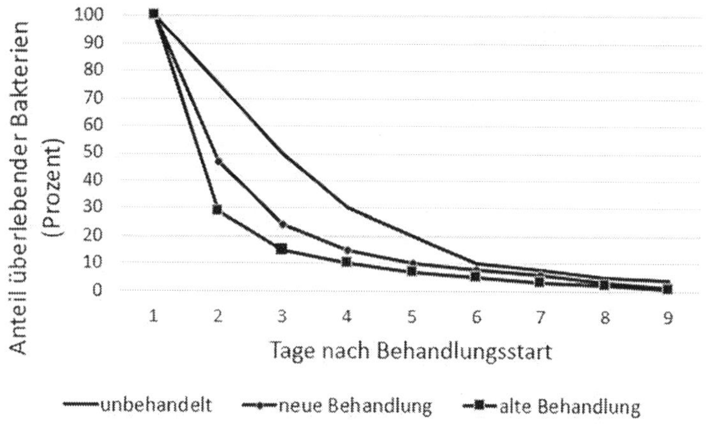

Welche Antwort ist korrekt?

(A) Eine Behandlung mit dem neuen Wirkstoff ist einer konservativen Behandlung jederzeit überlegen, ist aber nicht wirksamer als die alte Behandlung.
(B) Die Zeit, nach der die Bakterienzahl auf die Hälfte gesunken ist, ist bei der neuen Behandlung am kürzesten.
(C) Nach konservativer Behandlung erzielt man ab Tag 5 ähnliche Ergebnisse wie mit den beiden Wirkstoffen.
(D) Die neue Lösung ist gegenüber der alten überlegen, aber der konservativen Behandlung unterlegen.
(E) Die größten Unterschiede im Behandlungserfolg aller drei Strategien sind an Tag 3 erkennbar.

165) In einer Fußballliga spielen vier Vereine um eine Meisterschaft. Alle Mannschaften treten dabei immer wieder gegeneinander an. Für die einzelnen Mannschaftsteile (Torwart, Abwehr Mittelfeld & Sturm) werden Punkte gemäß ihrer Stärke vergeben (1-5). Es sei postuliert, dass sich stets das stärkere Team durchsetzt und die Ergebnisse und Tore so verhalten, wie es die jeweiligen Stärken der Mannschaftsteile erwarten ließen. Die Mannschaftsteile werden gleich schwer gewichtet. Im Diagramm steht die Distanz vom Mittelpunkt für die Stärke des Mannschaftsteils.

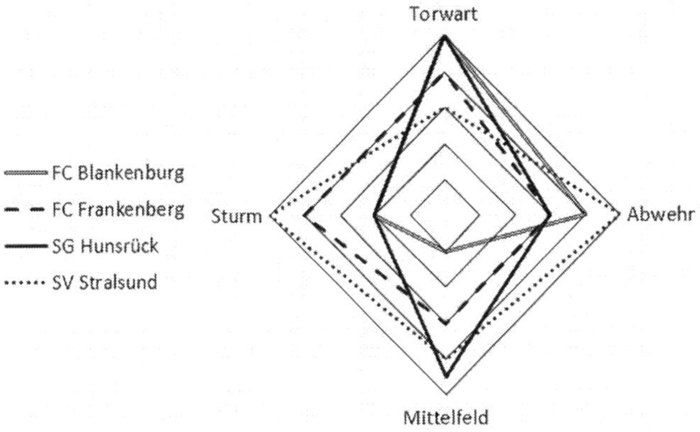

Welche Aussage ist nach den o. g. Gesetzmäßigkeiten korrekt?

(A) Der FC Frankenberg ist das schwächste Team der Liga.
(B) Im Spiel zwischen der SG Hunsrück und dem FC Blankenburg sind viele Tore zu erwarten.
(C) Der SV Stralsund wird gegen die SG Hunsrück weniger Tore schießen als gegen den FC Blankenburg.
(D) Der SV Stralsund hat gute Chancen, die Liga zu gewinnen.
(E) Im Direktvergleich zwischen dem FC Frankenberg und dem FC Blankenburg wird der FC Blankenburg wahrscheinlich gewinnen.

166) In einer Gießerei wird eine Legierung aus Eisen (Fe), Chrom (Cr) und Nickel (Ni) angefertigt. Charakteristisch ist das Schmelzverhalten in Abhängigkeit von der prozentualen Zusammensetzung der drei Anteile. Im folgenden Dreiecksdiegramm wird das deutlich, wo die Linien jeweils Beispielgrenzen für die Schmelzpunkte markieren. Eine Nähe zu einer der Ecke wird mit einem besonders hohen Anteil des jeweiligen Metalls an der Legierung gleichgesetzt.

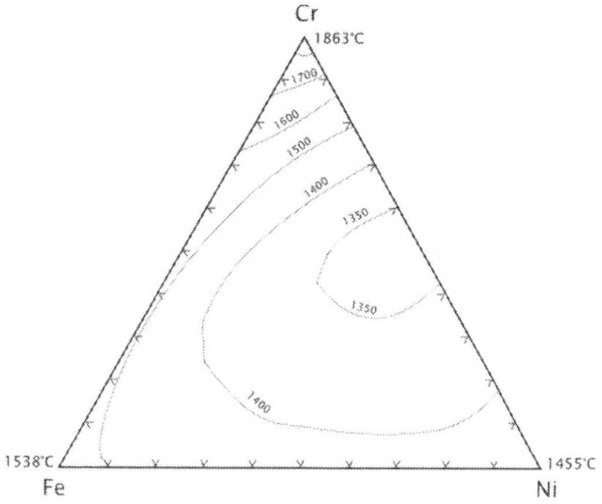

Welche Aussage trifft zu?

(A) Ein hoher Chromanteil an der Legierung führt – anders als ein hoher Nickelanteil – zu besonders hohen Schmelzpunkten.

(B) Die Gießerei muss die Legierung zum Schmelzen am wenigsten erhitzen, wenn sie eine reine Mischung aus Eisen und Chrom verwendet.

(C) Der Schmelzpunkt einer reinen Eisen-Nickel-Legierung liegt zwischen 1863°C und 1455°C.

(D) Eine 50 %-Chrom-50 %-Nickel-Legierung hat einen Schmelzpunkt von ca. 1500°C.

(E) Die Schmelzpunkte sämtlicher Kombinationen von Metallen liegen im Bereich von 1350-1400°C.

167) In einem Experiment werden zwei Metallblöcke gleicher Qualität und Größe in einem thermisch abgeriegelten Raum in direkter Nähe positioniert. Lediglich die Temperatur beider Blöcke unterscheidet sich, so dass Wärme von einem Block auf den anderen übertragen wird. Die Temperaturen beider Körper wurden über den Lauf des Experiments hinweg aufgezeichnet.

Welches der folgenden Diagramme entspricht am ehesten dem Temperaturverlauf der beiden Metallkörper?

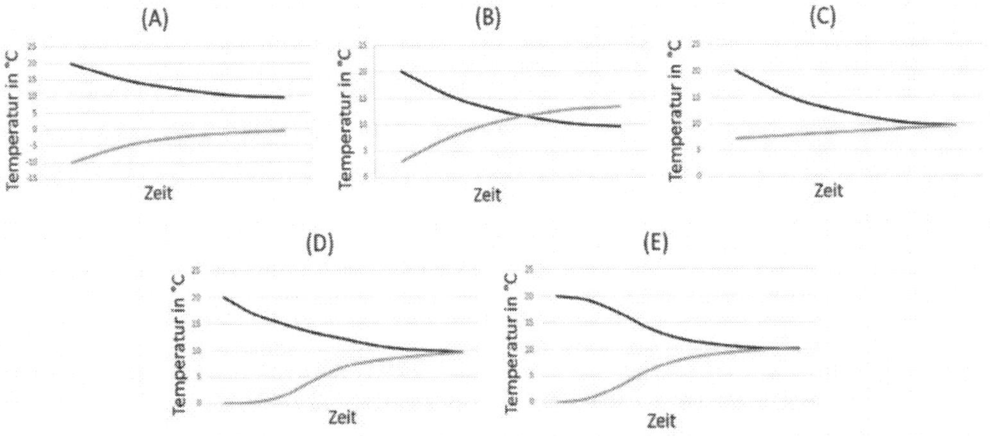

168) Die Inzidenz beschreibt die statistische Häufigkeit von Neuerkrankungen. Genauer von Erkrankungen, die in einer definierten Population und einem definierten Zeitraum neu aufgetreten sind. Die Mortalität, auch Sterblichkeit, bezeichnet die Anzahl der Todesfälle bezogen auf die Gesamtzahl aller Individuen einer Population. In den folgenden Diagrammen sind die Inzidenzen und Mortalitäten bestimmter Regionen geschlechterspezifisch angegeben.

Krebs insgesamt[1]: Inzidenz[2] und Mortalität nach Sprachgebiet

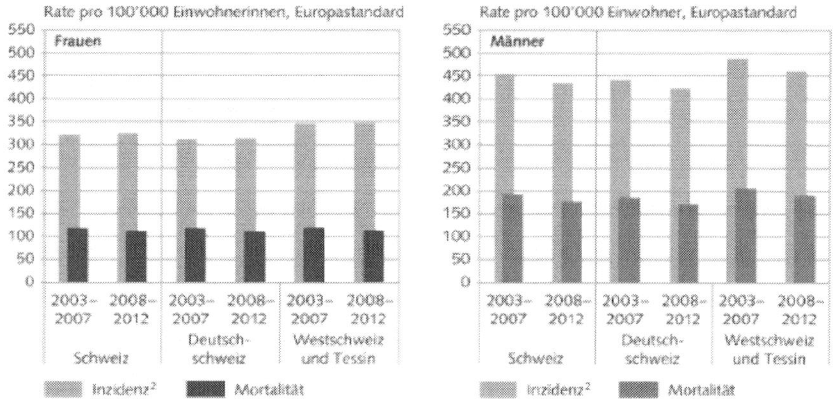

[1] Inzidenz ohne nicht-melanotischer Hautkrebs

[2] Inzidenz geschätzt aufgrund der Daten der Krebsregister

Welche der folgenden Aussagen trifft zu?

I. Im Zeitraum von 2003-2007 sind in der Deutsch-Schweiz ca. 100 Frauen und etwa 180 männer an Krebs verstorben.

II. Im Diagramm wurden nicht alle Krebserkrankungen berücksichtigt.

III. Ca. ein Drittel aller im Zeitraum von 2003-2007 in der Westschweiz und Tessin an Krebs erkrankten Frauen ist auch daran gestorben.

(A) Die Aussagen I und II sind korrekt.
(B) Die Aussage II ist korrekt.
(C) Die Aussage I und III sind korrekt.
(D) Keine Aussage ist richtig.
(E) Alle Aussagen sind richtig.

169) Sie sehen das Klimadiagramm einer europäischen Stadt. Über die Monate können Sie am Graphen die Durchschnittstemperatur und den Balken die Niederschlagsmenge entnehmen. Phasen, in denen sich der Graph über den Balken befindet, seien sog. „aride“ Phasen. Die restlichen Phasen werden als „humid“ bezeichnet.

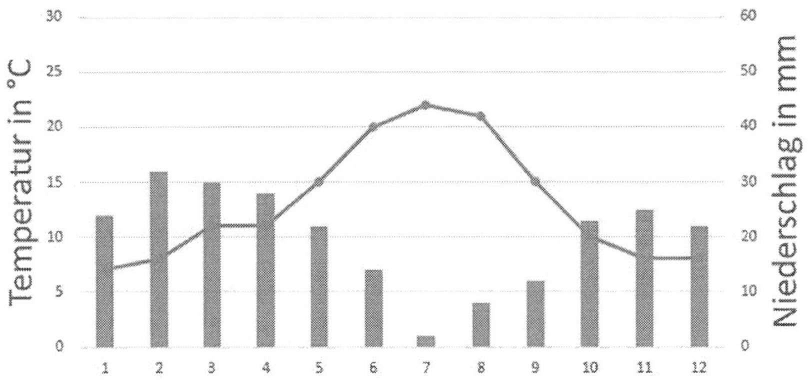

Bitte benennen Sie die richtige Antwort!

(A) Der Gesamtniederschlag im Jahr liegt bei ca. 240mm.
(B) Die Wintermonate sind geprägt von wenig Niederschlägen und niedrigen Temperaturen.
(C) Der Gesamtniederschlag in den ariden Phasen beträgt nur ca. 65mm.
(D) Die höchsten Niederschlagsmengen fallen in eine aride Phase.
(E) Die Durchschnittstemperatur beläuft sich auf ca. 17,5°C

170) In einer Klinik wird in einer Studie eine Volkskrankheit untersucht, die weder übertragen noch angeboren oder vererbt wird. Es liegen Daten zur Häufigkeit vor, die zuvor über die Jahre und hunderttausende Probanden erhoben wurden. Über die Altersgruppen hinweg können Sie sowohl die absolute Zahl neuer Erkrankten als auch die Inzidenz* ablesen.

Altersgruppe	**Neuerkrankungen absolut**		**Inzidenz***	
	♀	♂	♀	♂
0-30	2	3	0,1	0,15
31-45	150	125	8,3	6,8
46-55	344	199	15,9	10,7
56-65	402	232	17,2	8,5
66-75	513	389	21,6	15,3
>75	329	260	23,2	17,4

*Neuauftreten einer Krankheit pro 100.000 Einwohner.

Bitte benennen Sie die richtige Antwort!

(A) Das Risiko, an der Krankheit zu erkranken, nimmt für Frauen mit steigendem Alter zu, wie an den Inzidenzen abzulesen ist.

(B) Die Wahrscheinlichkeit, von der Krankheit betroffen zu sein, nimmt für Männer mit steigendem Alter kontinuierlich zu.

(C) Die Gruppe der 46-55-jährigen an der Studie teilnehmenden Männer kann auf 2.050 Personen geschätzt werden.

(D) Die Anzahl der neuerkrankten Frauen einiger Altersgruppen ist mehr als doppelt so hoch wie die der Männer.

(E) Die abnehmende Zahl von Neuerkrankungen im hohen Alter könnte durch eine höhere Anzahl von Probanden in dieser Teilnehmergruppe erklärt werden.

171) In dem folgenden Diagramm wurde die Wirkung von Adrenalin und Noradrenalin in Bezug auf das Herzminutenvolumen (HMV) untersucht. Das HMV ist eine typische Messgröße der Herzfunktion. Dieses wurde in Relation gesetzt zur aufgewendeten Leistung des Herzens unter der Wirkung von Adrenalin und Noradrenalin. Verglichen wurden gesunde Probanden mit solchen, die unter einer geringgradigen Herzinsuffizienz leiden, also einer Krankheit, welche die Herzleistung einschränkt.

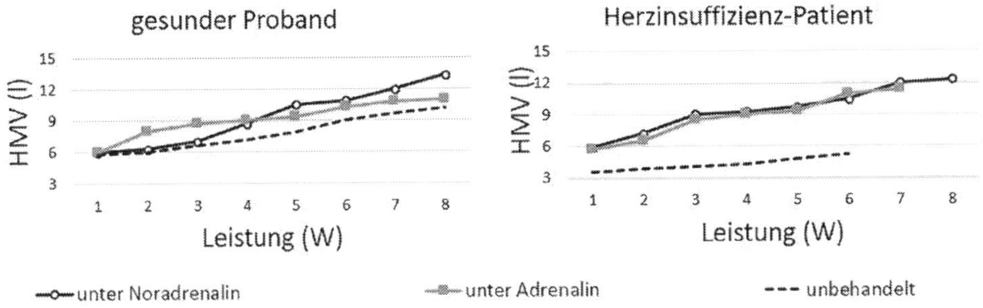

Welche Aussage ist korrekt?

(A) Herzinsuffizienz-Patienten konnten auch unter Medikation nicht die maximal gemessene Leistung von 8W erbringen.

(B) Bezüglich der Steigerung des HMV bei hohen Leistungen schnitt Noradrenalin besser ab.

(C) Unter Noradrenalin erreichten gesunde Patienten über das gesamte Leistungsspektrum ein höheres HMV.

(D) Der Unterschied im HMV der herzinsuffizienten Patienten (unbehandelt / behandelt) war unter Adrenalin deutlich höher als unter Noradrenalin.

(E) Nur unter Adrenalin konnten Patienten mit Herzinsuffizienz ihre maximale Leistung abrufen.

172) Um die im Serum befindlichen Proteine zu untersuchen, benutzt man standardmäßig die Gelelektrophorese. Sie basiert auf dem Prinzip, dass die Proteine (Globuline) auf ein Gel aufgetragen werden und an dieses eine Spannung angelegt wird. Die größten Proteine – im Serum das Albumin – wandern in einem gegebenen Zeitraum am weitesten zum Pluspol, der Kathode. Die kleineren, wie bspw. Immunglobuline bleiben eher zurück, in Richtung der Anode. So werden die Proteine ihrer Größe nach aufgespalten. Außerdem kann dabei zumindest grob untersucht werden, wie groß die jeweilige Größenfraktion ist. Der Größe nach absteigend unterscheidet man die große Albumin-Fraktion, gefolgt von Alpha1/2, Beta und Gamma (γ). Letztere besteht vorwiegend aus Immunglobulinen, die von Plasmazellen als Immunantwort, wie bei Infekten, produziert werden. Bei Patienten mit Leukämie vermehren sich diese Zellen häufig sehr stark. Die Behandlung mit Kortison dagegen unterdrückt solche Zellen eher. Beta-Globuline werden in der Leber produziert. Dauerhafte Exposition mit Alkohol kann zu einer Produktionsverminderung führen. Nierenschäden, wie beim Diabetes mellitus typisch, haben einen besonderen Charakter: Durch die gestörte Filterfunktion werden Proteine in den Urin abgegeben, beginnend mit den größten. Der gesunde Urin hat keinen Proteinbestandteil. Alpha-Globuline werden ebenfalls in der Leber produziert und unterliegen ähnlichen Mechanismen wie die Beta-Fraktion.

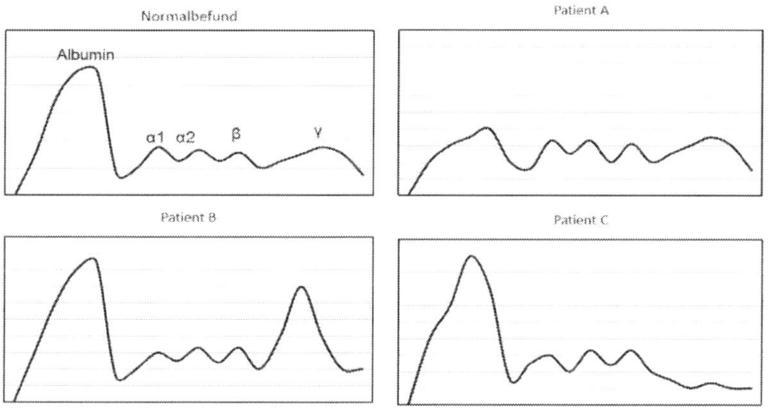

Drei Patienten und deren Gelelektrophoresen werden Ihnen vorgestellt. An welche Diagnosen denken Sie zunächst?

(A) Patient C - Leukämie; Patient B – Alkoholismus
(B) Patient A – Nierenschaden, Patient B – Alkoholismus
(C) Patient C – Kortisontherapie; Patient B – Leukämie
(D) Patient C – Nierenschaden; Patient A Kortisontherapie
(E) Patient A – Infektion; Patient B Leukämie

173) Bei der Untersuchung von Feldhasen wird das Auftreten bestimmter Erkrankungen gezählt. Der Einfachheit halber unterteilt man sie in drei Typen und diese weiter spezifiziert nach dem betroffenen Organ. ZNS = Zentrales Nervensystem.

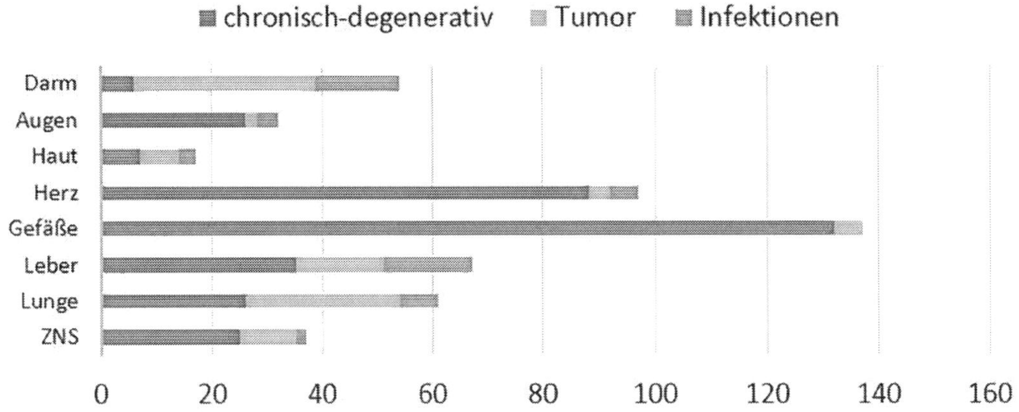

Beurteilen Sie die folgenden Aussagen nach ihrer Richtigkeit.

I. Infektionskrankheiten sind bei Leber und Lunge am häufigsten anzutreffen.

II. Für jedes Organ waren alle drei Typen von Krankheiten feststellbar.

III. Krankheiten des ZNS und der Augen machen zusammen weniger Krankheitszahlen aus, als die chronischen Gefäßkrankheiten allein.

IV. Krankheiten des ZNS und der Augen machen zusammen weniger Krankheitszahlen aus, als die chronischen Krankheiten allein.

(A) Die Aussagen II bis IV sind richtig.
(B) I und II sind korrekt.
(C) II und III sind falsch, der Rest richtig.
(D) I und III sind falsch, der Rest richtig.
(E) Nur Aussage IV ist richtig.

174) Betrachtet werden die relativen Lebenserhaltungskosten einer deutschen und einer britischen Kleinstadt von 1989 bis 1993. Im Diagramm sehen Sie die Verteilung der Ausgaben der Bewohner, unterteilt nach vier Kategorien. Nicht betrachtet wird das gesamte Kostenniveau. Stattdessen werden die Ausgaben anteilig an den Gesamtausgaben aufgeschlüsselt.

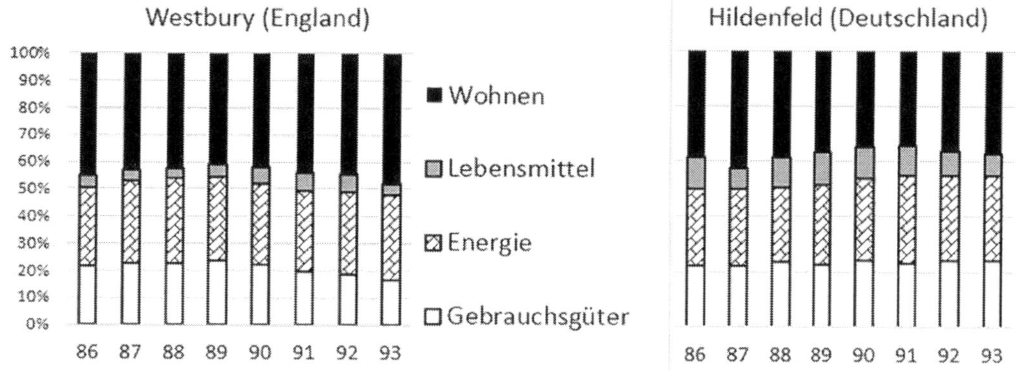

Welcher Aussage können Sie <u>nicht</u> zustimmen?

(A) Gemittelt über den gesamten Zeitraum war Wohnen in Westbury teurer.

(B) Der Anteil von Lebensmitteln an den Gesamtausgaben war in Hildenfeld schwankend, aber im Mittel auf einem höheren Niveau als in Westbury.

(C) In der Zeit, in der in England Wohnen zunehmend mehr Anteil an den Gesamtausgaben in Anspruch nahm, sank der Anteil der Gebrauchsgüter.

(D) Der Anteil der Energiekosten blieb in England zwischen 87 und 91 stabil. In Deutschland war bei diesem Anteil zwischen 86 und 89 kein klarer Trend erkennbar.

(E) Über fast den gesamten Zeitraum machen die Kosten für Lebensmittel in England einen geringeren und die Kosten für Wohnen einen höheren Anteil aus.

175) **Bitte interpretieren Sie das Diagramm korrekt und selektieren Sie die falsche Antwort unter folgenden Möglichkeiten:**

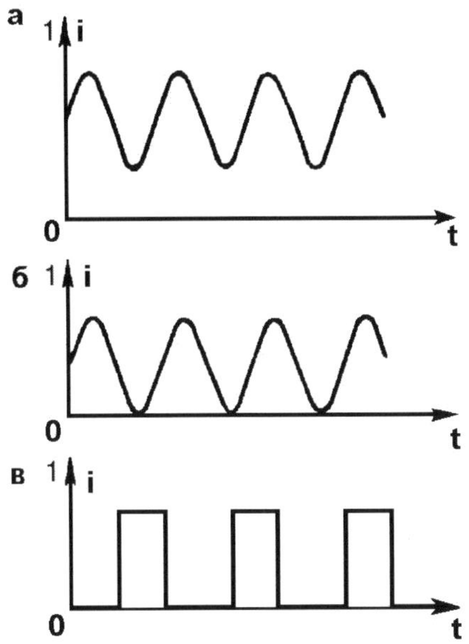

(A) σ zeigt abhängig von der Zeit Periodizität.
(B) Die relativen Schwankungen von a mit der Zeit sind gleich denen von σ.
(C) Die periodische Änderung von B lässt sich nicht als sinusförmig beschreiben.
(D) Die absoluten Schwankungen von σ und B sind etwa gleich.
(E) Das Integral vom Graphen der Funktion σ ist größer als das vom Graphen von der Funktion a.

176) Tumormarker sind Stoffe im Blut des Patienten, die – wie der Name sagt – besonders bei Tumorpatienten in ihrer Konzentration erhöht sind, da sie direkt von dem Tumor gebildet und abgesondert werden. Diese fallen dann bei einer Blutuntersuchung auf. Da diese Untersuchung einfach ist, ist sie auch besonders geeignet für Routineuntersuchungen. Tumormarker YF-7b sei ein spezielles Molekül von einem besonders langsam wachsenden und gutartigen Tumor, der in vielen Fällen gar keine Symptome verursacht und nur durch die Tumormarkeruntersuchung erkennbar wird. Solche Fälle werden als „asymptomatischer Tumor" bezeichnet In einer Studie soll untersucht werden, wie effektiv die Untersuchung ist. Im Diagramm werden die Anzahl der gestellten Tumordiagnosen sowie die Verwendung der Tumormarkeruntersuchung quantitativ dargestellt.

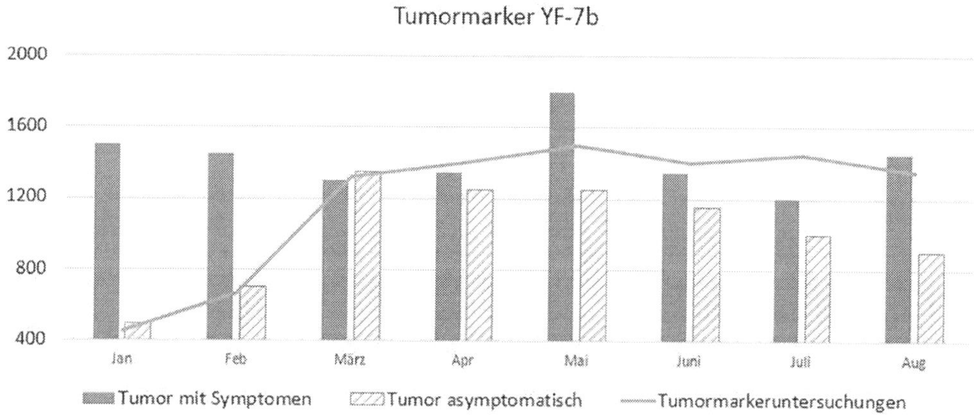

Welche Aussage ist korrekt?

(A) Kurz nach Einführung zeigte sich eine direkte Proportionalität zwischen Untersuchungen und dadurch erkannten Erkrankungen, die später wieder abfällt.
(B) Die meisten Tumoren wurden im März diagnostiziert.
(C) Der Trend der Tumordiagnosen zeigt während der letzten drei Monate nach unten.
(D) Seit der Einführung der Tumormarkeruntersuchung ist bei der Zahl der erkannten Tumoren mit Symptomen kein Trend erkennbar.
(E) Die Gesamtzahl neudiagnostizierter Tumoren war im Juli höher am im Juni.

177) Das Robert-Koch-Institut veröffentlicht jährlich Daten zur Krebshäufigkeit in Deutschland. Unten stehend sehen Sie eine Statistik über das Auftreten der verschiedenen Tumorentitäten eines Jahres. Das Auftreten ist in Prozent am Gesamtauftreten aller Krebsarten angegeben. Verknüpfen Sie diese Informationen mit folgenden Daten:

Information-I: 21,3% aller Lungenkrebsfälle sollen von einem in Zigarettenrauch enthaltenen Schadstoff X verursacht sein.

Information-II: 33,1% aller Fälle von Darmkrebs bei Männern sind durch ein Protein Y im Rindfleisch verursacht.

Prozentualer Anteil der häufigsten Tumorlokalisationen an allen Krebserkrankungen in Deutschland 2012 (ohne nicht-melanotischen Hautkrebs)

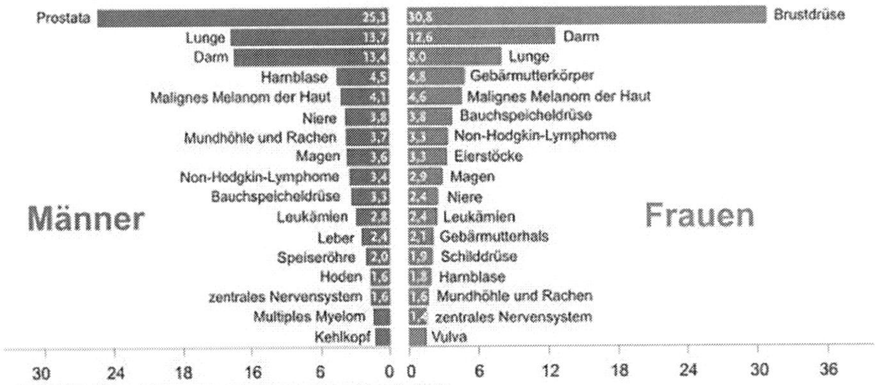

Quelle: Krebs in Deutschland , Hrsg.: Robert Koch Institut, 10. Ausgabe 2015)

Welche Aussage ist korrekt?

(A) Von den 500.000 behandelten weiblichen Krebs-Diagnosen waren ca. 5.000 aufgrund eines Magenkrebses in Behandlung.

(B) Durch komplette Vermeidung beider o.g. Schadstoffe könnte eine Reduktion aller Krebsfälle um ca. 13% erreicht werden.

(C) Die Verringerung des Schadstoffes X um 50% hätte für die männliche Population einen deutlich gravierenderen Vorteil zur Folge als für die weibliche.

(D) Durch Vermeidung von Protein Y würde Darmkrebs bei Männern auf den vierten Rang der häufigsten Krebsarten abrutschen.

(E) Die Krebsart „Brustkrebs" bedingt ein für Frauen ca. 30% höheres Krebsrisiko als für Männer.

178) Sie sehen den Blutdruck (mmHg, durchgezogene Linie) und die Pulsrate (ohne Einheit, gestrichelt) eines Sportlers während einer Übung. Sie sind dargestellt in Abhängigkeit von der Zeit in Sekunden.

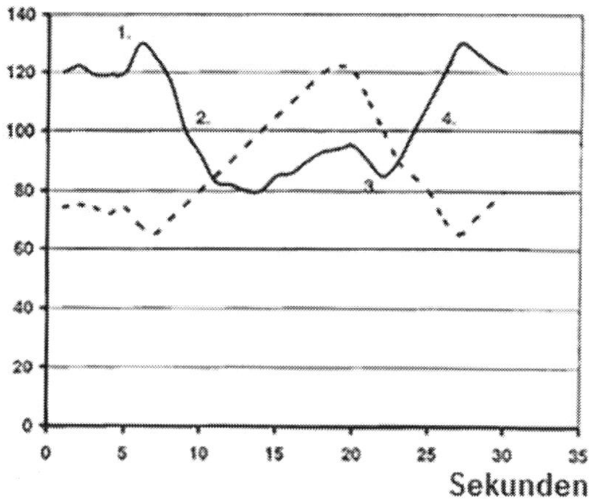

Welche der Aussagen ist am ehesten richtig (bezogen auf die voranstehende Wertung)?

(A) Richtig: Der Blutdruck verhält sich über die meiste Zeit direkt proportional zum Puls.
(B) Falsch: Während einer kurzen Entspannungsphase um etwa die 8. Sekunde sinkt der Blutdruck.
(C) Richtig: Blutdruck und Pulsrate entwickeln sich zum Teil gegenläufig.
(D) Falsch: Der Blutdruck fällt nie auffällig unter 80 (mmHg).
(E) Richtig: Das Produkt beider absoluten Werte erreicht zu keinem Zeitpunkt den Wert 205.

179) Es gibt verschiedene Varianten der Medikamentengabe. Am häufigsten wird die orale Gabe, also bspw. als Tablette über den Verdauungstrakt verwendet. Die parenterale Methode ist die Gabe einer Infusion direkt ins Blut und dient der Umgehung des Magen-Darm-Traktes. Die orale Aufnahme des hier behandelten Medikaments ins Blut erfolge nicht linear, sondern in Abhängigkeit vom Konzentrationsunterschied zwischen Darm und Blut. Zunächst schnell, später langsamer. Die parenterale Gabe verläuft dagegen kontinuierlich, da es mit einer dauerhaft gleichen Laufrate über 3 Stunden in einer Infusion die Blutbahn erreicht.

Welche Kombination der unten dargestellten Wirkstoffkonzentrationen im Blut und Gabe-Methoden ist richtig?

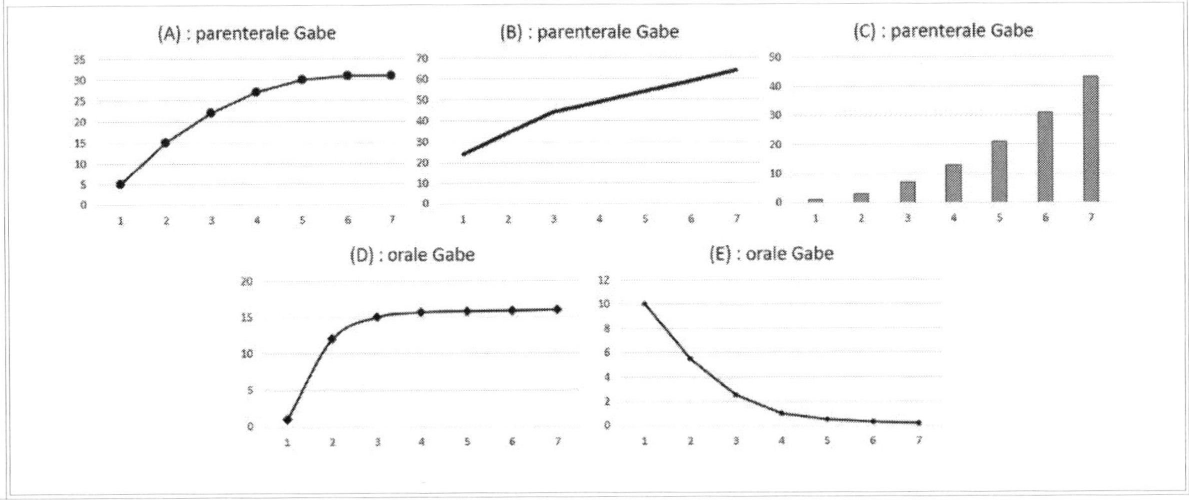

180) Ein Experiment über die Emission von Strahlung verschiedener Wellenlängen ergibt die dargestellten Ergebnisse. Es wurde ein Körper, der über ein breites Spektrum von Wellenlängen strahlt, vor einem Intensitätsmessgerät positioniert. Das Gerät maß die Intensitäten der Strahlung im Wellenlängenbereich 404,6nm bis 579nm.

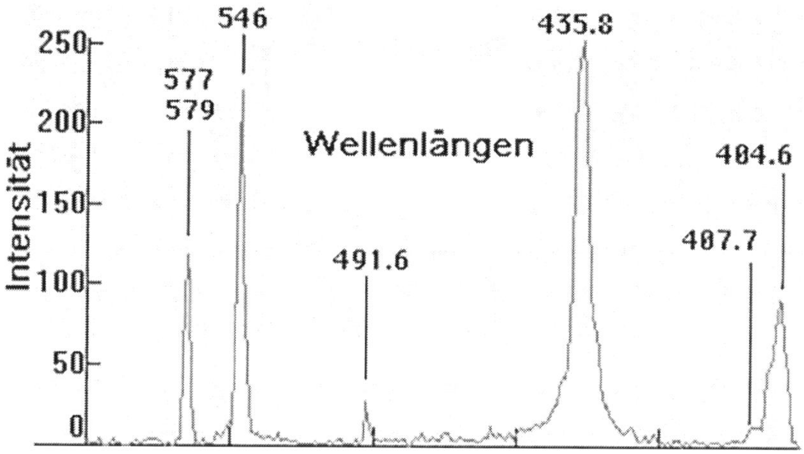

Wie bewerten Sie den Wahrheitsgehalt folgender Aussagen?

I. Die Abhängigkeit von Wellenlänge und Intensität hat einen exponentiellen Charakter, was an den steilen Anstiegen zu erkennen ist.
II. Die Fläche unter dem Graphen entspricht dem Produkt aus Intensität und Wellenlänge und lässt sich per Integral berechnen.
III. Die Ordinate ist linear aufgetragen; auf der Abszisse finden sich höhere Werte dagegen links.
IV. Intensitäten von 490 nm haben nur kleine Wellenlängen von ca. 25

(A) Die Aussagen I, II und III sind richtig.
(B) Die Aussagen I und IV sind falsch.
(C) Die Aussagen II, III und IV sind richtig.
(D) Die Aussagen II und IV sind richtig.
(E) Alle Aussagen sind bis auf kleine Rundungsfehler richtig.

181) Ein deutscher Betrieb entwickelt ein elektrisches Gerät, das in Abhängigkeit von seinem Drehzahlbereich sehr unterschiedliche Leistungen erbringt. In der Endauswahl stehen vier Prototypen, deren Leistungen Sie im unten stehenden Diagramm ablesen können.

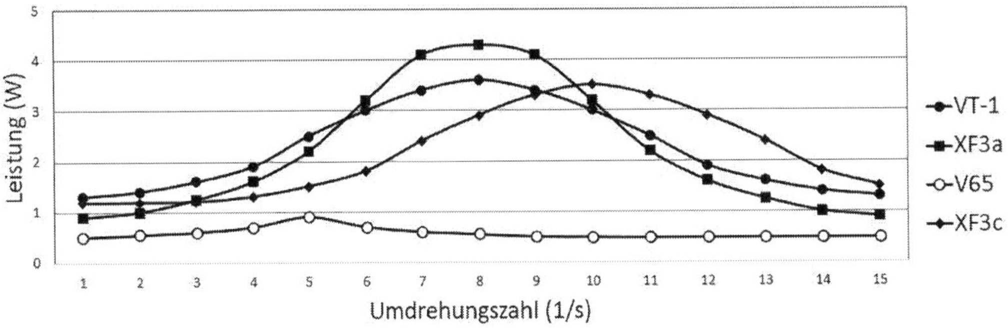

Welche ist die korrekte Aussage?

(A) Das Gerät XF3a hat sein Leistungsmaximum im höchsten Frequenzbereich allergezeigten Prototypen.

(B) Die Höchstleistungsunterschiede aller vier Geräte sind relativ zueinander <35%

(C) VT-1 kann XF3a nur in einem kleinen Frequenzbereich in seiner Leistung übertreffen.

(D) Die Geräte XF3a und XF3c unterschieden sich in ihrem Leistungsspektrum hauptsächlich in ihrer erbrachten, absoluten Leistung.

(E) Das Gerät V65 hat sein Leistungsmaximum verglichen mit den anderen Geräten im niedrigsten Frequenzbereich.

182) Es wurden spektroskopische Untersuchungen an zwei Himmelskörpern unternommen, die folgende chemisch-elementare Zusammensetzung zeigen. Zum einen handelt es sich um den Asteroiden AS7X und zum anderen um den Stern OO71. Im Diagramm sind die Elemente jeweils im Format [g/kg Masse] dargestellt. Die Elemente weisen unterschiedliche Dichten auf. Die in der Tabelle nicht aufgeführten Elemente seien zu vernachlässigen.

Symbol	Element	Dichte (g/cm3)
N	Stickstoff	1,25
H	Wasserstoff	0,09
He	Helium	0,18
Fe	Eisen	7,87
O	Sauerstoff	1,43
Ne	Neon	0,9
Ar	Argon	0,86

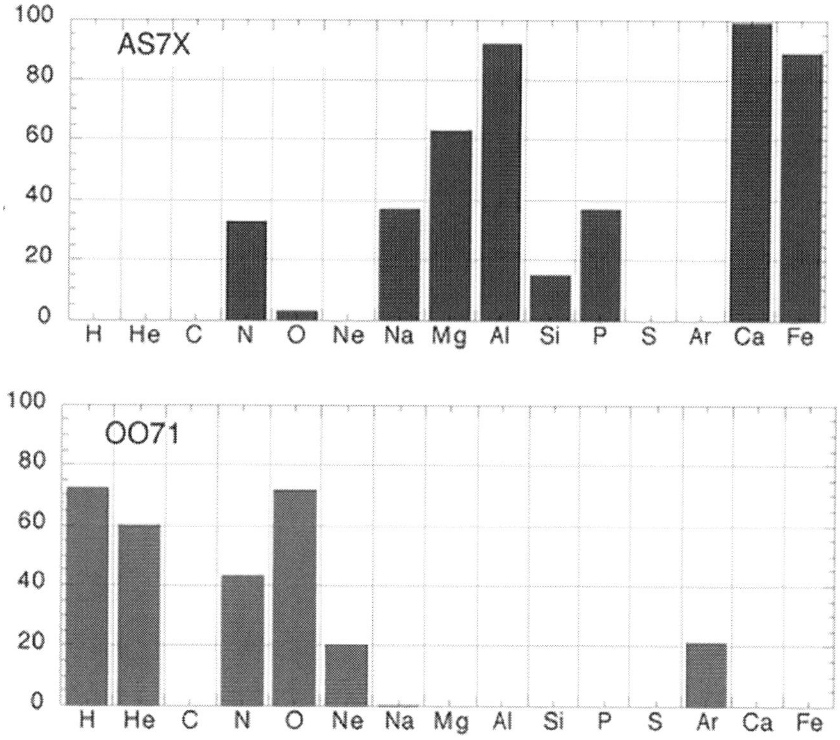

Welche Aussage ist falsch?

(A) Ein Kubikmeter des AS7X hat ein Vielfaches der Masse eines Kubikmeters des Sterns.
(B) Das Stickstoff-Sauerstoff-Verhältnis lag bei einem der Körper über und bei einem der Körper unter eins.
(C) Die Dichte des Sterns ist deutlich niedriger als jene des Asteroiden.
(D) Der Anteil von Stickstoff in AS7X war ca. 27% niedriger als der Anteil in OO71.
(E) Der Eisenanteil im Asteroiden war mehr als viermal so hoch wie der Argonanteil im Stern.

183) Der sogenannte „genetische Code“ entschlüsselt Dreierkombinationen von RNA-Basen (sogenannte „Tripletts“ oder „Codons“) zu den zu übersetzenden Aminosäuren. Mithilfe dieser Codons wird die Erbinformation der RNA am Ribosom in eine Aminosäure übersetzt. Für jede Aminosäure existieren also eine oder mehrere spezielle Basenkombination. Eine längere Abfolge von Codons enthält die Informationen für ganze Aminosäureketten – die Proteine. Da es vier verschiedene RNA-Basen gibt (U=Uracil, A=Adenin, G=Guanin, C=Cytosin) und jedes Codon aus drei Basen aufgebaut ist, existieren $4^3 = 64$ Kombinationen von Basen-Tripletts. Dagegen sind die Proteine nur aus 20 verschiedenen Aminosäuren aufgebaut. Einige Aminosäuren werden daher von mehreren RNA-Tripletts verschlüsselt. Hinzu kommen noch drei Tripletts für das Kettenende, die sogenannten „Stopp-Codons“. Das Start-Codon ist ein notwendiger Beginn der Proteine und verschlüsselt gleichzeitig für die Aminosäure Methionin, die daher in jedem Protein enthalten ist. Eine populäre Darstellung ist die „Codesonne“, in welcher von innen nach außen jeweils die 1., 2. und 3. Base sowie die Abkürzung der dafür codierten Aminosäure zu finden ist.

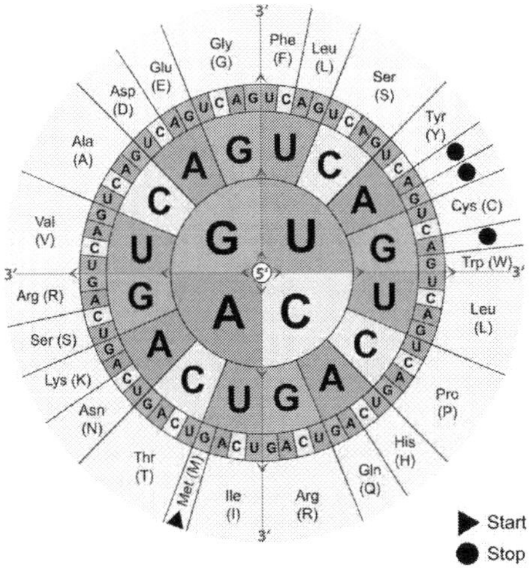

Welche Aussage ist korrekt?

(A) Start- und Stopp-Codons enthalten niemals Cytosin

(B) Mit Uracil beginnende Tripletts codieren für die meisten Aminosäuren.

(C) Uracil und Cytosin sind häufiger zu finden als Adenin und Guanin.

(D) Die Aminosäure Glycin (Gly) wird von mehr verschiedenen Codons codiert als Arginin (Arg).

(E) Um eine Aminosäurekette zu codieren, müssen die dafür benutzten Codons nicht zwangsläufig die Base Uracil enthalten.

184) Zur Beantwortung der Frage nach dem Umfang der anthropogenen (vom Menschen gemachten) Erderwärmung hilft ein Blick auf die Datenlage der Oberflächentemperatur im Verlauf des letzten Jahrhunderts. Für vorhergehende langfristige Daten wird eine Temperatur X angesetzt. Im unten stehenden Diagramm sehen Sie die Abweichung der durchschnittlichen Temperatur von diesem langfristigen Wert X.

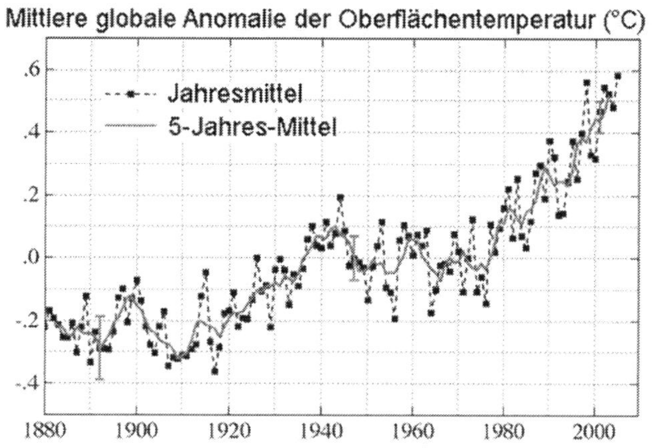

Bitte nennen Sie die korrekte Aussage!

(A) Bereits 1935 war die langfristige Erderwärmung klar abzusehen.
(B) Zur Bewertung der langfristigen Erderwärmung kann am ehesten die gestrichelte Linie herangezogen werden.
(C) Die Skalierung der Ordinate lässt darauf schließen, dass das Jahr 1990 als Bezugstemperatur gewählt wurde.
(D) Der mittlere Temperaturanstieg war von 1920-1940 ca. 0,1°C geringer als von 1980-2000.
(E) Die 30er-Jahre sind das Jahrzehnt mit der höchsten Schwankungsbreite.

2. Testdurchgang

Aufgabengruppe Muster zuordnen

Bearbeitungszeit: 22 Minuten

Bitte betrachten Sie folgende Bildergruppen. Links sehen Sie jeweils ein Muster und rechts fünf Ausschnitte (A bis E). Benennen Sie jeweils dasjenige, das deckungsgleich mit einem Ausschnitt aus dem Muster ist. Die Ausschnitte sind niemals gedreht, vergrößert oder verkleinert.

1)

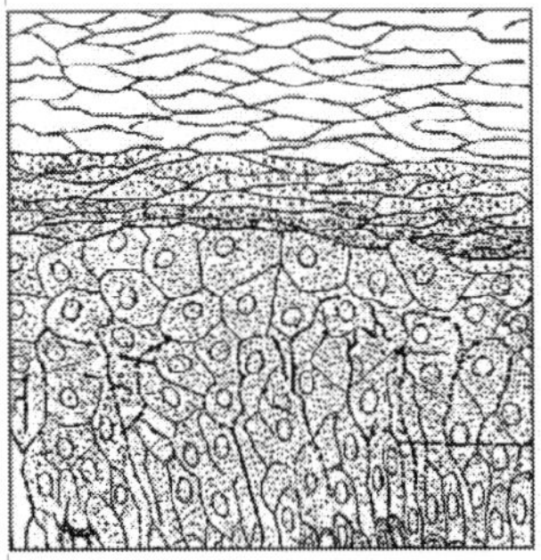

(A) (B) (C) (D) (E)

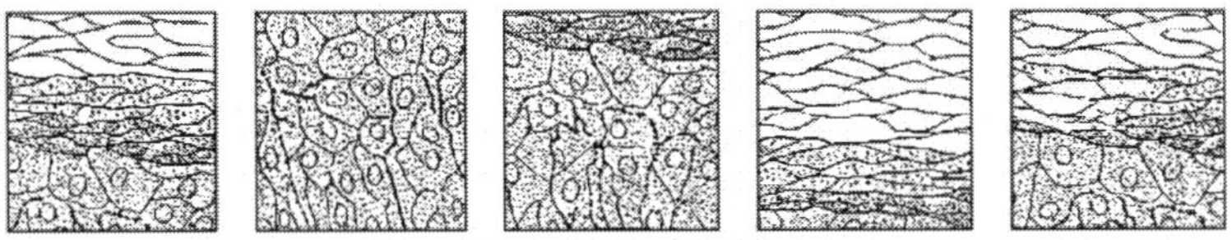

2)

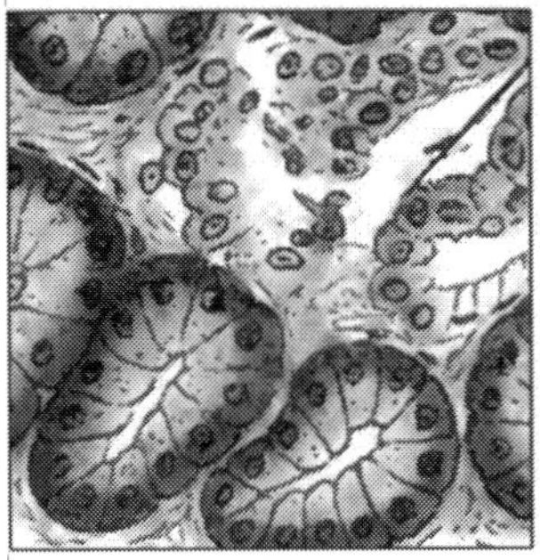

(A) (B) (C) (D) (E)

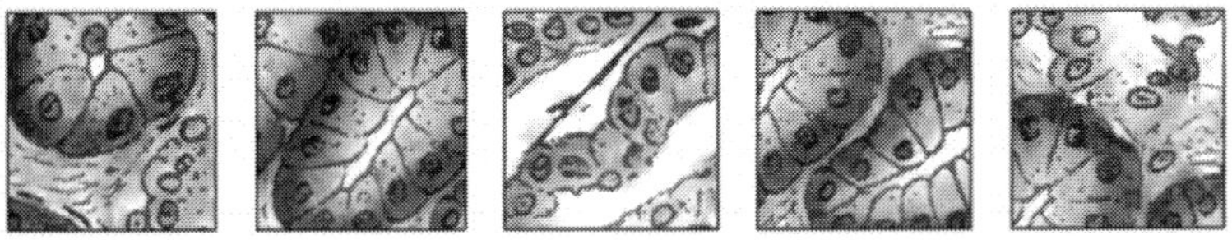

3)

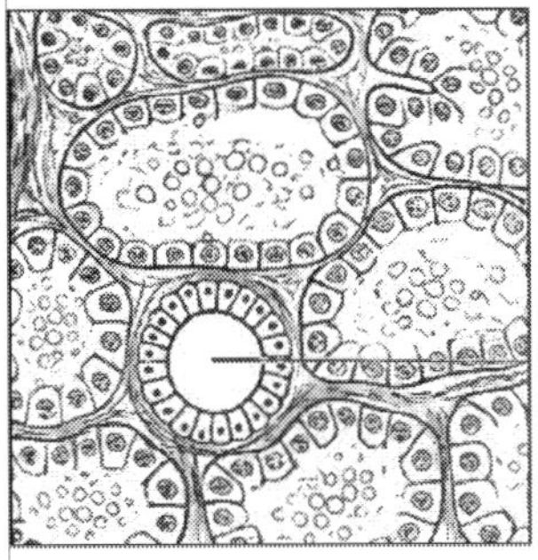

(A) (B) (C) (D) (E)

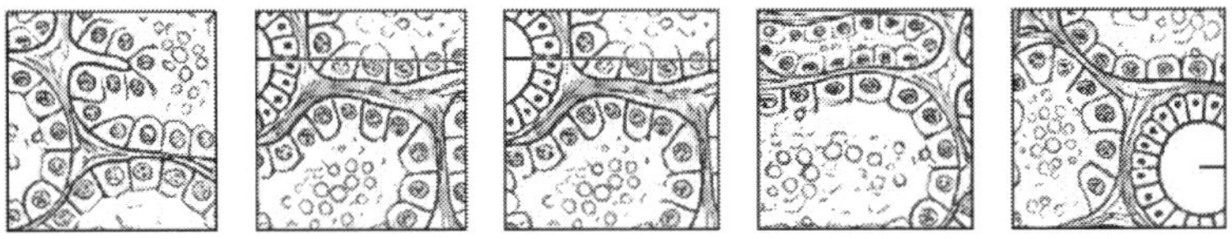

4)

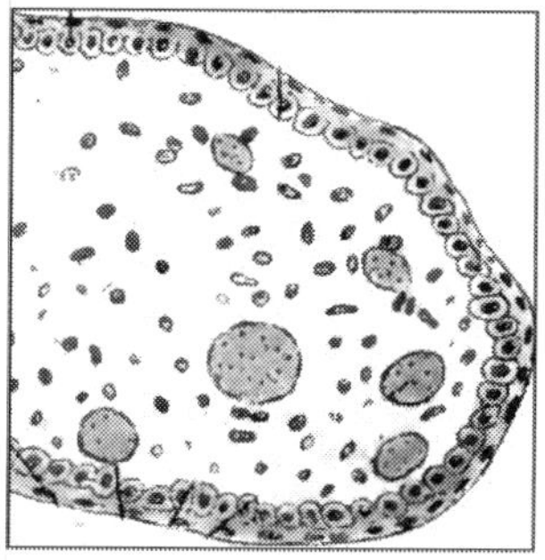

(A) 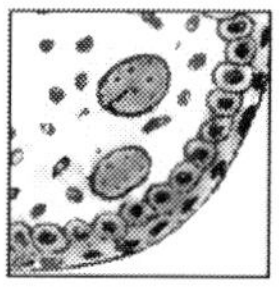
(B) 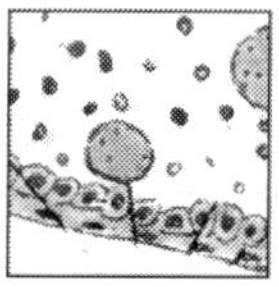
(C) 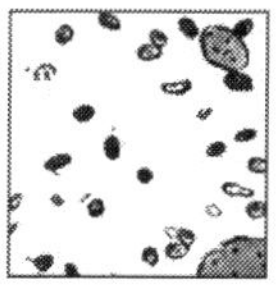
(D) 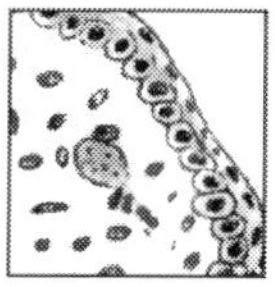
(E) 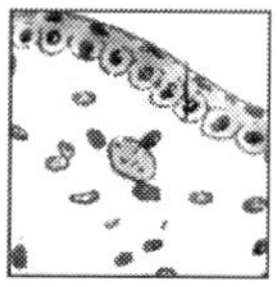

5)

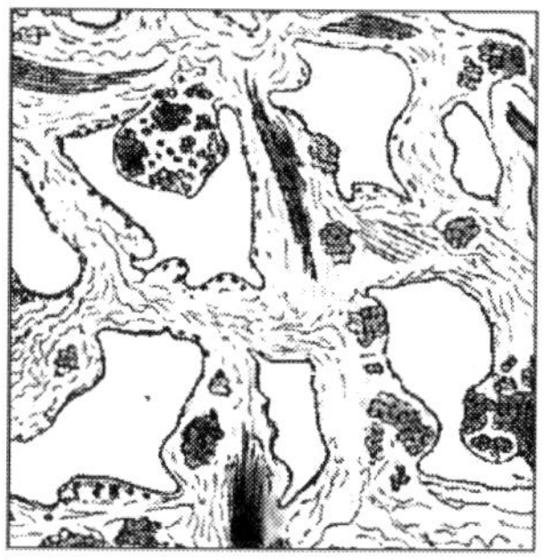

(A) 
(B) 
(C) 
(D) 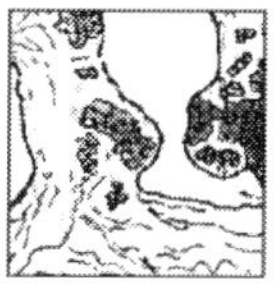
(E) 

6)

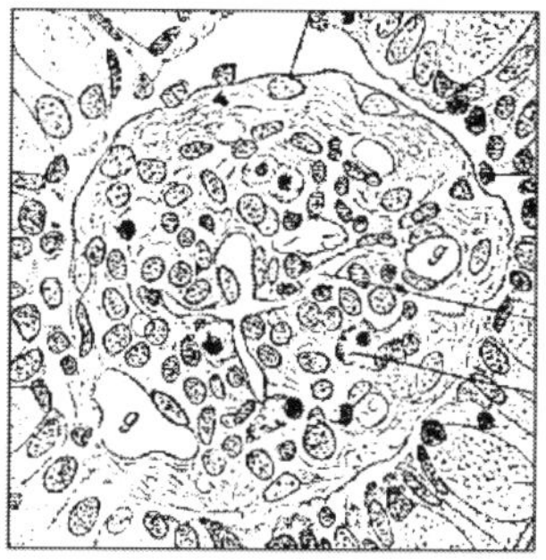

(A) 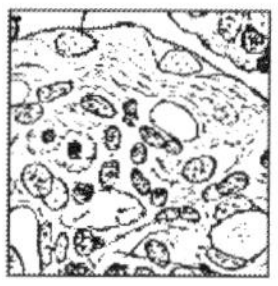
(B) 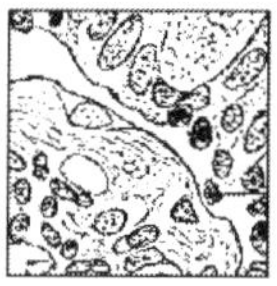
(C) 
(D) 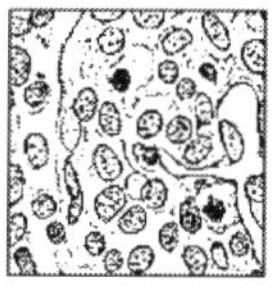
(E) 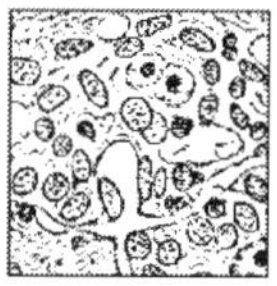

7)

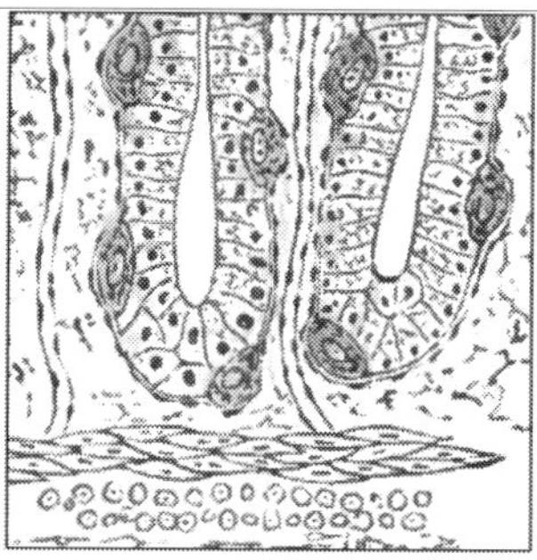

(A) 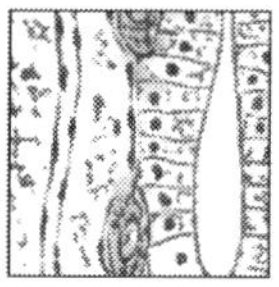
(B) 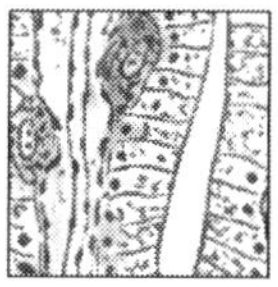
(C) 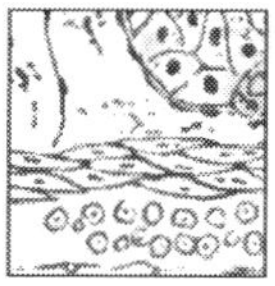
(D) 
(E) 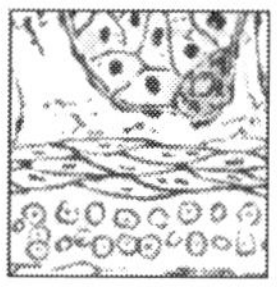

8

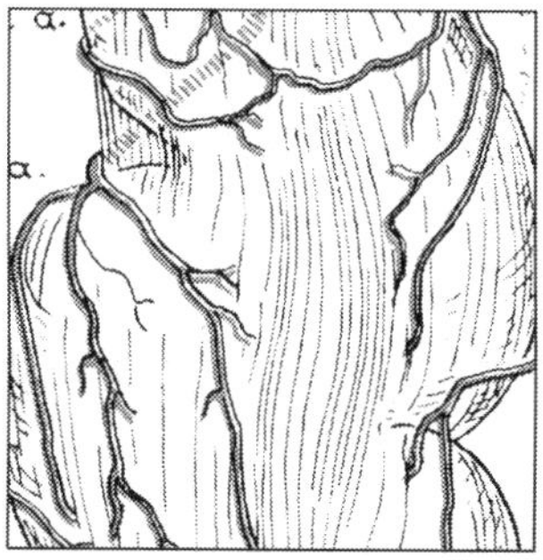

(A) 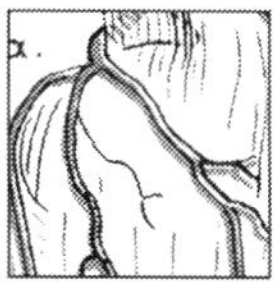

(B) 
(C) 
(D) 
(E) 

9) 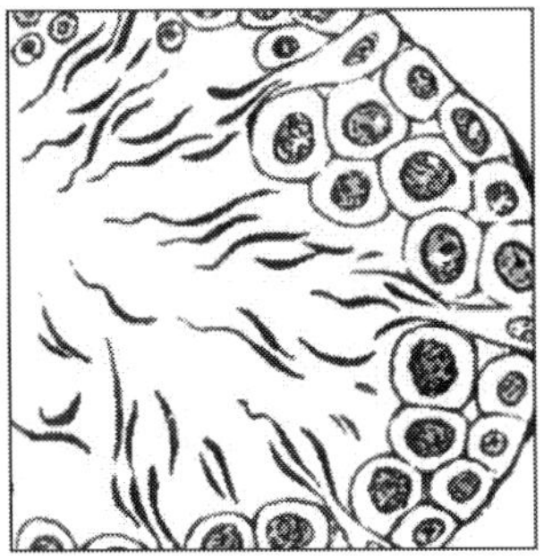

(A) (B) (C) (D) (E)

10) 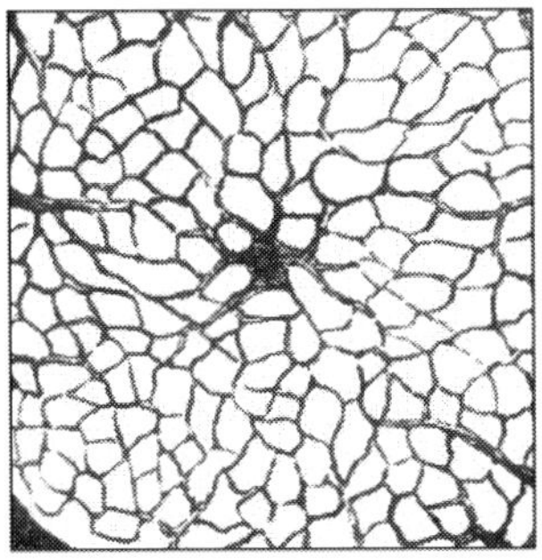

(A) (B) (C) (D) (E)

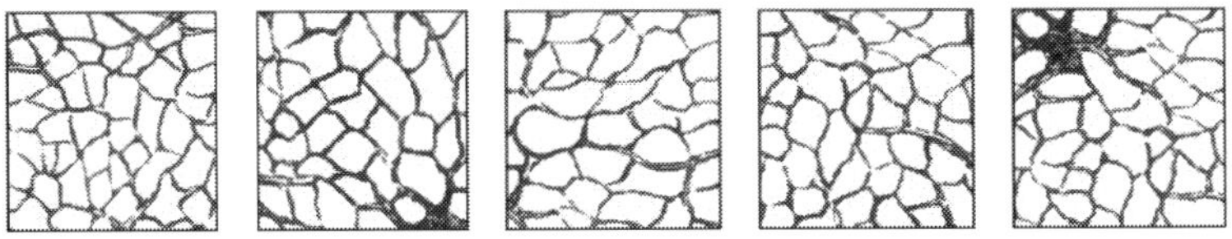

11) 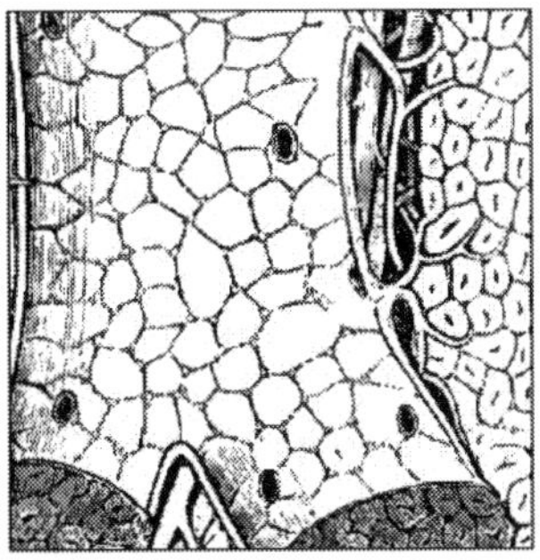

(A) (B) (C) (D) (E)

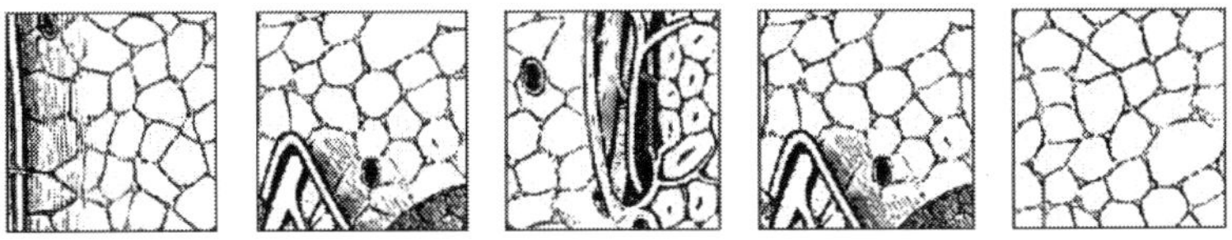

12) 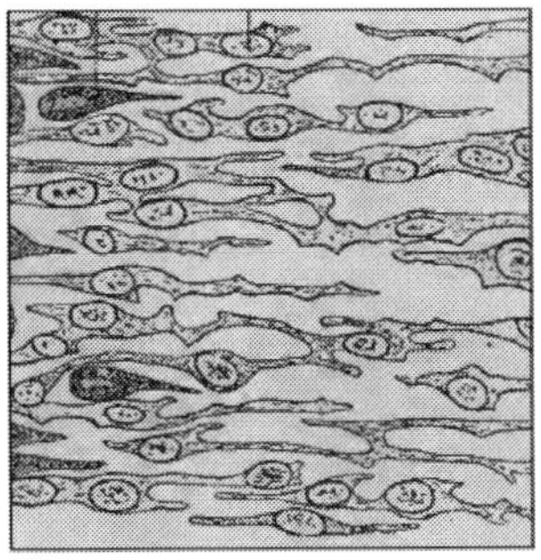

(A) (B) (C) (D) (E)

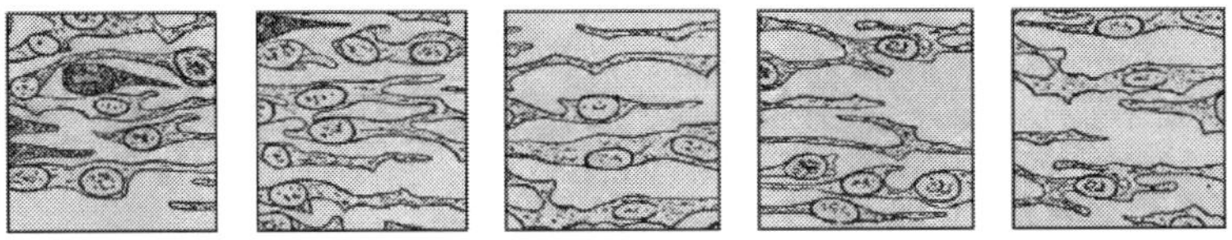

13) 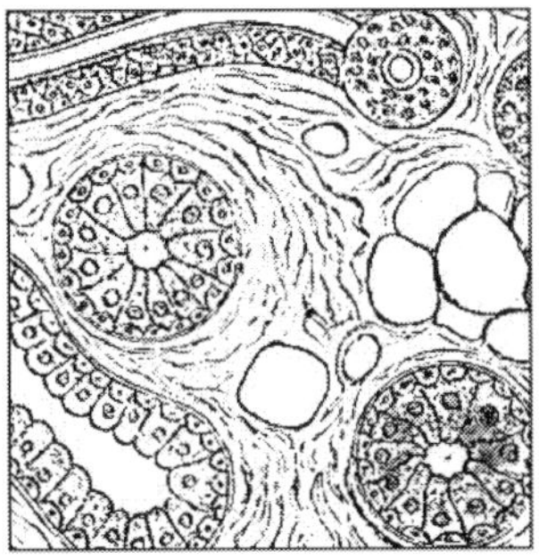

(A) (B) (C) (D) (E)

14) 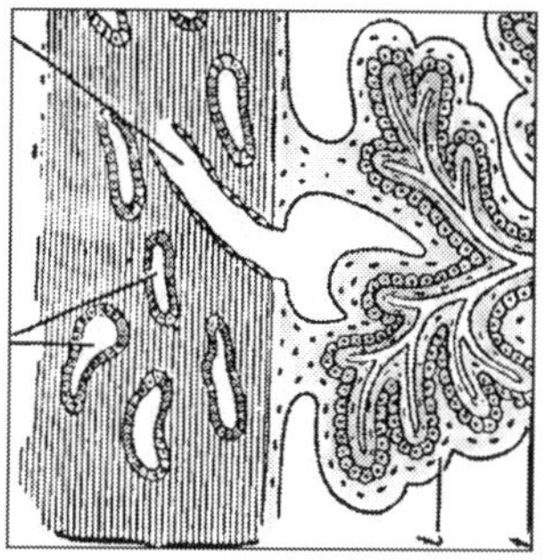

(A) (B) (C) (D) (E)

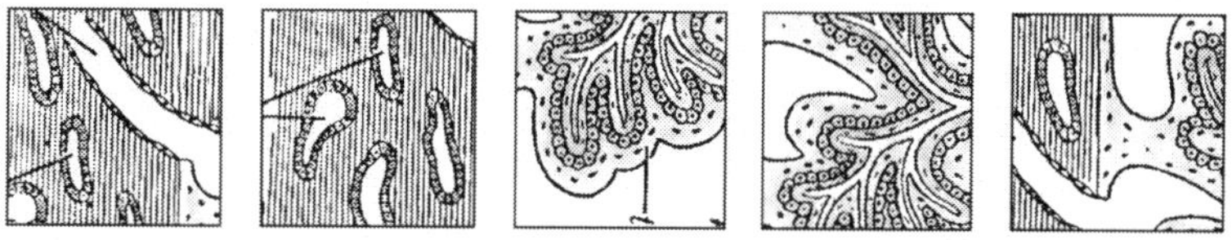

15) 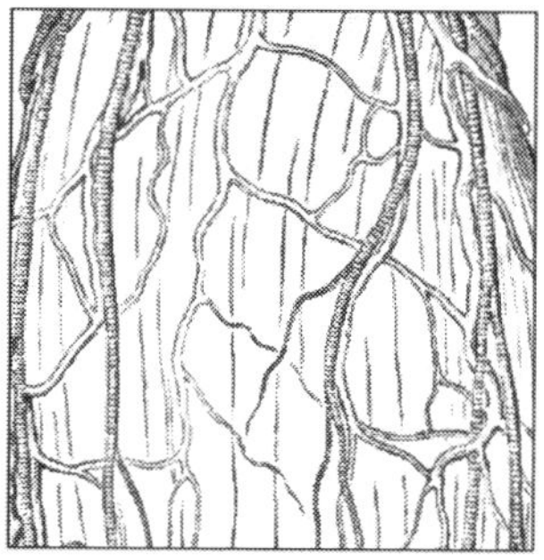

(A) (B) (C) (D) (E)

16) 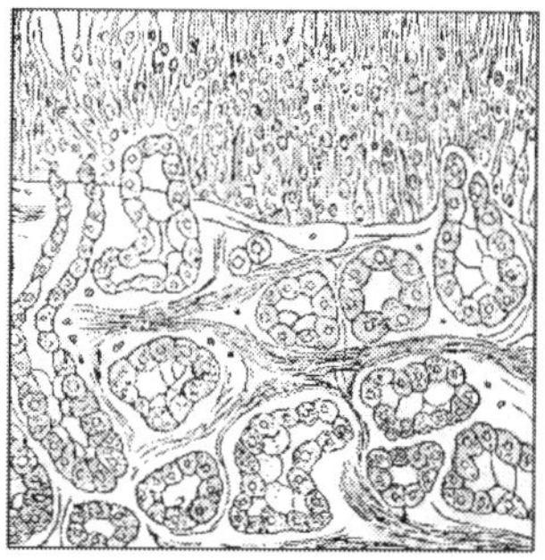

(A) (B) (C) (D) (E)

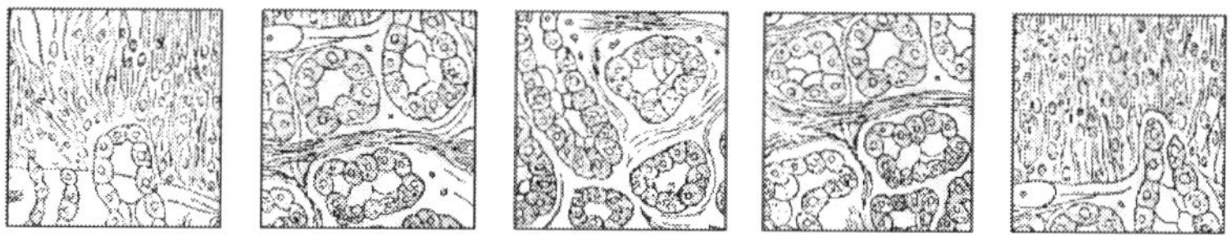

17) 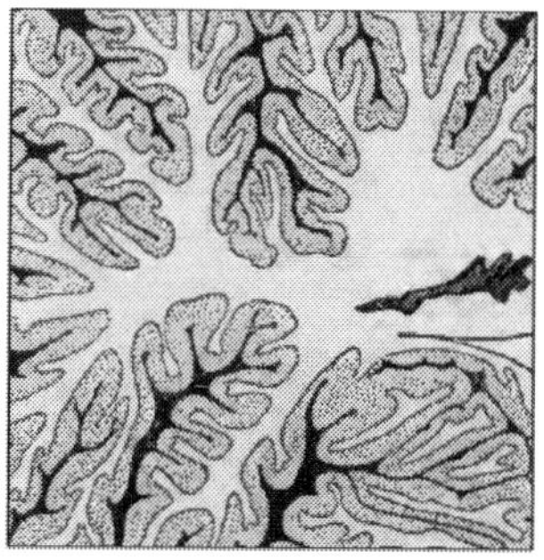

(A) (B) (C) (D) (E)

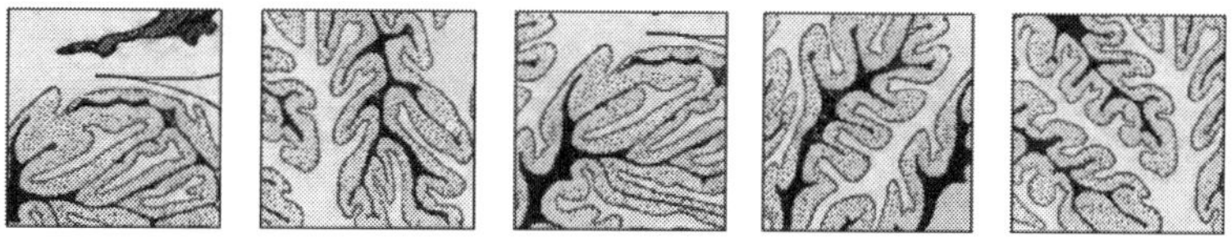

18) 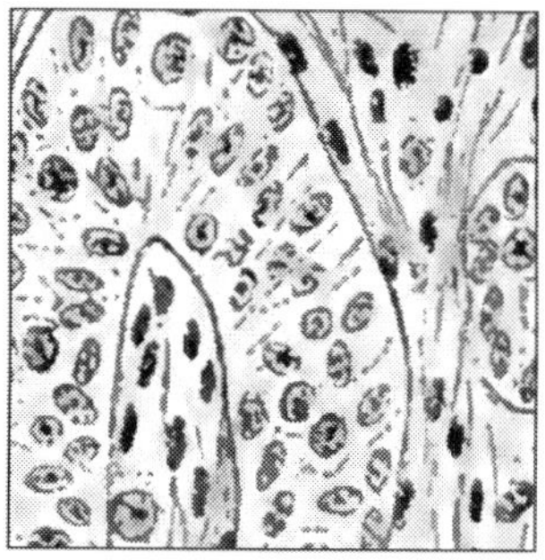

(A) (B) (C) (D) (E)

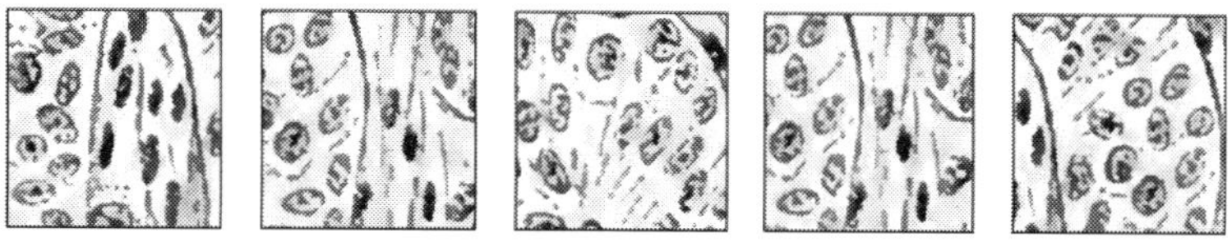

19) 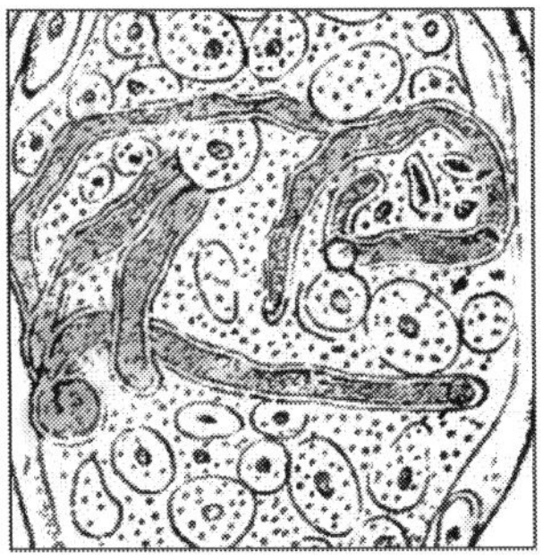

(A) (B) (C) (D) (E)

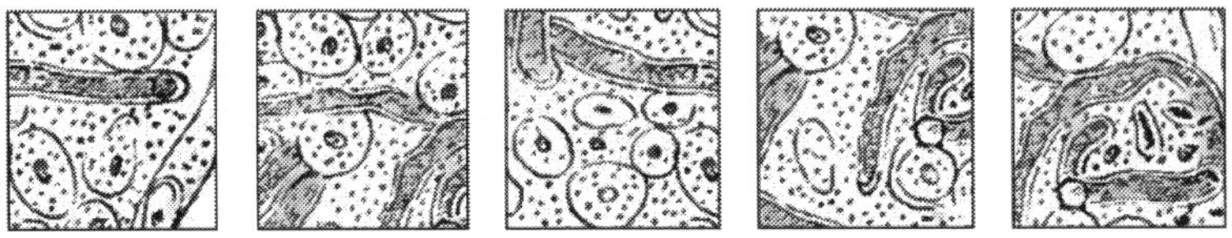

20) 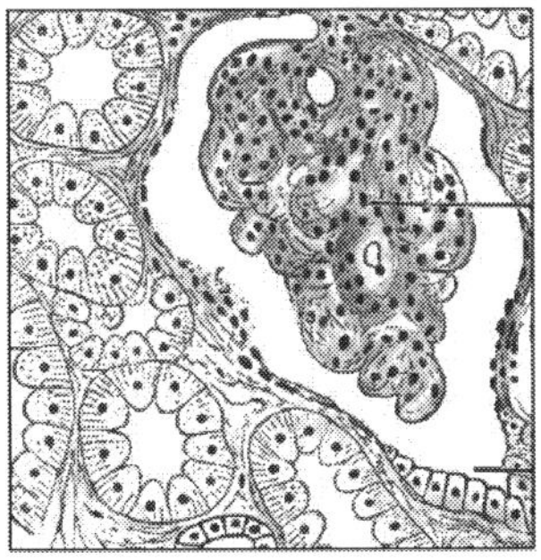

(A) (B) (C) (D) (E)

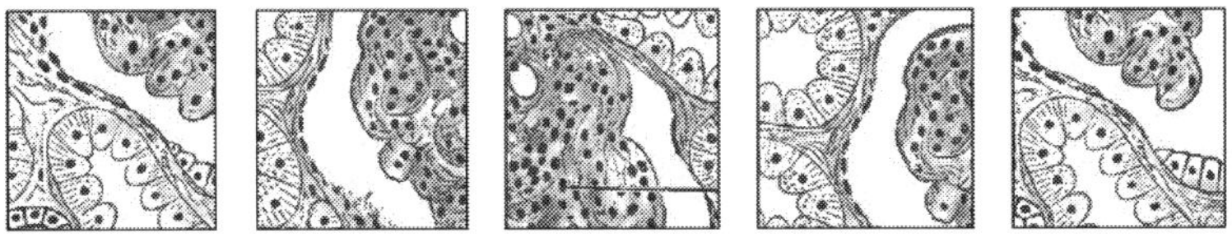

21) 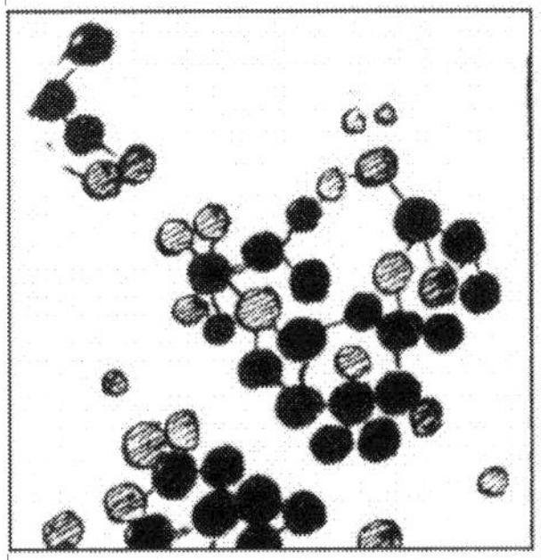

(A) (B) (C) (D) (E)

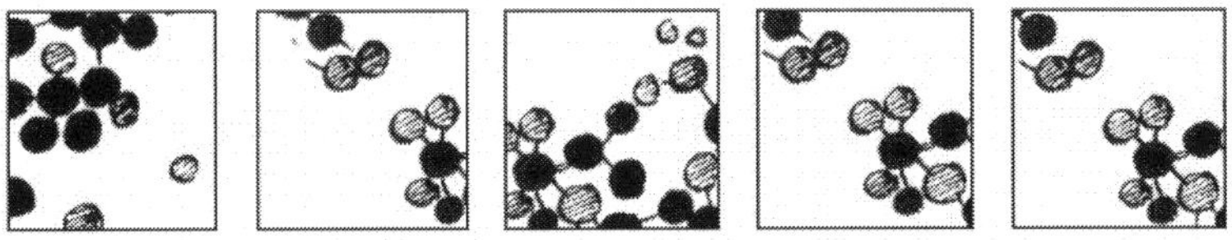

22) 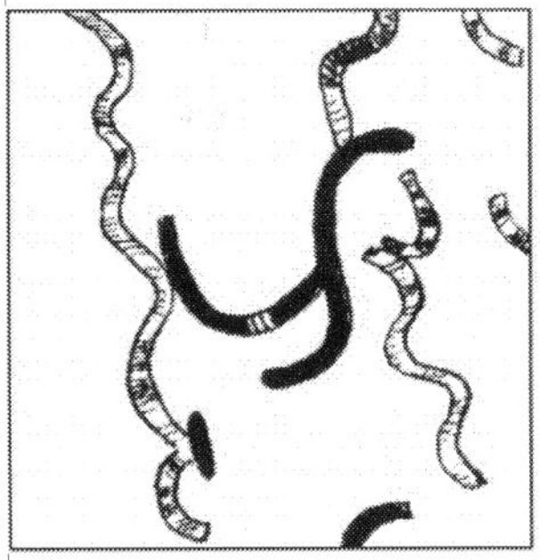

(A) (B) (C) (D) (E)

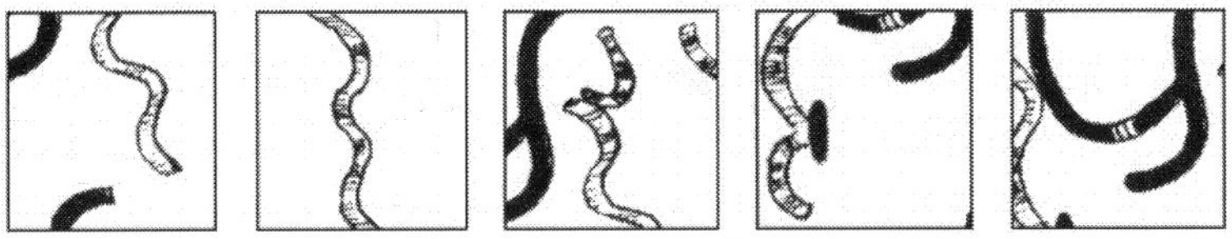

23) 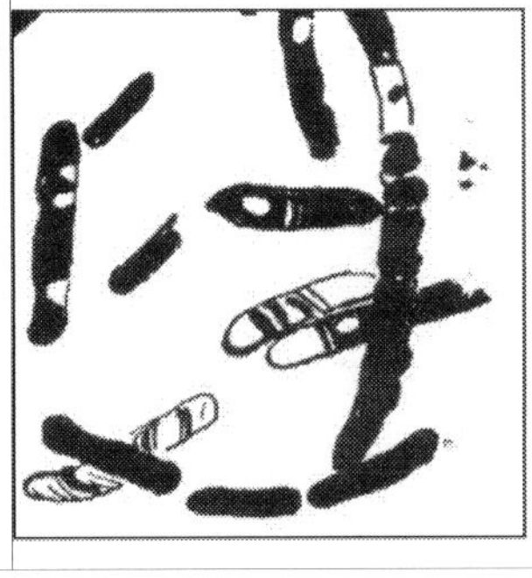

(A) (B) (C) (D) (E)

24)

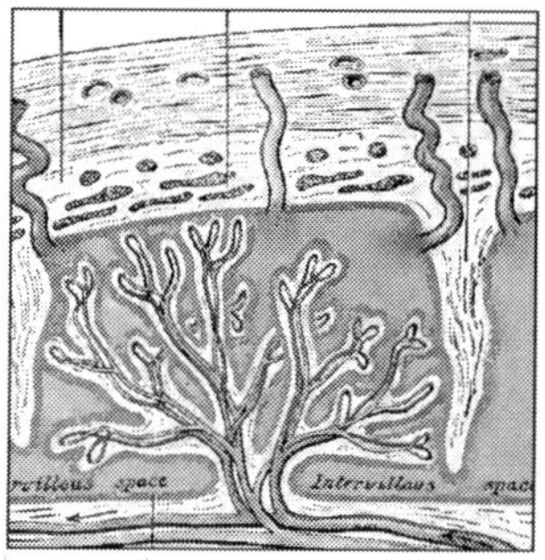

(A)

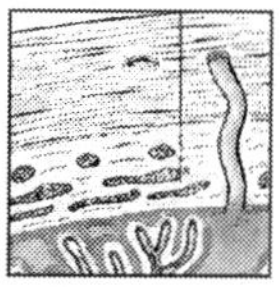

(B)

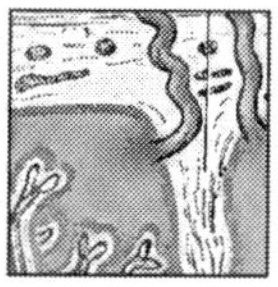

(C)

(D)

(E)

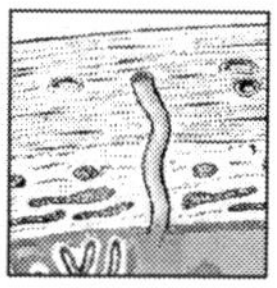

Aufgabengruppe Medizinisch-naturwissenschaftliches Grundverständnis

Bearbeitungszeit: 60 minuten

Bitte lesen Sie die folgenden Texte und Aufgaben sorgfältig und markieren Sie die jeweils korrekte Antwort auf dem Antwortbogen!.

25) Innerhalb des weiblichen Ovarialzyklus, der sog. „Periode", reift eine Eizelle in den Eierstöcken heran, wird im Eisprung in den Eileiter abgegeben, durch den sie in den Uterus (Gebärmutter) hinabsteigt. Dort wird sie gegebenenfalls von einem Spermium befruchtet. Während dieser Zeit reift die Schleimhaut (Endometrium) des Uterus heran und bereitet sich so auf die Aufnahme einer befruchteten Eizelle vor, welche sich dort einnistet. Kommt es dagegen nicht zu Befruchtung, so baut sich die Schleimhaut wieder ab und wird blutig als Menstruation abgegeben. Die Eizelle befindet sich zunächst in einem Ovarialfollikel in einem der beiden Eierstöcke. Unter dem Einfluss des Hormons FSH wächst der Follikel an und beginnt Östrogene zu produzieren, die wiederum das Wachstum des Endometriums des Uterus stimulieren. Die Konzentration eines anderen Hormons, dem LH, steigt gegen Mitte des Zyklus stark an und sorgt für den Eisprung, also die Abgabe der Eizelle aus dem Follikel in den Eileiter. Während sich die Zelle nun auf dem Weg in den Uterus befindet, produziert der leere Follikel von nun an das Hormon Progesteron, das endgültige Veränderungen im Uterus hervorruft, die notwendig für die spätere Ernährung der befruchten Eizelle sind. Nistet sich keine befruchtete Eizelle ein, so geht das Endometrium in der zweiten Hälfte des Zyklus unter und wird abgestoßen, woraufhin der Zyklus neu beginnt.

Welche Hormone sind nach den Informationen aus dem Text für die Reifung des Follikels und den Eisprung zwingend notwendig?

(A) LH und FSH
(B) Progesteron und LH
(C) Die beiden Hormone, die vom Follikel selbst produziert werden
(D) FSH
(E) FSH, LH und Progesteron

26) Das Elektrokardiogramm (EKG) ist eine dreidimensionale, also räumliche Ableitung der spannungsgesteuerten Herzerregung über die Zeit. Es wird als U(t)-Diagramm dargestellt. Die Herzerregung beginnt in den Vorhöfen und pflanzt sich in die Herzkammern fort. Verlangsamungen der Überleitung der Erregung von den Vorhöfen in die Kammern nennen sich AV-Blocks. Die Muster des EKG sind klassisch und folgen bei gesunden Menschen einem bestimmten Muster: eine kleine positive P-Welle, welche die Erregung der Herzvorhöfe repräsentiert. Darauf folgt der charakteristische QRS-Komplex, bestehend aus einer negativen Q-Zacke, einer positiven R-Zacke und wieder eine negative S-Zacke. Die Ausschläge sind im QRS-Komplex deutlicher, da sie die Erregung der Herzkammern repräsentieren. Der Komplex läuft in etwa 0,2s ab. Die positive T-Welle ist der Abschluss eines Herzzyklus, woraufhin im gesunden Herzen wieder eine P-Welle, also eine Vorhoferregung folgt. Die T-Welle steht für die Repolarisation der Herzkammer, also das Bereitmachen der Herzmuskelzellen für den nächsten Herzzyklus.

Nennen Sie bitte die falsche Aussage!

(A) Ein AV-Block macht sich in einer Verlängerung des Abstands zwischen P-Welle und QRS-Komplex bemerkbar
(B) Veränderungen der P-Welle deuten auf eine Erkrankung der Herzkammern.
(C) Das Intervall von R bis T erlaubt keine Rückschlüsse auf einen eventuellen AV-Block.
(D) Das Intervall zwischen der P- und der T-Welle (innerhalb eines Zyklus) ist länger als das des QRS-Komplexes.
(E) Auf eine P-Welle folgt beim gesunden Menschen ein QRS-Komplex.

27) Eine Kolonie von Fliegen der Spezies „Drosophila melanogaster“ zeigt folgendes Wachstum: Innerhalb von drei Stunden kann vereinfacht angenommen werden, dass pro 100 Fliegen 30 Jungtiere gezeugt wurden. Im gleichen Zeitraum sterben von der Ursprungskolonie im Schnitt 10 %. Die tatsächliche Wachstumsrate ist also geringer. In einem Labor wird um 9.00 Uhr („Tag 1“) morgens eine Koloniegröße von 2.000 Drosophila geschätzt.

Nennen Sie den frühesten Kontrollzeitpunkt zu dem die Kolonie unter gleichen Wachstumsvoraussetzungen ihre Größe auf über 4.000 Tiere erhöht hat.

(A) Tag 2 6.00 Uhr
(B) Tag 2 9.00 Uhr
(C) Tag 1 21.00 Uhr
(D) Nach 18 Stunden
(E) Tag 2 15.00 Uhr

28) Proteine bestehen aus einer langen Abfolge von Aminosäuren. Es kommen sowohl kurze als auch sehr lange Ketten vor. Die Sequenz einer Aminosäure ist hochspezifisch und sehr wichtig: Ein Austausch einer einzigen Aminosäure kann u.U. die Funktionsuntüchtigkeit des gesamten Proteins nach sich ziehen. Die Information für diese spezifischen Sequenzen liegen in der DNA, genauer in der Abfolge ihrer Bestandteile, der vier verschiedenen Nucleotide. Die DNA liegt im Zellkern vor. Diese Sequenz der Nucleotide wird in der Transkription abgelesen und in eine RNA „abgeschrieben". Die RNA ist ebenfalls eine Kette aus Nucleotiden. Sie wird verwendet, um die abgeschriebene Information aus dem Zellkern ins das Zytoplasma zu bringen, wo sie an den Ribosomen zum Aufbau eines Proteins als „Bauplan" verwendet wird. Sie wird dort abgelesen. Dieser Prozess nennt sich Translation.

Welche Aussage ist korrekt?

(A) Die für die Translation notwendige RNA wird aus dem Zellkern herausgebracht.
(B) Die Grundbausteine von Proteinen sind Nucleotide und Aminosäuren.
(C) DNA wird für die Translation nach der Transkription in das Zytoplasma transportiert.
(D) Vor der Translation wird die Information der RNA in Information der DNA übersetzt.
(E) Vor der Transkription wird die Information der RNA aus dem Zellkern zum Ribosomen gebracht.

29) Der Nervus facialis ist der siebte Hirnnerv und innerviert (= versorgt) die Muskeln des Gesichts, so dass diese willkürlich bewegt werden können. Er kommt beidseitig vor, jedoch kreuzen sich die beiden Enden beim Austritt aus dem Gehirn, so dass Nervenimpulse des rechten N.facialis der linken Gehirnhälfte entstammen. Das trifft besonders für die Muskeln der unteren Gesichtshälfte, wie bspw. die Wangenmuskeln, zu. Die Stirnmuskulatur dagegen erhält neben den überkreuzten Nervenfasern auch noch Fasern die außerhalb dieses Systems dem Gehirn entspringen. Eine Parese ist eine Lähmung eines Muskels bei Unterbrechung der Nervenverbindung. Man unterscheidet eine zentrale und eine periphere (Nervus-)Facialis-Parese. Die Ursache der zentralen Lähmung ist eine Unterbrechung einer der beiden Nerven vor ihrem Austritt aus dem Gehirn. Der peripheren Lähmung liegt eine Unterbrechung nach der Kreuzung zugrunde.

Welche Aussage ist richtig?

(A) Zentrale Läsionen des linken Nervus facialis führen zu Paresen an der rechten Wangen- und der rechten Stirnmuskulatur.
(B) Bei einer peripheren Parese des rechten 7. Hirnnervs kann ein Patient meistens trotzdem mit seiner rechten Wange zucken.
(C) Bei einer peripheren Parese des rechten 7. Hirnnervs kann ein Patient meistens nicht mehr die rechte Stirnseite bewegen.
(D) Bei einer einseitigen Unterbrechung einer der 7. Hirnnerven vor der Kreuzung ist eine Bewegung der Stirnmuskulatur nicht mehr möglich.
(E) Eine zentrale Facialisparese links erzeugt Lähmungen der rechten unteren Gesichtshälfte, aber keine Ausfälle auf der linken Stirnseite.

30) Über die Ausschüttung der Hormone Adrenalin und Noradrenalin, der sogenannten Katecholamine, verändert der Mensch den Aktivitätszustand seines Körpers. Vereinfacht gesprochen kommen bei diesem System ein Ruhe- und ein aktivierter Zustand vor. Die Rezeptoren dieser beiden Hormone tragen die Namen $Alpha_1$, $Alpha_2$, $Beta_1$ und $Beta_2$. $Alpha_1$ befindet sich besonders an den Arterien von solchen Organen, die nur in der Ruhephase des Körpers aktiv sein sollen. Ein Beispiel ist die Niere. Die Aktivierung des Rezeptors verursacht eine Verengung der Gefäße, sodass die Niere schwächer versorgt wird und das Blut in andere Organe umgeleitet wird. $Beta_1$-Rezeptoren befinden sich dagegen an den Arterien der Muskeln und verursachen dort eine Erweiterung. Dadurch nehmen die Muskeln das freiwerdende Blut der „Ruheorgane" auf, was im aktiven Zustand des Körpers sinnvoll erscheint. Vor allem $Beta_1$-Rezeptoren befinden sich am Herzen und stimulieren die Aktivität (Kontraktionskraft, Herzfrequenz). $Beta_2$-Rezeptoren finden sich an den Bronchien, sodass diese erweitert und damit die Atmung erleichtert werden kann. $Alpha_2$-Rezeptoren hemmen das Katecholamin-System, um eine überschießende Wirkung zu vermeiden. Alle vier Rezeptoren werden durch Katecholamine aktiviert, jedoch sind die Rezeptoren unterschiedlich im Körper verteilt und erzeugen dadurch unterschiedliche Wirkungen an unterschiedlichen Organen.

Ein Patient klagt über Atemnot und Tachykardie (zu hohe Herzfrequenz). Ihnen stehen Medikamente zur Verfügung, mit denen Sie die jeweiligen Rezeptoren einzeln modulieren können.

Welche Medikamente sind am ehesten geeignet, um den Zustand des Patienten zu verbessern?

(A) Hochdosierte Katecholamine
(B) $Beta_1$-Aktivatoren, $Beta_2$-Hemmer
(C) $Beta_2$-Aktivatoren, $Alpha_1$-Hemmer
(D) $Beta_2$-Aktivatoren, $Beta_1$-Hemmer
(E) $Alpha_2$-Aktivatoren

31) Die Glykolyse bezeichnet den Abbau eines Moleküls Glucose. Über eine Reihe von Reaktionen wird das ursprünglich 6 Kohlenstoffatome umfassende Molekül zu zwei Molekülen Pyruvat gespalten und dabei jeweils zwei Energieträger ATP und zwei NADH gewonnen. Rückgängig gemacht werden kann der Prozess vor allem in der Leber. Glucose wird dann aus zwei Molekülen Pyruvat wieder aufgebaut. Diese sogenannte Gluconeogenese benötigt jeweils zwei o.g. ATP und NADH, aber darüber hinaus weitere Energieträger. Das ist dadurch begründet, dass die Umkehrreaktionen energetisch ungünstiger sind als die der Glykolyse. Es werden außerdem einige weitere Enzyme als Katalysatoren benötigt. Ein Beispiel dafür ist der erste Schritt der Glykolyse, der das Enzym Hexokinase erfordert. Die Umkehrung dieses Schrittes in der Gluconeogenese erfordert dagegen das Enzym Glucose-6-Phosphatase.

Bitte benennen Sie die korrekte Aussage!

(A) In der Gluconeogenese werden ein Pyruvat, zwei NADH und zwei ATP zu einem Molekül Glucose aufgebaut.
(B) In der Gluconeogenese werden als Energieträger mehr als zwei NADH und zwei ATP und u.a. das Enzym Hexokinase benötigt.
(C) Für die Gluconeogenese werden ausschließlich zwei NADH und zwei ATP als Energieträger benötigt, sowie das Enzym Glucose-6-Phosphatase.
(D) Bei Glykolysevorgängen im Körper werden pro 10 gewonnener Moleküle Pyruvat 10 moleküle NADH und ebensoviele Moleküle ATP frei.
(E) Bei Gluconeogenese ist für die Leber das Enzym Hexokinase wichtiger als das Enzym Glucose-6-Phosphatase.

32) Für einen Probanden in einem ernährungsphysiologischen Experiment wurde ein durchschnittlicher täglicher Energiebedarf von 2200 kcal festgestellt. Während seiner kürzlich ausprobierten zweiwöchigen Diät hat er allerdings nicht nur diese Energiemenge (Grundumsatz) zu sich genommen, sondern so viel, dass er überdies noch 5 kg Körperfett aufgebaut hat. Für den Aufbau von einem kg Körperfett kann ein Energieverbrauch von etwa 7000 kcal veranschlagt werden. Kohlenhydrate enthalten 4 kcal/g, Eiweiß 4kcal/g und Speisefett etwa 9 kcal/g.

Welche Ernährung könnte der Proband in seiner zweiwöchigen Diät verfolgt haben?

(A) 300 g Fett, 200 g Eiweiß, 100 g Kohlenhydrate am Tag.
(B) 100 g Fett, 200 g Eiweiß, 750 g Kohlenhydrate am Tag.
(C) 400 g Fett, 200 g Kohlenhydrate, 750 g Eiweiß am Tag.
(D) 400 g Kohlenhydrate und 200 g Eiweiß am Tag.
(E) 200 g Kohlenhydrate, 50 g Fett und 200 g Eiweiß am Tag.

33) Als Blutdruck wird der arterielle Gefäßwiderstand bezeichnet, gegen den das Herz Blut in den Kreislauf pumpen muss. Er wird im Wesentlichen durch die Engstellung der Arterien (Schlagadern) beeinflusst. Diese lassen sich in ihrem Querschnitt verändern, so dass viel oder wenig Blut passieren kann. Wenn die Gefäße enggestellt sind, muss das Herz mehr Leistung aufbringen, um das Blut hindurch zu pumpen. Der Gefäßwiderstand ist umgekehrt proportional zum Blutfluss und hängt sehr sensibel vom Gefäßradius ab. Die Pulswelle ist eine Welle der Gefäßwand und läuft der Welle des Blutes voraus. Sie entsteht bei jedem Herzschlag und ist an exponierten Stellen wie dem Handgelenk tastbar. Je älter ein Mensch wird, desto steifer werden die Arterien. Sie leiten zwar die Pulswelle dadurch besserund damit schneller, jedoch sinkt die Regulationsmöglichkeit des Radius. Die Erschlaffung ist schwieriger und der Blutdruck steigt chronisch. Gefäßverengungen durch Ablagerungen, wie bei der sehr häufigen und mit dem Alter zunehmenden Arteriosklerose steigern diesen Effekt zusätzlich.

Welche Veränderungen sind bei einem 75-jährigen Mann typisch?

(A) Verringerter Blutdruck, Blutwelle vor der Pulswelle, erhöhte Herzarbeit, verringerter Gefäßradius
(B) Erhöhter Blutdruck, langsamere Pulswelle, erhöhte Herzarbeit, verringerter Gefäßradius
(C) Verringerter Blutdruck, schnellere Pulswelle, verringerte Herzarbeit, verringerter Gefäßradius
(D) Erhöhter Blutdruck, Blutwelle vor der Pulswelle, erhöhte Herzarbeit, erhöhter Gefäßradius
(E) Erhöhter Blutdruck, schnellere Pulswelle, erhöhte Herzarbeit verringerter Gefäßradius

34) Zu den Aufgaben der Leber zählt die Erzeugung fast aller Plasmaproteine. Außerdem die Biotransformation apolarer Substanzen wie dem Cholesterin, der Abbau von Alkohol und die Speicherung und Synthese von Glucose. Zu den Plasmaproteinen zählen Gerinnungsfaktoren, Transportproteine wie Transcortin (Cortisol-Transport), Transthyretin (Transport von Schilddrüsenhormonen) und Albumin. Albumin erhöht die Plasmaosmolarität und zieht bzw. hält Wasser im Gefäßsystem. Ein Mangel macht sich deshalb durch Wassereinlagerungen in den Beinen (Ödeme) bemerkbar. Die Blutzellen entstammen dem Knochenmark. Es werden Thrombozyten, Erythrozyten und Leukozyten unterschieden. Die oben genannte Biotransformation apolarer Substanzen ist nötig, um deren Ausscheidung zu vereinfachen. Apolare Substanzen können mit dem Gallensaft aus dem Blut ausgeschieden werden, jedoch nur, wenn sie die Biotransformation durchlaufen haben.

Ein Leberversagen, wie bei Lebermetastasen oder Leberzirrhose vorkommend, äußert sich meistens durch folgende Symptome:

(A) Erhöhung der Gerinnungsfaktoren, Thrombozyten und Mangel an Albumin.
(B) Mangel an Cortisol-Transportern, mangelhafter Alkoholabbau, Verringerung des Cholesterinspiegels im Blut.
(C) Verminderte Gerinnung, verringerte Konzentration apolarer Substanzen im Blut.
(D) Verminderte Gerinnung, erhöhte Konzentration von Cholersterin im Blut, Ödeme
(E) Albumin-Mangel, Ödeme, Thrombozytenmangel

35) Insulin ist ein Hormon aus der Bauchspeicheldrüse, was bei Bedarf ins Blut abgegeben wird. Seine Aufgabe besteht in der Aktivierung von Zuckerkanälen in Muskelzellen, so dass Zucker aus dem Blut in diese Zellen gelangen kann. Es senkt damit den Blutzuckerspiegel und steigert die Versorgung der Muskeln. Bei der Krankheit Diabetes besteht eine Resistenz gegen dieses Hormon, so dass seine Wirkung stark vermindert ist. Die Bauchspeicheldrüse reagiert darauf mit vermehrter Produktion, um die Mangelfunktion auszugleichen. Nach einer Weile kommt es zu einem Erschöpfungszustand und einer finalen Verringerung der Insulinproduktion, so dass der Blutzuckerspiegel nun nicht mehr aktiv gesenkt werden kann.

Das Hormon Insulin besteht zunächst aus drei Peptiden (A, B und C). Das C-Peptid wird abgespalten, noch bevor das eigentliche Insulin wirksam ist. Alle drei Teile werden jedoch ins Blut abgegeben. Die Funktion des C-Peptids ist bislang unbekannt.

Die Wirkung des Hormons Glucagon besteht in einer Steigerung des Blutzuckerspiegels. Es wird demnach ausgeschüttet, wenn der Blutzuckerspiegel niedrig ist.

Bitte benennen Sie eine mögliche Befundkonstellation eines Diabetikers im Endstadium seiner Erkrankung!

(A) Niedriges Glucagon, niedriges C-Peptid, h
(B) oher Blutzucker
(C) Hohes Glucagon, niedriges C-Peptid, hoher Blutzucker
(D) Niedriges Insulin, hohes C-Peptid, hoher Blutzucker
(E) Hohes Glucagon, niedriges Insulin, niedriger Blutzucker
(F) Niedriges Glucagon, niedriges Insulin, niedriger Blutzucker

36) Als Synapsen werden Schnittstellen zweier Nervenzellen bezeichnet. An diesen Stellen werden die Nervenreize von einer Zelle auf die andere übertragen. Dafür werden sogenannte Neurotransmitter verwendet. Zwischen den beiden Zellen liegt der synaptische Spalt. Die Seite, von welcher der Reiz ausgeht, bezeichnet man als die präsynaptische Seite; die gegenüberliegende ist die postsynaptische Seite. Auf der ersten Zelle (präsynaptische Zelle) laufen Reize (Informationen) in Form von elektrischen Aktionspotentialen die Zellmembran entlang, bis sie schließlich den synaptischen Spalt erreichen. Findet eine elektrische Entladung in dieser Region statt, so öffnet sich ein spannungsabhängiger Kalziumkanal in der Zellmembran der präsynaptischen Zelle.

Dadurch kann Kalzium aus dem extrazellulären Raum in die Zelle einströmen. Dieses Kalzium besetzt ein Protein namens Calmodulin, welches wiederum die Calmodulin-abhängige-Kinase (CaMK) aktiviert. In kleinen Transportbläschen (Vesikeln) der präsynaptischen Zelle sind Neurotransmitter gespeichert. Sie werden bei Bedarf in den synaptischen Spalt abgegeben, von wo aus sie die postsynaptische Zelle erregen. Die Transmitter müssen dazu die präsynaptische Zelle verlassen, indem ihr Vesikel mit der Zellmembran verschmilzt. Die o.g. CaMK aktiviert dafür die Substanzen Synapsin und Synaptobrevin.

Welche der Aussagen ist richtig?

(A) Synaptobrevin löst eine Verschmelzung von Transmittervesikeln mit der postsynaptischen Zelle aus.
(B) Eine Aktivierung von präsynaptischen Kalziumkanälen geht mit einer Aktivierung von Synaptobrevin einher. Dadurch können Neurotransmitter in die präsynaptische Zelle aufgenommen werden.
(C) Eine Erregung der postsynaptischen Zelle führt zum Kalziumeinstrom.
(D) Synapsin und Calmodulin können mit Hilfe von Kalzium die CaMK aktivieren.
(E) Einer Erregung der postsynaptischen Zelle geht eine Aktivierung von Kalziumkanälen in der präsynaptischen Zelle voraus.

37) Im Rückenmark laufen motorische (vom Gehirn in den Körper) und sensible Bahnen (vom Körper ins Gehirn). Am oberen Ende des Rückenmarks liegt der Übergang zum Hirnstamm oberhalb der für uns als Hals sichtbaren Struktur. Die meisten Nervenbahnen des Rückenmarks kreuzen im Verlauf ihrer Strecke in die gegenüberliegende Gehirnhälfte, so dass sie spiegelverkehrt im Gehirn repräsentiert sind (rechter Arm in der linken Gehirnhälfte). Die motorischen Bahnen kreuzen häufig schon im Hirnstamm (sog. „Decussatio" = Kreuzung), also weit oben, während die sensiblen Bahnen wesentlich tiefer auf Brust- oder Lendenhöhe kreuzen, beispielsweise am unteren Ende des Rückenmarks. Weiterhin existieren Bahnen für den Raum- und Lagesinn aus den Muskeln, welche überhaupt nicht kreuzen und direkt ins Kleinhirn ziehen.

Welche Aussage ist korrekt?

(A) Eine Durchtrennung des Rückenmarks linksseitig oberhalb der Decussatio führt zu Verlust des rechtsseitigen Lagesinns. Die Motorik im linken Bein bleibt intakt.
(B) Eine Durchtrennung des linken Rückenmarksteils auf Halshöhe führt zu einem Verlust des Lagesinns im linken und der Motorik im rechten Bein.
(C) Eine Durchtrennung des rechten Rückenmarkteils im Halsbereich führt zum Verlust der Sensibilität im linken Bein.
(D) Eine komplette Durchtrennung des Rückenmarks auf Höhe des Hirnstamms führt zu einem Verlust des rechtsseitigen sensiblen Empfindens; Motorik im linken Bein intakt.
(E) Eine Durchtrennung des linken Teils des Rückenmarks auf Höhe des Halses führt zum Verlust der Motorik im rechten Bein.

38) Bei der Synthese des Steroidhormons Cortisol werden verschiedene Schritte mit unterschiedlichen benötigten Enzymen durchlaufen. Beginnend mit dem entweder durch die Nahrung aufgenommenen oder selbst synthetisierten Cholesterin setzt zunächst die Desmolase-Reaktion (benannt nach dem katalysierenden Enzym) ein. Diese ist an der Abspaltung einer Seitenkette des Cholesterins beteiligt. Das dabei entstehende Pregnenolon wird über eine Dehydrogenase in Progesteron überführt. Mithilfe der 17-Alpha-Hydroxylase bildet sich daraus das 17-Alpha-Hydroxyprogesteron, woraus durch die 21-Hydroxylase durch Hydroxylierung 11-Desoxycortisol gebildet wird. Die 11-Hydroxylase verwandelt dieses schlussendlich in Cortisol. Bei einer Mutation eines Gens, das für eines der genannten Enzyme codiert, entsteht ein möglicherweise nicht ausgleichbarer Mangel dieses Enzyms. In einem solchen Fall kommt die Synthese des Cortisols an dieser Stelle zum erliegen. Vorgeschaltete Reaktionen werden dagegen nur wenig und indirekt beeinträchtigt.

Bei einem Mangel des Enzyms 21-Hydroxylase reichern sich welche der folgenden Substanzen am ehesten im Körper des Betroffenen an?

(A) 11-Desoxycortisol + Cholesterin
(B) Cortisol + Cholesterin
(C) Progesteron + Cholesterin
(D) 17-Alpha-Hydroxyprogesteron + Progesteron
(E) Progesteron + Pregnenolon

39) Enzyme sind Katalysatoren vieler Reaktionen im menschlichen Körper, wie zum Beispiel der Cortisol-Synthese. Katalysatoren beschleunigen den Ablauf vieler Reaktionen des menschlichen Stoffwechsels. Ein Enzym katalysiert immer nur bestimmte Reaktionen und beschränkt sich auf spezielle Substrate, die sich im Verlauf der katalysierten Reaktion zu den Produkten umwandeln.

Da der Stoffwechsel sich ständig an veränderliche Bedingungen anpassen muss, werden die vielen hunderte Enzyme des Körpers stark reguliert. Je nachdem, welcher Stoffwechselweg in einem bestimmten Zustand benötigt wird, werden einige Enzyme an und andere dagegen abgeschaltet. Es existieren verschiedene Formen der Regulation: Als Interkonversion wird die Modulation eines Enzyms durch Bindung einer Phosphatgruppe verstanden. Das Enzym bildet hier eine kovalente Bindung zu diesem regulierenden Phosphat aus und ändert daraufhin seine Aktivität. Unter kompetitiver Hemmung versteht man das Abschalten des Enzyms durch das das Binden einer zum eigentlichen Substrat konkurrierenden Verbindung. Häufig bestehen zum Hemmstoff strukturelle Ähnlichkeiten. Das Enzym ist dadurch „besetzt" und kann nicht mehr das eigentliche Substrat binden. Allosterische Regulation bedeutet, dass ein Molekül direkt an das Enzym bindet und es so an- oder ausschaltet. Der Unterschied zur Interkonversion besteht in den regulierenden Molekülen: Bei Interkonversion sind es Phosphate; bei der allosterischen Hemmung andere Stoffwechselmoleküle. Schließlich kann das Enzym auch dadurch gehemmt werden, dass nicht genügend Substrate vorliegen.

Das Enzym Pyruvatdehydrogenase setzt das Substrat Pyruvat zu dem Produkt Acetyl-CoA um. In einem Experiment im Reagenzglas konnte das Enzym gehemmt werden. Der Leiter des Experiments geht davon aus, dass es sich entweder um kompetitive oder allosterische Hemmung handelt.

Was liegt außer dem Enzym, Substrat und Produkt am ehesten außerdem im Reagenzglas vor?

(A) Eine hohe Phosphatkonzentration
(B) Eine dem Pyruvat ähnliche Verbindung
(C) Ein Mangel an Pyruvat
(D) Ein Überschuss an Acetyl-CoA
(E) Eine dem Acetyl-CoA ähnliche Verbindung

40) Nach dem Verlassen der linken Herzkammer strömt das arterielle (sauerstoffreiche) Blut in die große Schlagader (Aorta). Von dort aus verteilt es sich in die Körperperipherie, bspw. in den Arm (Arteria axillaris). Die Arterien spalten sich zunehmend auf und bilden schließlich ein feines Kapillarnetz, das die jeweiligen Organe durchsetzt und mit Sauerstoff versorgt. Im Arm sind das etwa die Muskeln und die Haut. In kleinen Venolen sammelt sich das nun sauerstoffarme Blut wieder. Die Venolen vereinigen sich zu Venen, die zum Herzen zurückströmen. Sie erreichen das Herz über die Hohlvene (V.cava), die in den rechten Vorhof mündet. Der Vorhof pumpt Blut in die rechte Herzkammer, von dort in die Lungenarterie (sauerstoffarmes Blut). In der Lunge wird das Blut oxigeniert (mit Sauerstoff angereichert) und über die Lungenvenen wieder zurück zum Herz und in dessen linken Vorhof gebracht. Das nun sauerstoffreiche Blut gelangt vom linken Vorhof in die linke Herzkammer und der Kreislauf wiederholt sich.

Welche Aussage stimmt <u>nicht</u> mit dem Text überein?

(A) Die V.cava führt sauerstoffarmes Blut aus dem Arm in den rechten Vorhof.
(B) Sauerstoffarmes Blut strömt aus der Hohlvene erst durch die linke Herzseite, dann durch die rechte Herzseite.
(C) Sauerstoffreiches Blut gelangt aus den Lungenvenen zuerst in den linken Vorhof.
(D) Die Lunge wird von Blut durchströmt, welches aus der rechten Kammer kommt und zum linken Vorhof fließt.
(E) Die A. axillaris enthält sauerstoffreiches Blut.

41) Im menschlichen Gebiss werden vier verschiedene Gruppen von Zähnen unterschieden: die Schneidezähne (Dentes incisivi), die sich daran seitlich anlagernden Eckzähne (Dentes canini) und dahinter die prämolaren und schließlich die molaren Zähne (vordere bzw. hintere Backenzähne). Durch die Unterteilung des Gebiss in oben und unten sowie eine linke und eine rechte Hemisphäre (~Hälfte) entstehen vier Quadranten. Jeder dieser Quadranten hat im Milchgebiss zwei Schneide-, einen Eck- und zwei prämolare Zähne. Der mittlere untere Schneidezahn ist für gewöhnlich der erste erscheinende (ca. 6.-8.Monat). Das Wachstum der Milchzähne ist für gewöhnlich im dritten Lebensjahr abgeschlossen. Das bleibende Gebiss entsteht ab dem 6.Lebensjahr und ersetzt nach und nach die Milchzähne. Üblicherweise ist aber der vordere molare der erste bleibende Zahn. Er ersetzt somit keinen Zahn, sondern bildet sich de novo. Nach dem gleichen Prinzip folgen später in jedem Quadranten noch bis zu zwei weitere molare Zähne.

Welche der folgenden Aussagen ist korrekt?

(A) Das Wachstum des Milchgebisses entsteht beginnend von den prämolaren Zähnen aus.
(B) Das Milchgebiss besteht aus 20, das bleibende aus 36 Zähnen.
(C) Von 32 bleibenden Zähnen entfallen allein acht auf die Dentes incisivi.
(D) Der obere Dens incisivus ist üblicherweise der erste erscheinende Milchzahn.
(E) Der obere molare ist der erste Milchzahn, der von einem bleibenden Zahn ersetzt wird.

42) In der Nebenniere werden einige überlebenswichtige Hormone produziert. Sie wird unterteilt in Nebennierenrinde und Nebennierenmark. Die sich in drei Schichten gliedernde Nebennierenrinde (NNR) produziert Steroidhormone. Sie gliedert sich in drei Schichten, die jeweils unterschiedliche Steroide produzieren. In ihrer obersten Schicht (Stratum ganglionare) wird das Hormon Aldosteron gebildet, welches die Niere beeinflusst und im Fall eines Blutdruckabfalls Wasser aus dem Primärharn in die Blutbahn rückresorbiert und so die Urinmenge mindert. Im Stratum fasciculare produziert sie das Hormon Cortisol, das größtenteils katabol wirkt und Zucker in der Blutbahn bereitstellt. Cortisol hat darüber hinaus vielfältige, z.T. noch nicht verstandene Wirkungen auf das Immunsystem. In der tiefsten Rindenschicht (Stratum reticulare) produziert die NNR Sexualhormone wie Androstendion und Testosteron. Sie arbeitet dabei eng mit den Geschlechtsorganen zusammen, die diese Hormone z.T. noch umbauen. Steroidhormone werden aus Cholesterin synthetisiert und sind fettliebend. Dies erlaubt ihnen, einfach durch Zellgrenzen und Membranen hindurch zu diffundieren. Eine intrazelluläre Speicherung dieser Hormone ist darum nicht möglich. Das Nebennierenmark produziert die Hormone Adrenalin und Noradrenalin, die eine Anregung des Körpers verursachen, bspw. über die Erhöhung des Pulses.

Bitte finden Sie die korrekte Zuordnung aus: Störung der jeweiligen Organfunktion und dem zugehörigen Symptom!

(A) Nebennierenmark - hohe Blutzuckerkonzentrationen
(B) Stratum reticulare - erhöhter Blutdruck
(C) Stratum fasciculare - verminderte Ausbildung sekundärer Geschlechtsorgane
(D) Stratum ganglionare - erhöhter Harnfluss
(E) Stratum reticulare – Herzrasen

43) Der Kalziumstoffwechsel wird im Wesentlichen durch drei Hormone reguliert. Erstens: Das Parathormon. Es steigert den Kalziumspiegel im Blutplasma und die Freisetzung von Calcitriol, dem zweiten Hormon. Letzteres steigert die Kalziumaufnahme aus der zugeführten Nahrung im Darm. Ein großer Kalziumspeicher des Körpers ist der Knochen, in welchem weit über 90 % des Kalziums gespeichert sind. Ein gesteigerter Parathormonspiegel bewirkt einen gesteigerten Knochenabbau und damit Kalziumfreisetzung. Ein wichtiger Unterschied beider Hormone ist, dass Calcitriol gleichzeitig den Phosphatspiegel im Blut steigert, wohingegen Parathormon ihn senkt. Das dritte Hormon ist Calcitonin: Calcitonin senkt den Kalziumspiegel. Kalzium ist in Nervenzellen an der Freisetzung von Transmittern beteiligt.

Welche Aussage ist falsch?

(A) Ein gleichzeitiger Anstieg von Parathormon und Calcitonin könnte sich in der Wirkung auf den Kalziumspiegel aufheben.
(B) Das Parathormon erzeugt eine Steigerung des Plasmakalziums, jedoch eine Senkung des Plasmaphosphats.
(C) Trotz der nicht vorhandenen Wirkung auf den Knochenabbau, ist Calcitriol an der Steigerung des Kalziumspiegels beteiligt.
(D) Eine gleichzeitige Steigerung des Parathormons und Calcitriol könnte sich in der Wirkung auf den Phosphatspiegel aufheben.
(E) Parathormon bewirkt direkt durch Knochenabbau und indirekt durch eine Abnahme des Calcitriols insgesamt eine Steigerung des Kalziumspiegels im Blut.

44) Das Kleinhirn steuert und reguliert motorische Prozesse (Bewegungen). Das Kleinhirn integriert dabei verschiedene sensorische Eindrücke des zentralen Nervensystems und verarbeitet diese. Die Eindrücke stammen beispielsweise aus dem Gleichgewichtssinn. Eine Aufgabe ist es somit, Bewegungen so zu planen, dass der Körper im Gleichgewicht bleibt und nicht stürzt. Dazu ist das Kleinhirn am Ausgang des Gehirns zum Rückenmark hin gelegen und kontrolliert und korrigiert somit die Bewegungsbefehle aus dem Großhirn auf dem Weg zu den Muskeln. Im Zentrum stehen dabei sogenannte Purkinje-Zellen. Diese steuern motorische Nervenkerne, die zu den Muskeln ziehen. Purkinje-Zellen nutzen GABA als Neurotransmitter, um diese motorischen Nervenkerne zu hemmen. Purkinje-Zellen selbst können von sogenannten Kletterfasern (Transmitter: Glutamat) erregt werden. Alternativ werden sie auch durch Körnerzellen (Transmitter Glutamat) erregt, die ihrerseits durch Moosfasern erregt werden. Konträr dazu können Purkinjezellen durch Korb- und Sternzellen (Transmitter: GABA) auch gehemmt werden.

Welche Aussage ist falsch?

(A) Moosfasern hemmen Purkinjezellen, welche ihrerseits Nervenkerne durch GABA hemmen.
(B) Eine Korbzelle wirkt am Ende der Kaskade aktivierend auf motorische Nervenkerne
(C) Während Purkinjezellen selbst hemmen, können sie ihrerseits hemmend oder erregend moduliert werden.
(D) Die erregenden Körnerzellen und Kletterfasern nutzen zur Erregung der Purkinjezelle Glutamat.
(E) Sternzellen können indirekt eine Erregung motorischer Nervenkerne erzeugen.

45) Erleidet ein Mensch einen Herzstillstand, so bricht die Blutversorgung seiner Organe zusammen: Das Blut kann keinen Sauerstoff mehr von der Lunge zu den Organen transportieren, da die Pumpfunktion des Herzens gestört ist. Am schnellsten werden das Gehirn und das Herz selbst davon geschädigt. Erste Schäden treten hier bereits nach wenigen Minuten ein. Medizinische Maßnahmen wie die Herz-Druck-Massage können die Blutversorgung u.U. dennoch sichern. Andere Organe können länger überleben. Wird zB. ein Finger bei einem Unfall abgetrennt, so kann er nach bis zu einigen Stunden - wenn auch unter Beeinträchtigung - vital wieder angesetzt werden. Wenn das Herz irreversibel geschädigt ist, jedoch noch Aktivität des Gehirn nachgewiesen wird, kann die Todesdiagnose schwierig sein, da der Körper mithilfe eines künstlichen Herzens extern am Leben gehalten werden kann („Herztod"). Andersherum wird der Hirntod diagnostiziert, wenn keine Aktivität mehr im Gehirn nachgewiesen werden kann.

Welche Aussage lässt sich nicht aus dem Text schlussfolgern?

(A) Nach einer Stunde Herzstillstand ohne medizinische Maßnahmen ist die Diagnose „Hirntod" meistens korrekt.
(B) Drei Stunden nach der Amputation einer Hand besteht noch Hoffnung, durch eine Operation die Hand wieder ansetzen zu können.
(C) Die Kombination aus Herztod ohne Hirntod wäre durch Maßnahmen wie der Herzdruckmassage und künstlicher Beatmung denkbar.
(D) Ein Herztod führt ohne medizinische Notfallmaßnahmen immer zum Hirntod.
(E) Ein Hirntod zieht trotz medizinischer Akutmaßnahmen längerfristig immer einen Herztod nach sich.

46) Das wichtige Symptom Fieber kann vielerlei Ursachen haben. Die klassische Ursache ist eine Reaktion auf einen immunologischen Prozess, etwa bei einer Infektion. Der Körper reagiert auf eine Infektion u.a. mit der Ausschüttung von Zytokinen ins Blut, welche die Anhebung des Temperatursollwerts bewirken. Der Temperatursollwert wird im Hypothalamus festgelegt und liegt normalerweise bei ca. 37 °C. Als Reaktion auf das Vorliegen von Zytokinen wird der Sollwert angehoben und der restliche Körper reagiert daraufhin mit diversen Mechanismen, um diese Sollwertvorgabe zu erreichen. Die Haut wird schwächer durchblutet, um weniger Wärme abzustrahlen (Blässe) und die Muskeln beginnen zu zittern, um Wärme zu produzieren. Dies äußert sich im sogenannten Schüttelfrost. Bei manchen Arten von Infektionen kann der Temperatursollwert anschließend wieder rapide fallen. Eine umgekehrte Reaktion tritt nun ein: Der Körper beginnt zu schwitzen, um der Sollwertvorgabe des Hypothalamus Rechnung zu tragen. Fieber hilft der Immunreaktion insofern, als dass viele Arten von Immunzellen (bspw. Granulozyten) bei erhöhten Temperaturen aktiver sind. Durch Antipyretika wie Ibuprofen kann das Fieber gesenkt werden, jedoch heben sich dadurch die positiven Effekte auf die Immunantwort auf.

Welche der Aussagen ist falsch?

(A) Schüttelfrost entsteht bei einer plötzlichen Steigerung des Temperatursollwertes.
(B) Schüttelfrost entsteht bei einer größeren Ausschüttung von Zytokinen.
(C) Zytokine und Antipyretika können einen gegensätzlichen Effekt auf die Körpertemperatur haben.
(D) Exzessives Schwitzen entsteht bei einer heftigen Senkung des Temperatursollwertes.
(E) Exzessives Schwitzen entsteht bei einer Anpassung des Tempertursollwertes an die tatsächliche Körpertemperatur.

47) Lungenentzündungen können nach Ätiologie (Ursache) und nach Pathologie (Krankheitseigenschaften) unterteilt werden. Als Ätiologie kommen nosokomiale (im Krankenhaus erworben) und ambulante (außerhalb eines Krankenhauses) vor. Die Unterteilung ist deshalb wichtig, weil im Krankenhaus öfter besonders aggressive und resistente Keime vorkommen. Diese müssen mit stärkeren Antibiotika behandelt werden. Pathologisch unterscheidet man eine alveoläre Pneumonie, die sich im Hohlraum der Lunge abspielt und eine interstitielle Pneumonie, die sich innerhalb des Lungengewebes manifestiert. Alveoläre Pneumonien können entweder einen ganzen Lungenlappen (Lobärpneumonie) befallen oder aber verteilt über die Lunge mit vielen kleinen Herden auftreten (Bronchopneumonie)

Welche Aussage ist richtig?

(A) Lobärpneumonien müssen mit stärkeren Antibiotika behandelt werden.
(B) Interstitielle Pneumonien werden in Lobär- und Bronchopneumonie unterteilt.
(C) Als Pathologie einer Lungenentzündung kommen interstitielle oder alveoläre Pneumonien infrage.
(D) Die Antibiotikatherapie einer Lungenentzündung wird primär nach der Pathologie, weniger nach der Ätiologie angepasst.
(E) Alveoläre Pneumonien werden stärker therapiert als Bronchopneumonien.

48) Der Mensch verfügt über einen doppelten (diploiden) Chromosomensatz, besitzt also fast alle Gene zweimal. In jedem Chromosomensatz liegen 22 Autosomen und ein Gonosom (Geschlechtschromosom). Es kommen somit in jedem gesunden Menschen zwei Gonosomen vor. Diese sind entweder vom X- (weiblich) oder Y-Typ (männlich). Frauen verfügen über zwei X- und Männer über jeweils ein X- und ein Y-Chromosomen. Diese beiden Chromosomen sind äußerst unterschiedlich und tragen andere Gene, die für die Ausprägung der Geschlechtsmerkmale zuständig sind. Bei der Fortpflanzung treffen sich eine Eizelle und ein Spermium mit jeweils einem haploiden Chromosomensatz (jedes Chromosom kommt nur einmal vor). Diese Zellen sind die einzigen Zellen im menschlichen Körper, die einen solchen Chromosomensatz aufweisen. Alle anderen Zellen besitzen den diploiden, also doppelten Satz. Im Spermium kommt dadurch nur eines der Gonosomen vor: X oder Y. Bei der Verschmelzung von Ei- und Samenzelle kommt es wieder zu einem diploiden Chromosomensatz. Ursachen für Erbkrankheiten können sowohl auf Gono- als auch auf Autosomen vorliegen. Durch die Diploidie und die doppelt vorliegenden Gene können aber Krankheiten der Autosomen häufig ausgeglichen werden, wenn nur eines von beiden Chromosomen Schaden genommen hat. Sind beide Chromosomen betroffen, so waren vermutlich auch beide Elternteile des Kranken betroffen, da je ein Chromosom von jedem Elternteil stammt. In diesem Fall spricht man von einem homozygoten Krankheitsträger. Auf X-gonosomal liegende Erbkrankheiten können je nach Geschlecht durch das andere Gonosomen ausgeglichen werden, da Frauen zwei Geschlechtschromosomen besitzen, Männer dagegen nicht.

Welche Aussage ist korrekt?

(A) Frauen erkranken z.T. an Y-chromosomal vererbten Krankheiten, welche sie nicht durch ein anderes Gen ausgleichen können.
(B) Eine X-chromosomal vererbte Krankheit kann bei einem Mann typischerweise schwerwiegender verlaufen als bei einer Frau.
(C) Wenn ein Gen auf nur einem der gleichen Autosomen eines Mannes Schaden genommen hat, ist dieser für die Krankheit homozygot.
(D) In einem haploiden Chromosomensatz liegen insgesamt 46 Chromosomen.
(E) Männer tragen durch das zusätzliche Y-Chromosom mehr Chromosomen in jeder Zelle.

Aufgabengruppe Schlauchfiguren

Bearbeitungszeit: 15 Minuten

Bitte betrachten Sie folgende 24 Paare von Bildern aufmerksam. Im linken Bild sehen Sie jeweils einen Würfel mit darin enthaltenen Kabeln in der Frontalperspektive. In der rechten Abbildung erscheint der Würfel gedreht. Bitte entscheiden Sie, aus welcher Perspektive der Würfel nun zu sehen ist!

49)

(A): r

(B): l

(C): u

(D): o

(E): h

50)

(A): r

(B): l

(C): u

(D): o

(E): h

51)

(A): r

(B): l

(C): u

(D): o

(E): h

52)		(A): r (B): l (C): u (D): o (E): h	
53)		(A): r (B): l (C): u (D): o (E): h	
54)		(A): r (B): l (C): u (D): o (E): h	
55)		(A): r (B): l (C): u (D): o (E): h	

56)

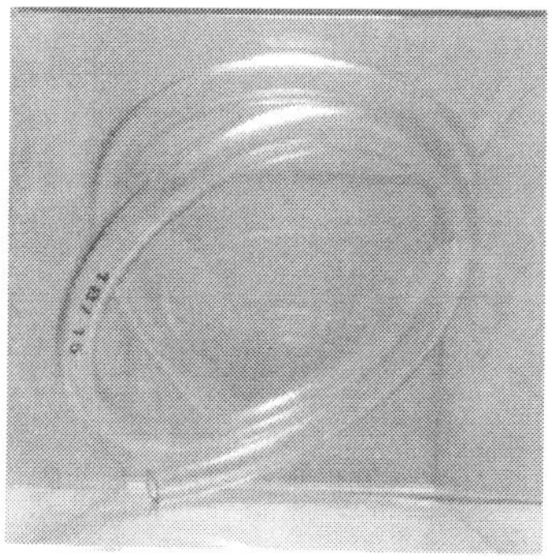

(A): r

(B): l

(C): u

(D): o

(E): h

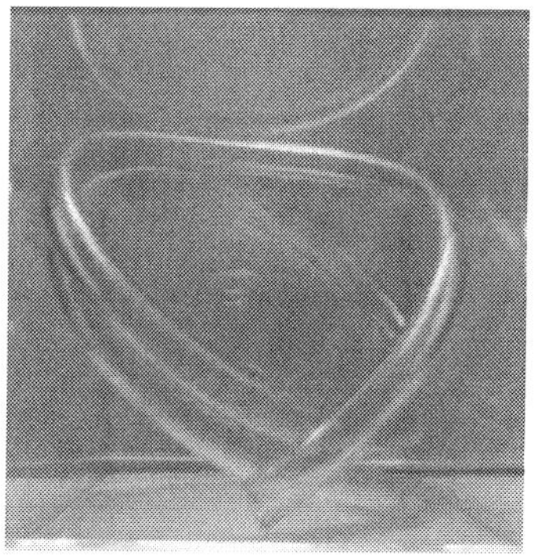

57)

(A): r

(B): l

(C): u

(D): o

(E): h

58)

(A): r

(B): l

(C): u

(D): o

(E): h

59)

(A): r

(B): l

(C): u

(D): o

(E): h

60)		(A): r (B): l (C): u (D): o (E): h	
61)		(A): r (B): l (C): u (D): o (E): h	
62)		(A): r (B): l (C): u (D): o (E): h	
63)		(A): r (B): l (C): u (D): o (E): h	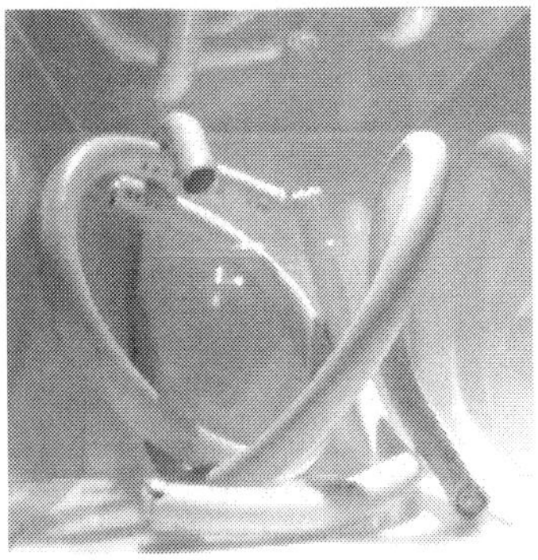

64)		(A): r (B): l (C): u (D): o (E): h	
65)		(A): r (B): l (C): u (D): o (E): h	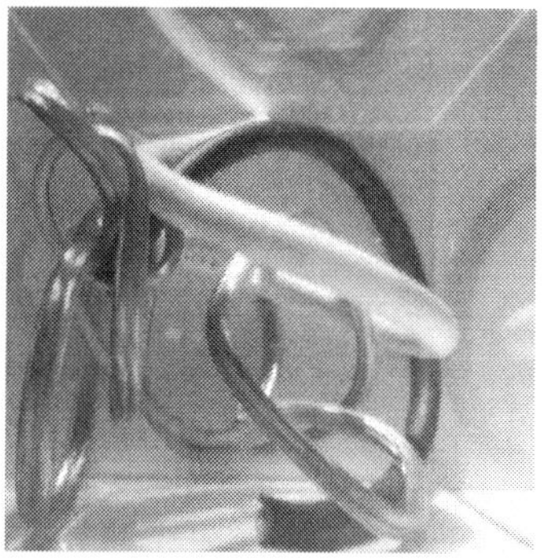
66)		(A): r (B): l (C): u (D): o (E): h	

67)		(A): r (B): l (C): u (D): o (E): h	
68)		(A): r (B): l (C): u (D): o (E): h	
69)	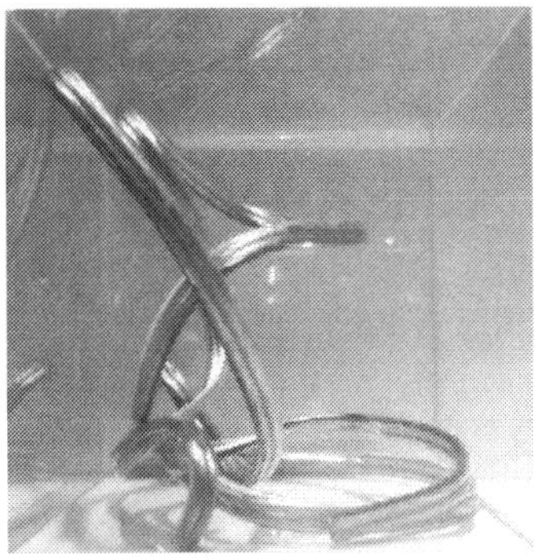	(A): r (B): l (C): u (D): o (E): h	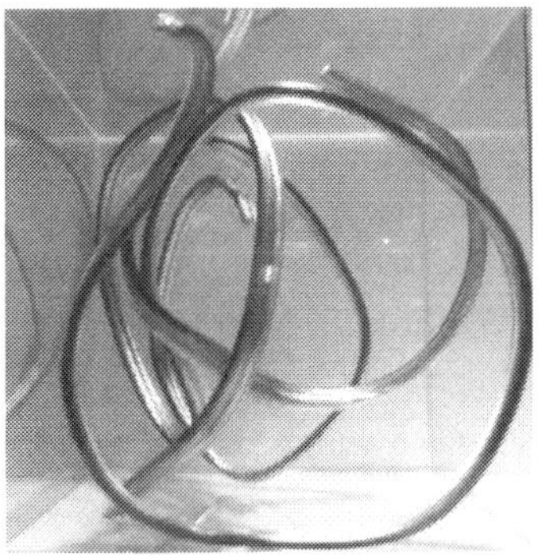
70)		(A): r (B): l (C): u (D): o (E): h	

71)	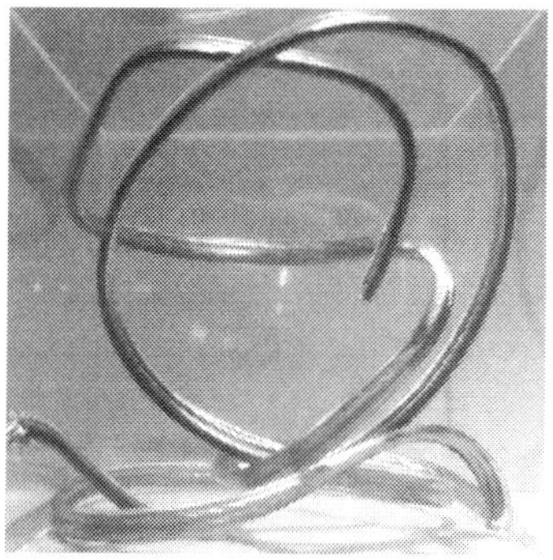	(A): r (B): l (C): u (D): o (E): h	
72)		(A): r (B): l (C): u (D): o (E): h	

Aufgabengruppe Quantitative und Formale Probleme

Bearbeitungszeit: 60 minuten

Bitte lesen Sie folgende Texte und Aufgaben zum Thema Rechnen, Zahlen und Einheiten sorgfältig und markieren Sie die jeweils richtige Antwort auf dem Antwortbogen!

73) Verschiedene Herzkranzarterien (RA, RCX, RIVA, RCA, RDD) eines herzkranken Patienten weisen bestimmte Dehnungsfähigkeiten (z) auf. „z" entspricht der möglichen positiven Abweichung vom normalen Blutstrom. Über ein Dopplersonogramm werden die verschiedenen Blutströme (I) zusammen mit den Dehnungsfähigkeiten gemessen. Folgende Werte wurden gemessen:

RA: I =50 ml/s, z=3 %
RCX: 45 ml/s, z=40 %
RIVA: I = 50 ml/s, z=10 %
RCA: I = 65 ml/s, z=25 %
RDD: I = 30 ml/s, z=38%

Bitte ordnen Sie die Arterien nach ihrem Maximalstrom aufsteigend.

(A) RDD – RIVA – RCX – RA – RCA
(B) RDD – RA – RIVA – RCX – RCA
(C) RIVA – RDD – RCS – RCX
(D) RDD – RCX – RA – RCA – RIVA
(E) RDD – RIVA – RA – RCX – RCA

74) Ein Patient nimmt am Morgen 45 mg eines Medikaments zu sich. Am Abend wurde dessen Wirkstoff zu 15 % mithilfe der Leber ausgeschieden. Außerdem konnten in seinem Urin 18mg des Medikaments nachgewiesen werden. Diese Menge hat er somit mithilfe der Nieren ausgeschieden.

Welche Annahme kann getroffen werden?

(A) 40 % wurden über die Nieren ausgeschieden, etwa 7mg über die Leber.
(B) Die über die Leber ausgeschiedene Menge entspricht ca. 9mg.
(C) Von den aufgenommenen 45 mg Wirkstoff sind noch 55 % im Körper des Patienten.
(D) 40 % wurden über die Niere ausgeschieden, 14,5 mg befinden sich noch im Körper.
(E) Es wurde nur halb so viel Wirkstoff über die Leber wie über die Nieren ausgeschieden.

75) In Deutschland erkranken durchschnittlich 35 % der Bevölkerung im Laufe ihres Lebens an irgendeiner Form von Krebs. Davon entfallen 14 % auf Darm-, 10 % auf Lungen- und 16 % auf Brustkrebs, wobei davon fast ausschließlich Frauen betroffen sind.

Wie hoch ist die Wahrscheinlichkeit für einen, in der heutigen Zeit in Deutschland lebenden Mann, an einer der drei Formen von Krebs zu erkranken, wenn vorausgesetzt ist, dass Darm- und Lungenkrebs etwa gleich über die Geschlechter verteilt sind?

(A) 8 %
(B) 11 %
(C) 14 %
(D) 20 %
(E) 23 %

76) Es soll die Dichte zweier individuell geformter Körper gemessen werden. Das Volumen der Körper wird über die Änderung des Wasserstands in einem Gefäß gemessen. In dieses Gefäß werden die Körper nacheinander gegeben. V_1 (50 ml) gibt den Wasserstand ohne die Körper an. Der erste Körper – ein verformter Klumpen Gold mit einem Gewicht von 38,0 g wird zuerst hineingeworfen. Danach wird der Wasserstand V_2 abgelesen. Danach wird der zweite Körper – ein Kupferkabel von 22,5g – ebenfalls ins Gefäß geworfen. Der zuletzt gemessene Wasserstand entspricht V_3 .

V_2 : 52,0 ml
V_3 : 54,5 ml

Die Dichte p berechnet sich wie folgt: $p=\frac{m}{V}$

Welche Aussage zum Sachverhalt ist korrekt?

(A) Zur Füllung des Glases (70 ml) würde ein weiterer großer Klumpen Gold von ca. 200 g genügen.
(B) Die Dichte von Kupfer beträgt ca. 9 g/cm³
(C) Die Dichte aller Fremdkörper im Wasser beträgt zusammen ca. 10,0 g/cm³
(D) Gold hat eine Dichte von 26,0 g/cm³
(E) Ein weiterer Körper der Dichte 30 g/cm³ und einem Gewicht von 18g würde den Wasserspiegel um weitere 6ml anheben.

77) Ein Newton (N) entspricht einem $kg \cdot \frac{m}{s^2}$.

Welche der folgenden Antwortmöglichkeiten ergibt vollständig gekürzt diese Einheit?

(A) $N=(\frac{1}{kg})\cdot(\frac{s^2}{m^2})$

(B) $N=\frac{(s\cdot kg\cdot m^2)}{(s^3\cdot m)}$

(C) $N=(\frac{kg^2}{s^2})\cdot(\frac{m^2}{kg})$

(D) $N=(\frac{kg}{m})\cdot(m^2\cdot s^3)$

(E) $N=(\frac{kg}{m})\cdot(\frac{m^2}{s})$

78) Mithilfe der Durchleuchtung einer Flüssigkeit und dem Auffangen des die Lösung durchlaufenden Lichtes lassen sich Aussagen über die Konzentration der gelösten Teilchen in der Flüssigkeit machen, da diese Teilchen einen Teil des Lichts auf dem Weg durch die Flüssigkeit abfangen. Dieser Effekt wird als Extinktion (E) bezeichnet. Sie berechnet sich aus dem Quotienten der Menge des eingestrahlten Lichts (I^0) und der Menge des hinten austretenden Lichts (I). Es gilt folgende Gesetzmäßigkeit:

$$E=\log(\frac{I^0}{I})$$

Welche Aussage ist korrekt?

(A) Eine Verdopplung von I^0 hätte bei gleichbleibender Extinktion eine Verdopplung von I zur Folge.

(B) Registriert man hinter der Flüssigkeit eine 100fach geringere Lichtintensität, so beträgt $E=3$.

(C) Licht einer Lampe der Leistung 30 W vor der Lösung würde nach Durchlaufen der Lösung bei einer Extinktion von 3 Licht der Leistung 3 W erreichen.

(D) Entspricht $I^0=10^3$ und $I=10$, so entspricht das einer Extinktion von 3.

(E) Eine Verdopplung der Extinktion erfordert bei gleichem I^0 eine Senkung von I um den Faktor 2.

79) Es werden zwei alkoholische Getränke miteinander vermischt. Ein Schnaps enthalte 40 Volumenprozent Alkohol. Von ihm werden 200 ml verwendet. Das zweite Getränk kann nicht identifiziert werden; jedoch werden 400 ml verwendet. Ein drittes Getränk (5 % Vol. Alkohol) geht mit 400 ml Menge in die Mischung ein. Schlussendlich entsteht eine Mischung mit 28% Volumenprozent Alkohol.

Wie hoch ist der Alkoholgehalt im zweiten Getränk?

(A) 20 %
(B) 24 %
(C) 28%
(D) 40 %
(E) 45 %

80) Es wird angenommen, dass eine Auflaufform mit Lasagne in einem Backofen mit der Leistung (P) = 1000W (W=J/s) aufgewärmt wurde. Gesucht wird die Temperatur der Lasagne, nachdem sie ca. 10 min (600s) im Backofen aufgewärmt wurde (T_2). Ihre Ausgangstemperatur sei 20°C (=T_1). . Für $\Delta T = T_2 - T_1$ den Wärmekoeffizienten der Lasagne (c) wird c=3200 J/(kg•K) angenommen. Die Lasagne samt Form soll ca. 1,5 kg wiegen. Anmerkung: Die Einheit [K] entspricht [°C] und wird verwendet, wenn über Temperaturveränderungen gesprochen wird. Die für die Berechnung notwendigen Formeln:

$$P = \frac{Q}{t}$$

$$Q = c \bullet m \bullet \Delta T$$

Wie hoch ist die Temperatur nach dem Aufwärmen der Lasagne?

(A) 105 °C
(B) 125 °C
(C) 145 °C
(D) 205 °C
(E) 250 °C

81) Ein auf ein Hindernis zufahrendes Schiff nutzt Schallwellen, um solche Gefahren (z.B. Eisberge) zu sichten. Bei dieser Technologie werden unter Wasser Schallwellen vom Schiff ausgesendet, die an der Oberfläche des Eisberges zurückgeworfen werden. Diese Reflektion des Schallsignals kommt nach einer gewissen Zeit wieder beim Schiff an und wird detektiert. Aus dieser Zeitspanne lässt sich die Entfernung des Eisberges zum Schiff berechnen. Die Ausbreitungsgeschwindigkeit des Schalls liegt bei ca. 1200 km/h, wobei im Wasser vom dreifachen Wert ausgegangen werden kann, da Wasser die Schallwellen schneller überträgt.

In welcher Entfernung befindet sich der Eisblock, wenn das Schallsignal nach 10,3 Sekunden wieder im Schiff detektiert wird?

(A) 1,0 km
(B) 3,4 km
(C) 3,6 km
(D) 5,2 km
(E) 10,3 km

82) Der Energieumsatz während einer anstrengenden Übung, betrage etwa 3 kcal pro kg Körpergewicht und Stunde. Kohlenhydrate liefern etwa 4 kcal pro g. Durch physiologische Untersuchungen an Probanden konnte errechnet werden, dass auf Basis von Kohlenhydratverbrennung pro 5 kcal erzeugter Energie 1 l Sauerstoff verbraucht wird. Nach einer gewissen Zeit (hier: 1 h) werden Enzyme für den Fettsäurestoffwechsel aktiviert, wodurch mehr und mehr Energie durch Fette erzeugt wird. Diese benötigen zwar mehr Sauerstoff zur Verbrennung, liefern aber mehr Energie.

Welche der folgenden Antwortmöglichkeiten reflektiert am besten den Bedarf an Metaboliten von Peter, 80 kg, während einer einstündigen, anstrengenden Übung? Es wird angenommen, dass der Energieumsatz nach Abschluss der Übung auf dem voherigen Niveau bleibt.

(A) Peter benötigt ca. 20 g Kohlenhydrate und 48 l Sauerstoff; später abnehmender Sauerstoffbedarf pro Zeit.
(B) Peter benötigt ca. 40 g Kohlenhydrate und 32 l Sauerstoff, später ansteigender Sauerstoffbedarf pro Zeit.
(C) Peter benötigt ca. 60 g Kohlenhydrate und 48 l Sauerstoff, später abnehmender Sauerstoffbedarf pro Zeit.
(D) Peter benötigt ca. 60 l Sauerstoff und 48 g Kohlenhydrate, später ansteigender Sauerstoffbedarf pro Zeit.
(E) Peter benötigt ca. 60 g Kohlenhydrate und 48 l Sauerstoff, später bleibt der Sauerstoffbedarf pro Zeit konstant.

83) Ein Auto beschleunigt in einer ersten Phase mit einer Rate von 5 m/s^2, ausgehend vom Ausgangsort und einer unbekannten Geschwindigkeit >0, um schließlich in einer zweiten Phase bei 50 km/h in ein konstantes Tempo überzugehen.

Betrachten wir seine Geschwindigkeit (v) und seine Entfernung vom Ausgangsort (s) so gilt:

(A) Die Beschleunigung verändert sich während der zwei Phasen nur einmal. s(t) in Phase 2 entspricht einer linearen Zunahme.
(B) Die durchschnittliche Geschwindigkeit während Phase 1 ist ein Zehntel derer der Phase 2.
(C) Für die Beschleunigung in Phase 1 werden zehn Sekunden benötigt.
(D) v(t) beschreibt in Phase 1 eine konstante, s(t) eine quadratische Funktion.
(E) v(t) beschreibt in Phase 2 eine konstante, s(t) eine quadratische Funktion.

84) Gemäß untenstehender Tabelle wurden folgende Werte bei einem elektrischen Experiment im Physikkurs gemessen. Untersucht werden soll, ob irgendwelche der Variablen möglicherweise abhängig von einander sind.

X	p	hm	t
1	1	1	5
1/2	8	4	10
1/3	27	9	15
1/4	64	16	20
1/5	125	25	25

Welche der folgenden Regelmäßigkeiten trifft am ehesten zu?

(A) t und X verhalten sich direkt proportional zueinander.
(B) Die Produkte aus hm und p ergeben eine lineare Funktion.
(C) Der Quotient aus p und hm ist konstant.
(D) t und X verhalten sich indirekt proportional zueinander; X und p hingehen nicht.
(E) Das Produkt aus X und t/5 ergibt die Wurzel aus p.

85) Für unterschiedliche Nervengifte können unterschiedliche Halbwertszeiten ($t_{0,5}$) festgestellt werden. Diese geben an, nach wie viel Zeit nur noch die Hälfte des Giftes im Körper vorliegt, weil die Menge durch Ausscheidung oder Abbau reduziert wurde.

NMX: $t_{0,5}$ = 12h

THC: $t_{0,5}$ = 4h

KXG: $t_{0,5}$ = 8h

Welche der folgenden Aussagen ist falsch, wenn der Körper gleichzeitig mit allen drei Giften in gleicher Menge in Kontakt kam?

(A) Das Gift NMX benötigt dreimal solange wie THC, um sich auf ein 1/8 zu reduzieren.
(B) Große Halbwertszeiten gehen mit einer niedrigen Ausscheidungs- oder Abbaurate im Körper einher.
(C) NMX benötigt die dreifache Zeit von THC, um sich auf ein Viertel der Ausgangsmenge zu verringern.
(D) NMX benötigt das Fünffache der Zeit $t_{0,5}$, um sich auf 1/32 der Ausgangsmenge zu reduzieren.
(E) Nach 16h (zwei Halbwertszeiten von KXG) liegt KXG in einer doppelt so hohen Konzentration wie THC vor.

86) Ein Kontrastmittel verteilt sich völlig gleichmäßig im Plasma eines Patienten. Es wurden bei einem Patienten 300 mg Kontrastmittel verwendet und in einer 10 ml großen Plasmaprobe befinden sich genau 1,5 mg des Kontrastmittels.

Wie groß ist das Plasmavolumen des Patienten?

(A) 2000 ml
(B) 3600 ml
(C) 4500 ml
(D) 5800 ml
(E) 7000 ml

87) Glucose besteht aus 6 Kohlenstoff-, 6 Sauerstoff- und 12 Wasserstoffatomen. Ribose besteht aus 5 kohlenstoff-, 5 Sauerstoff- und 10 Wasserstoffatomen. In einer Lösung seien zu jeweils 45 % Glucose und 55 % Ribose enthalten. Das Lösungsmittel darf vernachlässigt werden.

Wie hoch ist der Anteil von Sauerstoff an der Gesamtzahl der Atome?

(A) 12,5 %
(B) 17,5 %
(C) 25,0 %
(D) 27,5 %
(E) 33,3 %

88) Ein Dorf wird durch die Turbine eines nahegelegenen Staudammes mit Elektrizität versorgt. Dabei laufen täglich ca. 20.000 kubikmeter Wasser durch die Turbine und erzeugen so 1500 kWh täglich. Wegen Bauarbeiten muss ein Teil der Anlage vorübergehend stillgelegt werden, so dass nur noch 4000 kubikmeter Wasser hindurchlaufen können.

Um wie viele kWh reduziert sich die täglich zur Verfügung stehende Energie für das Dorf?

(A) 1200 kWh
(B) 900 kWh
(C) 400 kWh
(D) 300 kWh
(E) 200 kWh

89) Die Intensität (I) eines Geräusches hängt von der Entfernung (r) zur Quelle ab. So nimmt die Intensität von der Ursprungsintensität I_0 mit der Entfernung quadratisch ab. Es gilt folgende Gesetzmäßigkeit:

$$I = \frac{I_0}{r^2}$$

Ein Gewehr emittiert bei einem Schuss ein Geräusch von 3 W/m² (Watt pro Quadratmeter) vor Ort. Nach wie vielen Metern Entfernung fällt der Wert unter 0,5 W/m²?

(A) 2,1 m
(B) 2,5 m
(C) 3,2 m
(D) 3,8 m
(E) 4,5 m

90) Der Luftdruck auf Meereshöhe beträgt ca. 100 kPa. Der Luftdruck setzt sich zusammen aus den Teildrücken der verschiedenen, in der Luft enthaltenen Gase. Der Druck, welcher auf die einzelnen Bestandteile entfällt, wird Partialdruck genannt. 78 % des Drucks macht Stickstoff, 21 % Sauerstoff und den Rest machen Edelgase und Kohlendioxid aus. Während diese Anteile konstant bleiben, nimmt der (Gesamt-)Luftdruck mit zunehmender Höhe ab. In 2900 m Höhe wurden auf der Zugspitze 14,7 kPa Sauerstoffpartialdruck gemessen.

Wie hoch ist der Luftdruck?

(A) 44 kPa
(B) 64 kPa
(C) 70 kPa
(D) 89 kPa
(E) 110 kPa

91) Die Diffusion (Bewegung von Elektrolyten) durch eine Biomembran hängt von folgenden Faktoren ab: Sie wird begünstigt durch eine große Oberfläche (A), jedoch abgeschwächt, wenn die Membran eine große Dicke (d) besitzt. Je leitfähiger (D) die Membran ist, desto höher die Diffusion. Der Treiber der Elektrolytbewegung ist der Konzentrationsunterschied zu beiden Seiten (Δc).

Welche Formel zur Berechnung der Diffusion (I) ist am ehesten zutreffend?

(A) $I = (d \cdot D \cdot A) / (\Delta c)$
(B) $I = (A \cdot D) / (d \cdot \Delta c)$
(C) $I = (A \cdot d) / (\Delta c \cdot D)$
(D) $I = (\Delta c / d) \cdot (D / A)$
(E) $I = D \cdot A \cdot \Delta c / d$

92) Eine Bakterienkolonie besteht aus $10 \cdot (10^8)$ Bakterien. Hinzugefügt werden $1{,}5 \cdot (10^9)$ Bakterien eines anderen Stammes.

Welche Zahl entspricht der Größe der Bakterienkolonie nun am ehesten?

(A) 10^{18}
(B) $1{,}5 \cdot 10^{12}$
(C) $10 \cdot 10^5$
(D) $2{,}5 \cdot 10^9$
(E) 10^{12}

93) Die elektrische Arbeit kann sowohl in J (Joule) oder Ws (Wattsekunden) angegeben werden. Watt ist das Produkt der Einheiten V (Volt) und A (Ampere). Entsprechend ergibt sich:

$J = W \cdot s = A \cdot V \cdot s$

Bitte benennen Sie den korrekten Term:

(A) $J = (W \cdot s^2) / (A \cdot V \cdot s)$
(B) $J = (A \cdot V \cdot s)^2 / (W \cdot s)$
(C) $J = W^2 \cdot s^2 / (A \cdot V \cdot s2)$
(D) $J = A^2 \cdot s^2 / (V^2 \cdot W^2 \cdot s)$
(E) $J = (V \cdot A \cdot s) / (A \cdot s)$

94) In einem Schullandheim sind 46 Schüler zusammen mit je zwei Lehrern und Eltern untergebracht. Vor der Abreise soll der Bedarf an Lebensmitteln abgeschätzt werden. Es wird vereinfachend angenommen, dass sich alle Bewohner ausschließlich von Kartoffeln ernähren. Es wird pro Kopf und Tag ein Energiebedarf von 6000 kilojoule angenommen. Man kommt zu dem Schluss, dass 60 kg Kartoffeln benötigt werden.

Energiegehalt Kartoffeln: 15.000 kJ / kg

Wie viel Zeit soll im Schullandheim verbracht werden?

(A) 1 Tag
(B) 1 ½ Tage
(C) 3 Tage
(D) 5 Tage
(E) 7 Tage

95) In einem Tiergehege leben unterschiedlich große und alte Elefanten. Folgende Werte werden für die Versorgung der Tiere kalkuliert:

Edeltraut benötigt in der Woche 70 kg Futter.
Emil benötigt pro Tag 14kg Futter.
Elisa benötigt in drei Tagen 12kg Futter.
Eberhardt benötigt in fünf Tagen 35 kg Futter

Welche Aussage ist falsch?

(A) Emil und Elisa haben gemeinsam einen höheren Verbrauch als Eberhardt und Edeltraut zusammen
(B) Zusammen benötigen alle Elefanten etwa 250 kg Nahrung pro Woche.
(C) Pro Woche verbraucht Eberhardt halb so viel Nahrung wie Emil.
(D) Elisa benötigt ca. 40 % der Nahrungsmenge, die Edeltraut benötigt.
(E) Edeltraut benötigt etwa 130 % der Nahrungsmenge von Elisa und Eberhardt

96) Ein Fallschirmspringer befindet sich im freien Fall. Seine vertikal zurückgelegte Strecke lässt sich näherungsweise mit folgender Funktion (Strecke s in Abhängigkeit von Zeit t) berechnen. Die Erdbeschleunigung g sei 9,8 m/s².

$$s(t) = \frac{1}{2} g \cdot t^2$$

Wie viel Zeit ist in etwa vergangen, wenn er 800 m gefallen ist?

(A) 16 sek
(B) 4 sek
(C) 40 sek
(D) 8 sek
(E) 12,5 sek

Aufgabengruppe konzentriertes und sorgfältiges Arbeiten

Bearbeitungszeit: 8 Minuten

Mit dieser Aufgabe soll Ihre Fähigkeit, zügig, aber sorgfältig und konzentriert zu arbeiten getestet werden. Ihre Aufgabe ist es, zeilenweise (von links nach rechts) jene Pfeile anzustreichen, die im Vergleich zum darauffolgenden um 180° gedrecht sind. Nicht angestrichen werden sollen alle anderen Pfeile, sowie die Pfeile am Zeilenende.

Beispiel: 

Pause

60 Minuten

Aufgabengruppe Figuren Lernen

Einprägephase

Bearbeitungszeit: 4 Minuten

Bitte betrachten Sie sorgfältig unten stehende Figuren. Alle bestehen aus fünf Flächen, von denen jeweils eine geschwärzt ist. In der später folgenden Reproduktionsphase werden Sie nach der Stellung der geschwärzten Fläche gefragt werden.

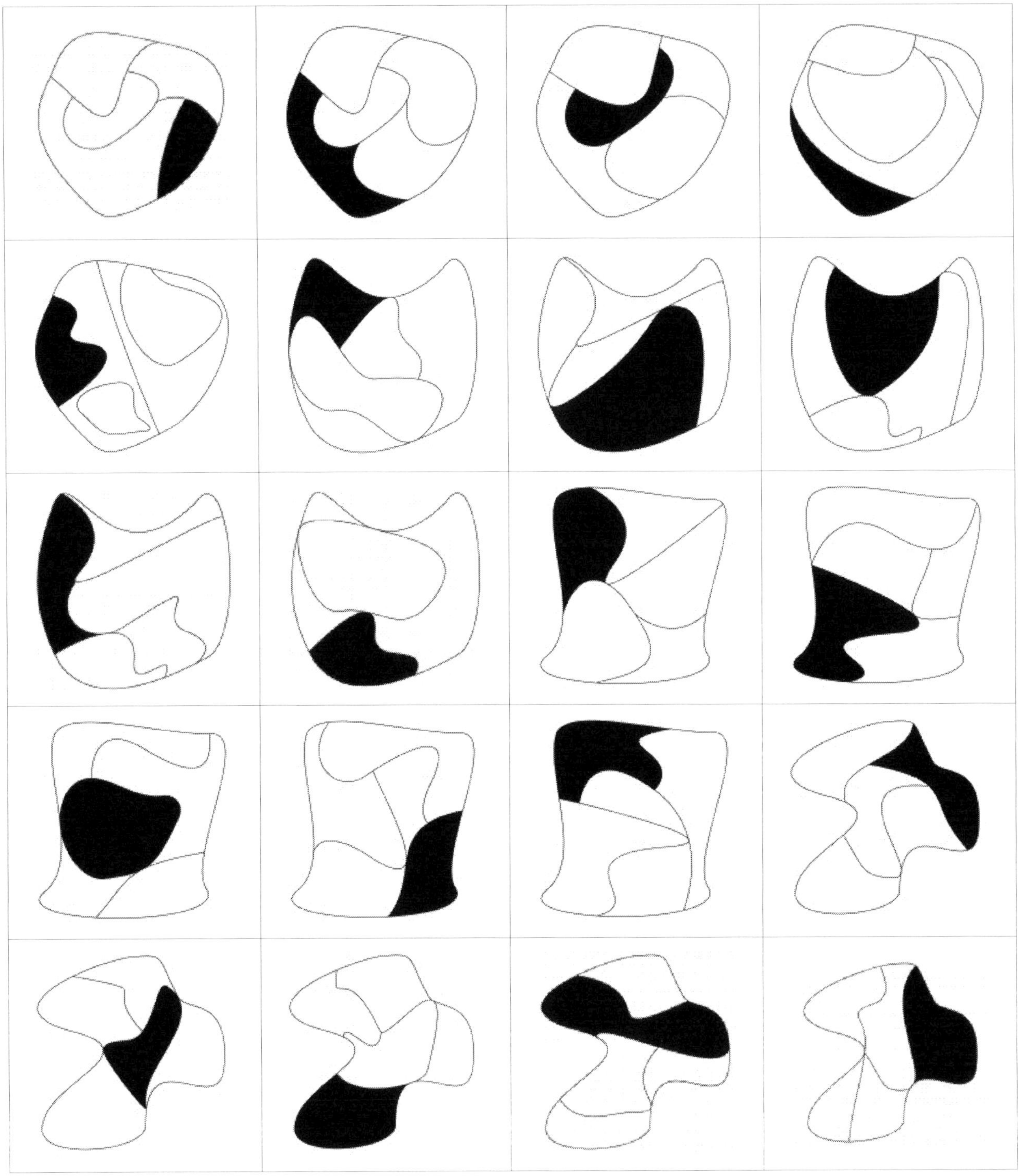

Aufgabengruppe Fakten Lernen

Einprägephase - Bearbeitungszeit: 6 Minuten

Bitte betrachten Sie sorgfältig unten stehende Fakten zu den insgesamt 15 Personen. Beispielperson:

Merkel - ca. 60 Jahre – Physikerin – ruhig – Burnout

Ihre Aufgabe ist es, möglichst viele Fakten davon im Gedächtnis zu behalten. In einer späteren Reproduktionsphase werden diese Fakten nach folgendem Schema von Ihnen erfragt:

Die Physikerin ist wie alt?

20 Jahre

25 Jahre

40 Jahre

50 Jahre

Kleber Putzner Schmierer	25 Jahre 25 Jahre 25 Jahre	Pilotin, alleinerziehend - Kropf Busfahrer, Notfall - Mukoviszidose Schaffner, ängstlich – Jochbeinbruch
Storch Fuchs Vogel	30 Jahre 30 Jahre 30 Jahre	Innenarchitekt, alleinstehend – Brustkrebs Makler, Ambulanz – Lungenentzündung Immobilienfachmann, wissbegierig – Tremor
Kleine Große Grobschlacht	40 Jahre 40 Jahre 40 Jahre	Feuerwehrmann, 2 Kinder – Verbrennung Dachdecker, stolz – chronische Schmerzen Schreiner, Kuraufenthalt – Hypertonie
Grünmann Hofmann Hartmann	50 Jahre 50 Jahre 50 Jahre	Kinderarzt, Sanatorium – Stoffwechselstörung Kardiologe, kinderlos – Rückenschmerzen Psychologe, unterhaltsam – Oberschenkelbruch
Koch Köhler Krämer	65 Jahre 65 Jahre 65 Jahre	Moderator, paranoid – Wirbelbruch Musiker, verwitwet – Epilepsie Regisseur, überwiesen - Alkoholmissbrauch

Aufgabengruppe Textverständnis

Bearbeitungszeit: 60 minuten

Die folgenden Aufgaben testen Ihre Fähigkeit mit komplexen Texten umzugehen und Informationen zu extrahieren. Bitte lesen Sie die folgenden Texte und lösen Sie anschließend die gestellten Aufgaben.

Text zu den Fragen 97 – 102

Als Menstruationszyklus wird ein ca. einen Monat dauernder Vorgang in den Geschlechtsorganen der Frau bezeichnet. Im Verlauf des Zyklus stellen die Eierstöcke ein befruchtbares Ei bereit. Zeitgleich wird die Gebärmutterschleimhaut aufgebaut, um die Eizelle nach ihrer Befruchtung durch ein Spermium aufnehmen und versorgen zu können. Die beiden Eierstöcke stehen mit der Gebärmutter jeweils über einen Eileiter in Verbindung. Üblicherweise beginnt die Zählweise des Zyklus mit dem Tag der Regelblutung, der Menstruation. An diesem ersten Tag beginnt die Abstoßung der alten, im Verlauf des letzten Zyklus stark angewachsenen Gebärmutterschleimhaut (Desquamation). Zeitgleich beginnt im Eierstock die Reifung der Ovarialfollikel. Ein Follikel enthält eine Eizelle sowie das die Eizelle umgebende Follikelepithel und etwas Bindegewebe. Für die Reifung des Follikels sorgt das follikelstimulierende Hormon (FSH) aus der Hypophyse. Zellen des Follikels beginnen nun mit der Produktion von Östrogen, welches das Wachstum der Gebärmutterschleimhaut zeitgleich fördert. Dies macht Sinn, da eine befruchtete Eizelle sich später in dieser Schleimhaut einnisten soll. Obwohl mehrere Follikel reifen, überlebt in der Regel nur einer und entwickelt sich zum sogenannten Graaf- Follikel. Eine zweite Wirkung des Östrogens ist die Ausschüttung des luteinisierenden Hormons aus der Hypophyse, das den Eisprung auslöst. Dabei löst sich die Eizelle aus dem Graaf-Follikel und beginnt den Eierstock über den Eileiter zu verlassen. Zurück bleibt der Rest des Graaf-Follikels - der Gelbkörper (Corpus luteum), der Progesteron produziert - ein Gebärmutterschleimhaut stimulierendes (wachstumsförderndes) Hormon.

Das Ei ist nach dem Eisprung für ca. 24 h befruchtbar. Für den Weg zur Gebärmutter benötigt die Eizelle etwa drei Tage. Das Progesteron des Corpus luteum hält in dieser Zeit das Wachstum der Gebärmutterschleimhaut aufrecht. Wird die Eizelle befruchtet, entwickelt sie sich durch mehrere Teilungen zur Blastozyste und nistet sich in die Schleimhaut ein. Darüber hinaus produziert sie humanes Choriongonadotropin (HCG), das seinerseits den Gelbkörper stimuliert. Fällt diese Stimulation weg, geht der Gelbkörper zugrunde, die Produktion von Progesteron setzt aus und mit ihr das Wachstum der Gebärmutterschleimhaut, woraufhin diese abgestoßen wird. Damit schließt sich der Kreis und der Menstruationszyklus beginnt von neuem. Das Vorliegen von HCG ist also essentiell für die Aufrechterhaltung einer Schwangerschaft. HCG-Messungen im Blut werden als Schwangerschaftstest verwendet, da es typischerweise schnell ansteigt, sobald eine Blastozyste zu produzieren beginnt. Progesteron hat die grundlegende Funktion, die Gebärmutterschleimhaut empfangsbereit zu halten. Ein Nebeneffekt ist, dass Progesteron der Hirnanhangsdrüse (Hypophyse) – der zentralen Steuerzentrale – den Hinweis gibt, dass keine weitere Follikelreifung notwendig ist. Grund dafür ist die bereits eingenistete Eizelle und die dadurch bestehende Schwangerschaft. Viele der heutigen Antibabypillen verwenden Hormonanaloga zu Progesteron, um dem Körper das Bestehen eines Gelbkörpers (und damit einer Schwangerschaft) zu simulieren, um die Reifung weiterer Follikel zu unterbinden.

97)	**Welche der Aussagen stimmt mit dem Text überein?** (A) Die Abstoßung der Gebärmutterschleimhaut wird durch den Untergang des Gelbkörpers verursacht. (B) Der Gelbkörper (Corpus luteum) enthält eine, z. T. aber auch zwei Eizellen. (A) Graaf-Follikel und Gelbkörper sind identisch. (B) Der Graaf-Follikel enthält keine Eizelle mehr. (C) Humanes Choriongonadotropin (HCG) wird von der Hypophyse produziert, um die Schwangerschaft aufrecht zu erhalten.
98)	**Die Gebärmutter zeichnet sich durch besondere Schleimhauteigenschaften aus. Die Gebärmutterschleimhaut...** (A) bildet im Gegensatz zu anderen Schleimhäuten Eizellen in Form von Follikeln. (B) kann eine Blastozyste aufnehmen. (C) ist nur für 24 h befruchtbar; später ankommende Blastozysten sterben ab. (D) produziert Choriongonadotropin (im Falle einer Schwangerschaft). (E) schüttet Östrogen aus.
99)	**Bitte lesen Sie aufmerksam folgende Aussagen. Was ist über deren Wahrheitsgehalt zu sagen?** I. FSH ist ein wichtiger Schwangerschaftsindikator in der Medizin (Bluttests) II. HCG ist wichtig für die Reifung und den Sprung des Graaf-Follikels III. Die Hypophyse kann durch ausgeschüttete Hormone den Gelbkörper vom Untergang abhalten. (A) Alle Aussagen sind richtig. (B) Alle Aussagen sind falsch. (C) Aussage II ist richtig. (D) Aussage III ist richtig. (E) Die Aussagen II & III sind richtig.
100)	**Welche Aussage zur hormonellen Steuerung des Menstruationszyklus ist falsch?** (A) Progesteron ist sehr wichtig für die Stimulation der Schleimhaut in der Gebärmutter. (B) Das schleimhautstimulierende Östrogen entstammt dem Follikel. (C) Die unbefruchtete Eizelle schüttet ein Hormon aus, das für Schwangerschaftstests eine Rolle spielt. (D) FSH und luteinisierendes Hormon entstammen der Hypophyse. (E) Nach dem Eisprung bleibt vom Follikel u.a. das Corpus luteum zurück.

101) Die Hypophyse nimmt Einfluss auf den Menstruationszyklus. In welcher Form?

(A) Die Hypophyse schüttet luteinisierendes Hormon und humanes Choriongonadotropin aus.
(B) Die Hypophyse fördert Follikelreifung und Eisprung.
(C) Die Hypophyse schüttet nur Progesteron aus und fördert so den Erhalt der Uterus-Schleimhaut
(D) Die Hypophyse schüttet Östrogen und Progesteron aus.
(E) Die Hypophyse löst den Eisprung durch das follikelstimulierende Hormon aus.

102) Welche Aussage ist falsch?

(A) Sowohl der Zustand der Gebärmutterschleimhaut als auch Eisprung sind von hormonellen Zuständen des Körpers abhängig.
(B) Progesteron und Östrogen haben eine, in Bezug auf die Gebärmutterschleimhaut, vergleichbare Wirkung.
(C) Die Eizelle durchwandert für ungefähr drei Tage den Eileiter, um die Gebärmutter zu erreichen.
(D) HCG wird im Rest des Follikels (Gelbkörper) produziert.
(E) Als Antibabypillen werden oft Progesteron - Analoga verwendet.

Text zu den Fragen 103 – 108

Mit einer Impfung soll ein Mensch vorbeugend in die Lage versetzt werden, immunologisch selbst auf einen Erreger reagieren zu können. Dabei hat das Immunsytem des Geimpften durch die, in der Impfung enthaltenden, Erregerbestandteile Kontakt mit einem Merkmal des Erregers. Diese erregerspezifischen Merkmale nennt man Antigen. Bei Kontakt mit einen Antigen kann das Immunsystem beginnen, Antikörper gegen diesen Erreger bzw. dessen Merkmal zu produzieren. Sinnvollerweise benutzt man entweder abgeschwächte oder tote Erreger, um Menschen zu impfen, da man sonst das Risiko eingehen würde, einen Menschen tatsächlich zu infizieren. Entscheidende Bedeutung kommt dabei den B-Lymphozyten zu. B-Lymphozyten tragen einen hochgradig spezifischen B-Zell-Rezeptor, der einem Antikörper (Immunglobulin) ähnelt auf ihrer Zelloberfläche. Dieser ist in der Lage, bestimmte Antigene zu erkennen, wobei jede B-Zelle mit ihrem Rezeptor genau ein Antigen erkennen kann. Der Körper produziert bereits vor dem Kontakt mit dem Antigen millionenfach verschiedenste und hochindividuelle B-Zellen mit unterschiedlichen B – Zell - Rezeptoren, die darauf warten, mit dem passenden Antigen in Kontakt zu kommen. Passiert dies, so wird diese eine B-Zelle zur Plasmazelle aktiviert und beginnt sich vielfach zu teilen. Plasmazellen produzieren dann entsprechende Antikörper, vor allem Immunglobulin-G. Diese Antikörper erkennen das identische Antigen, was zuvor der B-Zell-Rezeptor erkannt hat. Somit produziert der Körper nun große Mengen von speziell benötigten Plasmazellen, die spezialisierte Antikörper für das aktuell vorliegende Antigen produzieren.

Für eine effektive B-Zell-Aktivierung ist allerdings auch ein Zusammenspiel mit anderen Immunzellen notwendig, beispielsweise den T-Lymphozyten.

Antikörper werden ausschließlich von Plasmazellen produziert. Antikörper tragen eine Erkennungsregion für den Antigen-Kontakt und weitere Strukturen, nach denen man sie in verschiedene Klassen einteilt. Neben dem hauptsächlich produzierten Immunglobulin G (IgG) werden auch IgA und IgE produziert. Während IgA vor allem in Körperflüssigkeiten wie etwa der Tränenflüssigkeit oder Muttermilch vorkommt, spielt IgE eine bedeutende Rolle bei allergischen Reaktionen. Werden Immunglobuline unterschiedlicher Klassen von der selben Plasmazelle produziert, so haben sie auch alle die gleiche Antigen-Erkennungsregion.

Durch die Aktivierung der B-Zellen erklärt sich auch die Immunisierung durch eine Impfung: Beim Erstkontakt mit dem Antigen des geimpften Erregers wird die dazu passende B-Zelle aktiviert. Diese beginnt sich zu teilen und Antikörper gegen das eingedrungene Antigen zu produzieren. Durch das Vorhandensein der Antikörper erlangt der Geimpfte Schutz gegen den Erreger. Einige der gebildeten Plasmazellen gehen in eine Ruhephase über, und beginnen erst wieder Antikörper zu produzieren, wenn das Antigen ein zweites Mal auf den Organismus trifft. Dieser Mechanismus funktioniert dann wesentlich schneller, da bereits größere Mengen dieser Zellen vorliegen. Man nennt diese Plasmazellen „Gedächtniszellen". Durch sie kann lebenslange Immunität gegen bestimmte Erreger erworben werden.

Eine aktive Impfung verläuft nach den oben dargestellten Mechanismen. Passive Impfungen beinhalten einen spezifischen Antikörpern gegen den Erreger oder das Antigen gegen welches geimpft werden soll. Dadurch bleibt dem Körper die Zeit für Antigenerkennung und B-Zell-Aktivierung erspart. Andererseits ist der Körper auch nicht dauerhaft immun gegen den jeweiligen Erreger, sondern besitzt nur ein begrenztes Antikörper-Kontingent. Der Vorteil liegt darin, dass auch nach erfolgter Infektion noch geimpft werden kann, beispielsweise bei Tollwut, da die Impfung sofort wirkt.

103) Welche Aussage über B-Zellen trifft am ehesten zu?

(A) Plasmazellen gehen nur durch T-Zell-Aktivierung in die aktive B-Zell-Form über.
(B) B-Zellen besitzen einen hochspezifischen B-Zell-Rezeptor zur spezifischen Erkennung von Antigenen.
(C) B-Zell-Aktivierung läuft hauptsächlich selbstständig und unabhängig von äußeren Faktoren statt.
(D) B-Zellen gehen bereits lange vor Antigen-Kontakt in ihre aktive Form über, um schnell auf gefährliche Antigene reagieren zu können.
(E) B-Zellen treten vor Antigenkontakt in eine Ruhephase („Gedächtniszellen") ein.

104) Welche Aussage über Impfungen ist falsch?

(A) Durch aktive Impfungen wird ein langfristigerer Schutz erreicht als durch passive Impfung.
(B) Passive Impfungen bieten dem Körper langfristig eine stärkere Immunisierung als aktive Impfungen.
(C) Körpereigene Antikörper-Produktion gegen ein Antigen findet nur nach aktiven Impfungen statt.
(D) Gedächtniszellen können eine Antikörperantwort sehr lang konservieren, so dass Impfungen auch nach Jahren noch wirksam sein können.
(E) Passive Impfungen führen zu keiner körpereigenen Immunantwort in Form von Antikörper – Produktion auf Infektionen wie Tollwut.

105) B- und T-Zellen stellen wichtige Stützen des Immunsystems dar. Welche Aussage trifft zu?

(A) Immunglobuline der Klasse IgG werden von T-Zellen produziert, IgA und IgE von Plasmazellen.
(B) Nach dem Antigenkontakt beginnen B-Zellen verschiedene B-Zell-Rezeptoren zu exprimieren, um einen passenden Rezeptor zur Erkennung des Antigens herauszubilden.
(C) In Immunglobulinen gleichen Typs (IgA, E, G), jedoch unterschiedlicher Plasmazellen ist die Antigen-Erkennungsregion identisch.
(D) Informationen über die Erkennungsregion der Antikörper werden während der Aktivierung auf die T- Zelle übertragen, damit diese vor allem IgG produzieren kann.
(E) Jede B-Zelle kann nur ein Antigen erkennen und entsprechende Antikörper produzieren, da sie einen hochspezifischen antikörperähnlichen Rezeptor besitzt.

106) Welche Aussage ist falsch?

(A) Hochspezifische B-Zellen liegen auch schon vor Kontakt mit einem passenden Antigen im Körper vor.
(B) Das Vorhandensein von Gedächtniszellen beschleunigt die Immunantwort bei einer späteren Re - Infektion.
(C) Wenn bereits Gedächtniszellen gegen ein bestimmtes Antigen vorliegen, ist eine aktive Impfung überflüssig.
(D) Eine B - Zelle ist in der Lage, gegen verschiedene Antigene Antikörper zu bilden.
(E) B - Zellen müssen ihren B - Zell - Rezeptor mit einem passenden Antigen in Kontakt bringen, um aktiviert zu werden.

107) Welche Aussage trifft am ehesten zu?

(A) Aktive Impfungen können durch die körpereigene Reaktion schneller wirken.
(B) Bei einer Infektion werden zunächst alle körpereigenen B-Zellen aktiviert, jedoch bilden nur einzelne später Immunglobuline.
(C) Es liegen bereits vor der eigentlichen Infektion große Mengen an Antikörpern gegen das Antigen vor, die jedoch noch aktiviert werden müssen.
(D) Antikörper binden hochspezifisch B-Zell-Rezeptoren zur schnellen Aktivierung.
(E) Erst nach der Aktivierung von B - Zellen beginnt die Produktion von IgG, E & A durch Plasmazellen.

108) Für die menschliche Immunantwort ist ein komplexes Zusammenspiel verschiedener Zellen notwendig. Welche Aussage ist falsch?

(A) Gedächtniszellen sind besondere Formen von Plasmazellen.
(B) B-Zellen gehen nach Aktivierung in den Antikörper-produzierenden aktiven Zustand der T-Zellen über.
(C) Eine Aktivierung von B-Zellen erfolgt erst nach Antigen-Kontakt.
(D) Aktive Impfungen befähigen den Körper zur langfristigen selbstständigen Immunantwort gegen ein bestimmtes Antigen.
(E) Passive Impfungen sind aufgrund ihrer schnellen Wirksamkeit auch nach erfolgter Infektion möglich.

Text zu den Fragen 109 – 114

Das menschliche Herz wirkt als Pumpe für den Blutkreislauf. Im Kreislauf lassen sich der Lungen- und der Körperkreislauf unterscheiden. Ersterer ist wesentlich kleiner und umfasst lediglich die Lungen. Das Herz ist zweimal in den Blutkreislauf geschaltet: Die rechte Herzhälfte pumpt Blut in den kleinen Lungenkreislauf; die linke Herzhälfte in den Körperkreislauf (großer Kreislauf). Die Kreisläufe sind jedoch so miteinander verbunden, dass die Kreisläufe nicht separat voneinander existieren, sondern jeweils ineinander übergehen: Nach Durchlaufen des Lungenkreislaufs erreicht das zurückströmende sauerstoffreiche Blut die linke Herzhälfte und wird anschließend in den Körperkreislauf gepumpt, um dort den, in der Lunge aufgenommenen, Sauerstoff abzugeben. Jede Herzhälfte besteht aus einem Ventrikel - der eigentlichen Pumpe, welcher das Blut durch die Kontraktion seiner Wände in den Kreislauf pumpt - und einem Vorhof (Atrium), der das Blut in den Ventrikel pumpt, und dadurch dessen Füllung beschleunigt. Jeder der beiden Ventrikel fasst ca. 150 ml Blut, von denen 70 ml ausgeworfen (in den Kreislauf abgegeben) werden, die sogenannte „Ejection Fraction". Bei kranken und schwachen Herzen verringert sich die Ejection Fraction, so dass nur noch kleinere Anteile des Ventrikelvolumens ausgeworfen werden, obwohl das gesamte Ventrikelvolumen sogar ansteigen kann.

Das Herz-Minuten-Volumen gibt die Menge an ausgeworfenem Blut pro Ventrikel und Minute an. Es berechnet sich durch Multiplikation der Herzfrequenz (ca. 70/Minute) und des ausgeworfenen Blutes und beträgt als Richtwert ca. 5000 ml pro Minute. Beide Ventrikelhälften pumpen stets gleichzeitig. Der arterielle Blutdruck wirkt als Widerstand zum ausgeworfenen Blut: Das Herz wirft Blut in die bereits gefüllten und gespannten Blutgefäße aus und erhöht somit während der Ventrikelkontraktion den Blutdruck weiter. Der Blutdruck im großen Kreislauf, in den der linke Ventrikel sein Blut auswirft, ist ungleich höher: Hier herrschen ca. sechsmal so hohe Drücke wie im Lungenkreislauf.

Arterieller Bluthochdruck, auch Hypertonie genannt, führt dazu, dass das Herz mehr Arbeit leisten muss, um das Blut in den Kreislauf zu pumpen, da es gegen einen höheren Druck auswerfen muss. Auf Dauer führt dies zu einer Schwellung des Herzens, die mit dem Niedergang von Herzmuskelzellen verbunden sein kann. Sterben zu viele Herzmuskelzellen ab, so sinkt letztendlich die Leistungsfähigkeit des Herzens und das Herz hat nicht mehr genügend Kraft, um das Blut gegen den Widerstand des Blutdrucks auszuwerfen (Herzinsuffizienz). In diesem Fall sinkt die Ejection Fraction, obwohl das Herz insgesamt größer wird. Wichtig ist deshalb eine frühzeitige Therapie der Hypertonie, um Schäden am Herzen vorzubeugen. Bluthochdruck kann durch Stress, Übergewicht, Bewegungsmangel, Nierenerkrankungen und anatomische Anomalien des Herzens oder der großen Blutgefäße bedingt sein. Außerdem steigt mit zunehmenden Lebensalter der Blutdruck häufig an, da die Arterien ihre Flexibilität und Elastizität verlieren.

Durch verschiedene Medikamente lässt sich der Blutdruck senken: Zum einen durch Nierenmedikamente die die Urinproduktion erhöhen (Diuretika), um Flüssigkeit aus dem Kreislaufsystem zu eliminieren und so das Herz zu entlasten. Wichtiger jedoch ist der medikamentöse Ansatz an den Blutgefäßen selbst: durch Medikamente wie z.B. ACE-Hemmer können die Gefäße entspannt und erweitert werden, so dass der Blutdruck sinkt.

109)	**Welche Aussage zur Herzmechanik trifft nicht zu?** (A) Der linke Ventrikel pumpt gegen einen höheren Druck und hat ein höheres Volumen als der rechte. (B) Im Lungenkreislauf herrschen deutlich geringere Blutdrücke als im Körperkreislauf. (C) Durch den Lungenkreislauf und den Körperkreislauf fließt etwa das gleiche Blutvolumen pro Zeit. (D) Die Ejection Fraction der beiden Ventrikel beträgt normalerweise etwa 70 ml. (E) Jede der beiden Herzhälften besteht aus einem 150 ml fassenden Ventrikel und einem Atrium.
110)	**Welche Aussage trifft zu? Arterielle Hypertonie...** (A) ...geht ursächlich aus einer Erkrankung des Herzens (Herzinsuffizienz) hervor. (B) ...hat eine zu niedrige Ejection Fraction auf Grund des Untergangs von Herzmuskelzellen zur Ursache. (C) ...kann zu Erkrankungen mit Verringerung der Ejection Fraction führen. (D) ...ist medikamentös nicht zu behandeln. (E) ...tritt nur im hohen Lebensalter auf.
111)	**Durch das Herz werden pro Minute ca. 5000 ml Blut in den großen Kreislauf gepumpt. Welche der Antworten können Sie als inkorrekt ausschließen?** (A) Der arterielle Blutdruck wirkt der Pumpleistung des Herzens direkt entgegen. (B) Durch den rechten Ventrikel werden aufgrund des kleineren Lungenkreislaufs weniger ml Blut pro Minute gepumpt. (C) Bei arterieller Hypertonie bringt das Herz eine größere Kraft auf, um Blut in die Arterien zu pumpen. (D) Bei steigenden ausgeworfenen Blutvolumen und gleichbleibender Herzfrequenz steigt das Herz- Minuten-Volumen. (E) Die Ejection Fraction kann auch bei einem vergrößerten Herz verringert sein.
112)	**Welche Aussage zur Arteriellen Hypertonie ist korrekt?** (A) Folgende Reihenfolge von Ereignissen ist kausal möglich: Stress + Rauchen → Herzmuskelschwellung → Herzinsuffizienz → arterielle Hypertonie → Untergang von Herzmuskelzellen. (B) Der linke Ventrikel toleriert arteriellen Hochdruck sehr gut, da er eine dickere Muskelschicht besitzt. (C) Folgende Reihenfolge von Ereignissen ist kausal möglich: Stress + Übergewicht → Herzmuskelschwellung → arterielle Hypertonie → Herzinsuffizienz (D) ACE-Hemmer entspannen die Gefäße und verringern arterielle Hypertonie. (E) Diuretika erhöhen die Urinproduktion und wirken am Herzen.

113) Welche der folgenden Aussage(n) ist / sind korrekt?

I – Hypertonie kann eine Herzinsuffizienz zur Folge haben
II – Hypertonie kann durch Veränderungen der Gefäßwand verursacht sein
III – Hypertonie entsteht vor allem im Lungenkreislauf
IV – Hypertonie entsteht u.a. durch Erkrankungen der Niere

(A) II, III und IV sind korrekt.
(B) Alle sind korrekt.
(C) I und IV sind korrekt.
(D) I und II sind korrekt.
(E) I, II und IV sind korrekt.

114) Medikamente gegen den Bluthochdruck...

(A) ...können durch eine Erhöhung der Flüssigkeitsmenge die Schlagkraft des Herzens erhöhen.
(B) ...wirken stressreduzierend.
(C) ...gleichen Übergewicht und Bewegungsarmut aus.
(D) ...können Gefäßerweiterung bewirken und das Herz entlasten.
(E) ...erhöhen die Ejection Fraction des Herzens.

Text zu den Fragen 115-120

Aminosäuren sind die Grundbausteine der Proteine (Eiweiße). Im menschlichen Organismus kommen 21 proteinogene (proteinbildende) Aminosäuren vor. Acht dieser Aminosäuren sind essentiell, d.h. der Körper kann sie nicht selbst synthetisieren, so dass sie mit der Nahrung aufgenommen werden müssen. Alle anderen können theoretisch vom Körper selbst hergestellt werden, sofern ausreichend Energieträger und der, in Aminosäuren enthaltene, Stickstoff vorhanden sind. Aminosäuren tragen eine Carbonsäure- (Carboxyl-) und eine Aminogruppe als Erkennungsmerkmal, die jeweils beide mit dem Alpha-Kohlenstoff-Atom der Aminosäure verknüpft sind. Daneben hat jede Aminosäure eine individuellen Restgruppe. Dieser Teil des Moleküls, ist eine Kohlenwasserstoffkette und zeichnet den Charakter der Aminosäure aus. Wichtig ist bspw. für die Aminosäure Cystein die im Rest enthaltene Schwefelwasserstoffgruppe. Andere Aminosäuren enthalten basische oder saure Gruppen oder sind aromatisch.

Für die Eigenschaften von Proteinen essentiell sind ihre vier Strukturen: Die Primärstruktur gibt die Sequenz, also Abfolge der nacheinander angeordneten Aminosäuren an. Obwohl sich Ketten von mehreren tausend Aminosäuren bilden, reicht zum Teil eine Mutation in einer einzigen Aminosäure aus, um die Funktion des Proteins zu stören. Andere Proteine, wie das Hormon Somatostatin besitzen nur eine kurze Kette (hier: 14 Aminosäuren). Die Aminosäurekette kann eine Schraubenform (Helix) oder Faltblattstruktur annehmen, was als Sekundärstruktur bezeichnet wird. Dabei bilden sich zwischen den Windungen oder Faltblättern Wasserstoffbrückenbindungen aus, welche die Sekundärstruktur stabilisieren. Wenn sich diese gewundenen oder gefalteten Ketten weiter in Schleifen zusammenlagern, spricht man von der Tertiärstruktur. Diese wird durch Schwefelbrücken stabilisiert, wie sie durch zwei der o.g. Cysteinreste entstehen können. Als Quartärstruktur wird die Zusammenlagerung mehrerer Proteinketten bezeichnet. Hämoglobin besteht z.B. aus vier Globulinketten, also Proteinketten, die ihrerseits eine primäre, sekundäre und tertiäre Struktur besitzen. Die Primärsequenz eines Proteins wird durch die DNA im Zellkern kodiert. Jeweils drei aufeinanderfolgende Nukleotide - die Grundbausteine der Erbinformationen - kodieren für eine Aminosäure, legen also fest welche Aminosäure an welchen Ort gehört. Für ein Protein von 10 Aminosäuren werden also Informationen von 30 nukleotiden in der DNA benötigt.

Proteine werden mit der Nahrung aufgenommen, in Aminosäuren zerlegt und vom Darm resorbiert. Über das Blut gelangen sie in die Zielzellen wo sie benötigt werden. In den Zielzellen werden anschließend aus den Aminosäuren neue Proteine je nach Bedarf synthetisiert. Proteine, die für das Blut bestimmt sind (bspw. Gerinnungsfaktoren oder Albumin) werden hauptsächlich in den Leberzellen synthetisiert. Die Motorproteine Aktin und Myosin werden von Muskelzellen hergestellt. Der Unterschied besteht darin, dass erstere extrazellulär benötigt werden und somit durch Exozytose aus der Zelle ausgeschleust werden, wohingegen Aktin und Myosin direkt in der Muskelzelle eine Funktion besitzen.

Einige Aminosäuren haben im Körper neben ihrer Funktion als Baustein für Proteine auch eigenständig eine Funktion, ohne zu Proteienen verknüpft zu werden. Phenylalanin ist eine aromatische Aminosäure. Aus ihr wird in mehreren Schritten Adrenalin synthetisiert. Durch eine Hydroxilierung (Anlagerung einer Hydroxyl-Gruppe) wird sie in die Aminosäure Tyrosin umgewandelt. Durch eine weitere Hydroxilierung entsteht daraus Dihydroxiphenylalanin. Durch eine Decarboxylierung verliert diese Substanz anschließend ihre Carbonsäuregruppe, so dass sie nun nicht mehr als Aminosäure bezeichnet werden kann. Die neu entstandene Substanz heißt Dopamin. Durch eine dritte Hydroxilierung entsteht daraus Noradrenalin und durch eine Methylierung im Nebennierenmark entsteht Adrenalin. Adrenalin ist ein typisches Beispiel für die Metabolisierung von Aminosäuren zu anderen wichtigen Substanzen. Ähnlich wird Histamin aus der Aminosäure Histidin gebildet, wobei ebenfalls die Carbonsäuregruppe abgespalten wird.

115) Welche Aussage zu Aminosäuren ist korrekt?

(A) Proteine mit einer Tertiärstruktur benötigen Aminosäuren mit schwefelhaltigen Resten.
(B) Die Aminogruppe des Phenylalanins geht in einem frühen Schritt der Adrenalinsynthese verloren.
(C) Histamin besitzt keine Aminogruppe und wird aus Histidin synthetisiert.
(D) 13 der 21 Aminosäuren müssen mit der Nahrung aufgenommen werden (essentiell)
(E) Carbonsäuregruppen sind in Aminosäuren typischerweise mit dem Beta – Kohlenstoff - Atom verknüpft.

116) Proteine basieren auf einem Bauplan, der in der DNA gespeichert ist. Welche Aussage ist falsch?

(A) Für die Information der Primärsequenz von Somatostatin werden 42 Nukleotide auf der DNA benötigt.
(B) Folgende Zuordnungen sind richtig: Primärstruktur - durch Aminosäurereihenfolge definiert; Sekundärstruktur – durch Kohlenstoffbrückenbindungen stabilisiert; Tertiärstruktur – durch Schwefelbrücken stabilisiert; Quartärstruktur – in großen Proteinen wie Hämoglobin vorhanden.
(C) Veränderungen von nur wenigen Aminosäuren in der Primärstruktur können Funktionsausfälle des Proteins verursachen.
(D) Schwefelbrücken machen Tertiärstrukturen aus.
(E) Schwefelbrücken können durch zwei Aminosäuren vom Typ Cystein gebildet werden.

117) Adrenalin ist kein Protein, wird jedoch aus einer Aminosäure synthetisiert. Welche Aussage ist richtig?

(A) Cystein muss insgesamt dreimal hydroxiliert, einmal decarboxyliert und einmal methyliert werden, um zum Adrenalin zu gelangen.
(B) Die Synthese von Adrenalin findet nur in der Leber statt.
(C) Adrenalin ist eine proteinogene Aminosäure.
(D) Noradrenalin und Adrenalin unterscheiden sich lediglich durch eine Hydroxyl-Gruppe voneinander.
(E) Bei der Synthese von Adrenalin werden auch analoge Schritte zur Histamin-Synthese vollzogen.

118) Welche der Antworten bezüglich des chemischen Aufbaus von Proteinen stimmt mit den im Text gemachten Aussagen <u>nicht</u> überein?

(A) Die Primärstruktur eines Proteins wird durch seine Aminosäuresequenz bestimmt.
(B) Jede Aminosäure verfügt über mindestens eine Carboxyl- und eine Aminogruppe.
(C) Als Sekundärstruktur kommt bspw. die Faltblattstruktur infrage.
(D) Für die Ausbildung einer Quartärstruktur werden mindestens zwei Proteinketten benötigt.
(E) Jede Aminosäure verfügt über eine Schwefelwasserstoffgruppe zur Ausbildung einer Tertiärstruktur.

119)	**Welche der folgenden Aussagen ist korrekt?** (A) Eine spezifische Zusammenlagerung zweier Proteinketten wie bei Aktin und Myosin wird als Sekundärstruktur bezeichnet und durch Wasserstoffbrücken stabilisiert. (B) Albumin wird im Nebennierenmark produziert und durch Exozytose ins Blut abgegeben. (C) Hämoglobin besitzt keine Quartärstruktur. (D) Gerinnungsfaktoren werden intrazellulär produziert und verwendet. (E) Die im Albumin enthaltenen essentiellen Aminosäuren werden im Darm aufgenommen.
120)	**Benennen Sie die falsche Aussage!** (A) Bei der Synthese von Histamin und Noradrenalin findet jeweils eine Decarboxylierung statt. (B) Histamin ist keine Aminosäure. (C) Das Ausschleusen von Myosin ins Blut benötigt Endozytose. (D) Die neben der Carboxyl- und Aminogruppe vorhandenen Reste einer Aminosäure charakterisieren sie näher. (E) Cysteinreste spielen eine Rolle bei der Ausbildung der Tertiärstruktur eines Proteins.

Aufgabengruppe Figuren Lernen - Reproduktionsphase

Bearbeitungszeit: 5 minuten

Bitte benennen Sie korrekt jene Fläche der folgenden Figuren, die in der vorangegangenen Einprägephase schwarz gefärbt waren.

121)

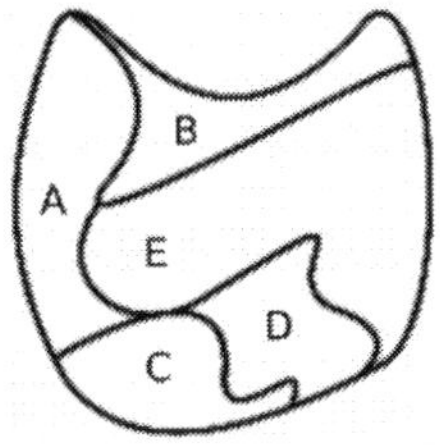

122)

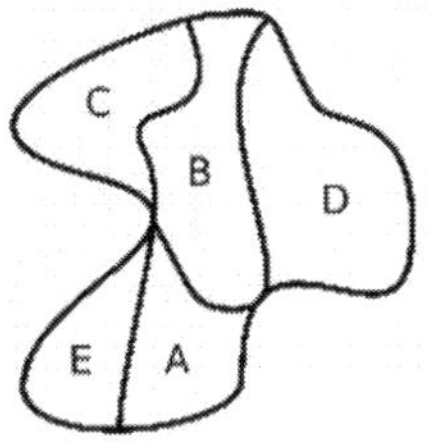

123)

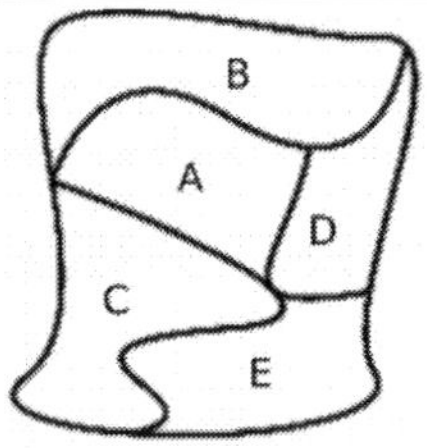

124)

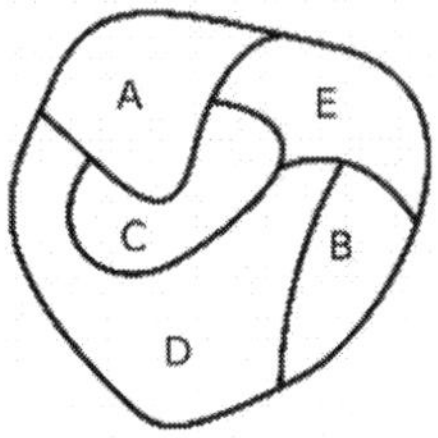

125)

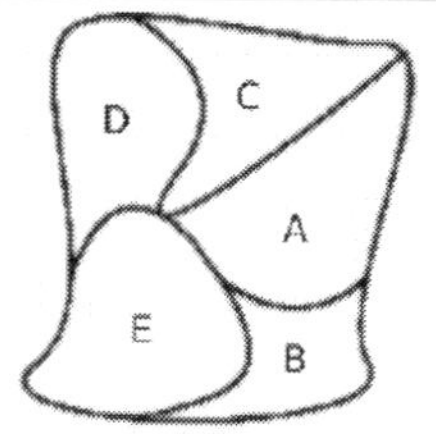

126)

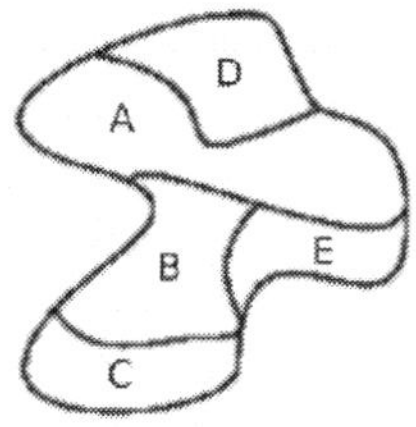

127)

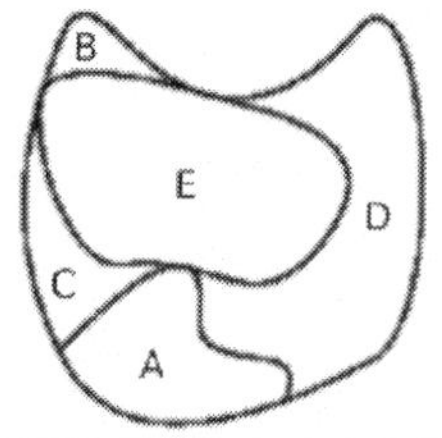

128)

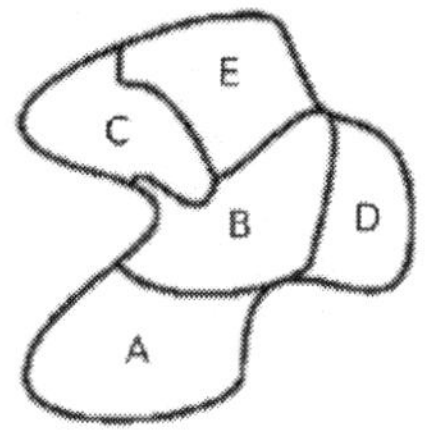

129)

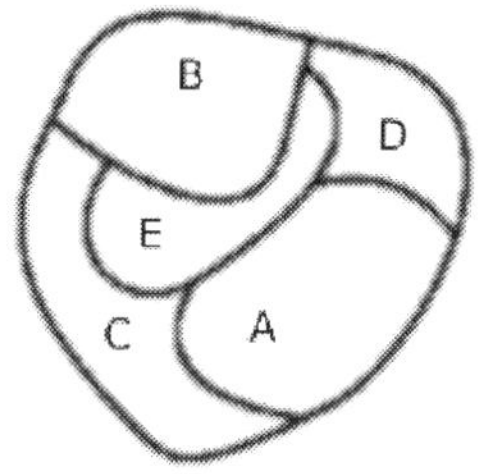

130)

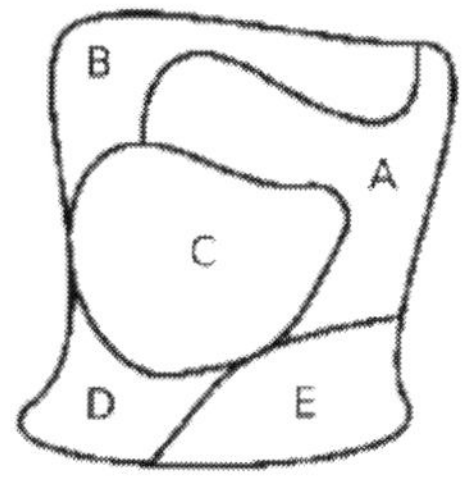

131)

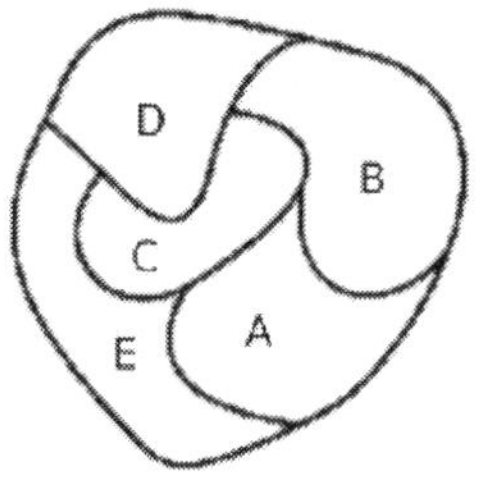

132)

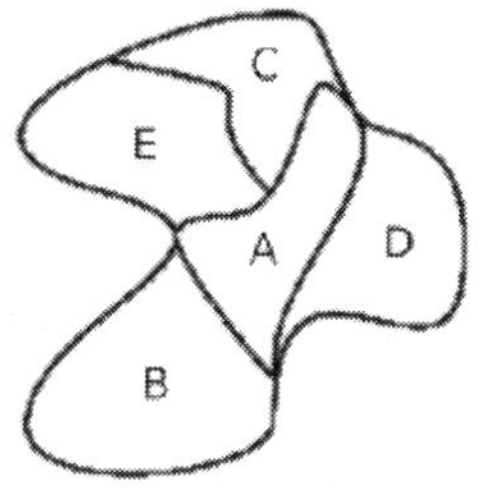

133)

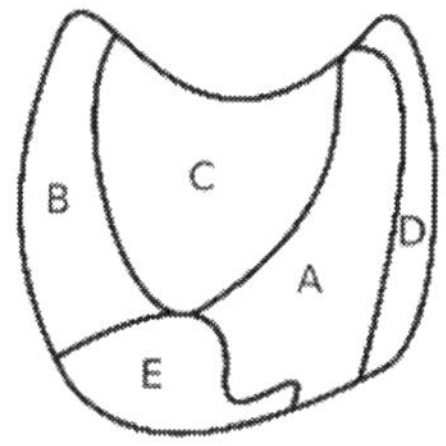

134)

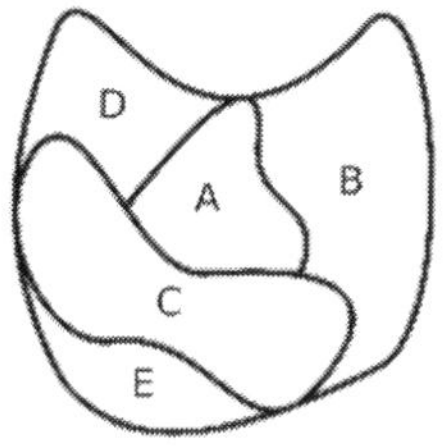

135)

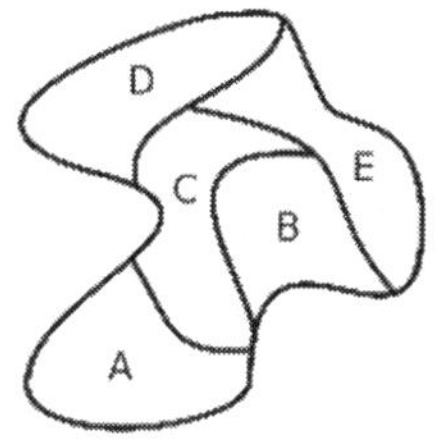

146)

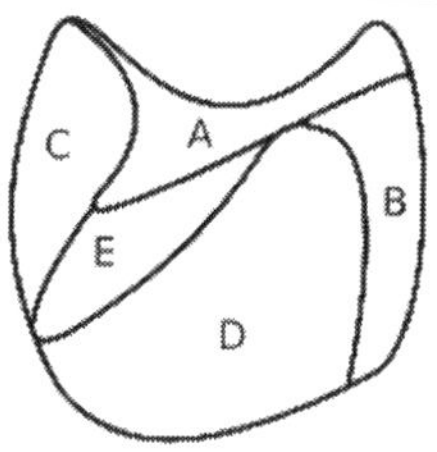

137)

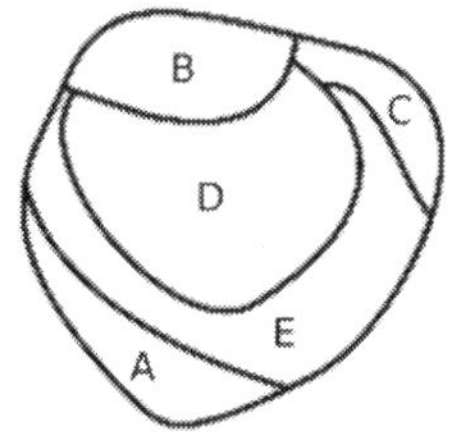

138)

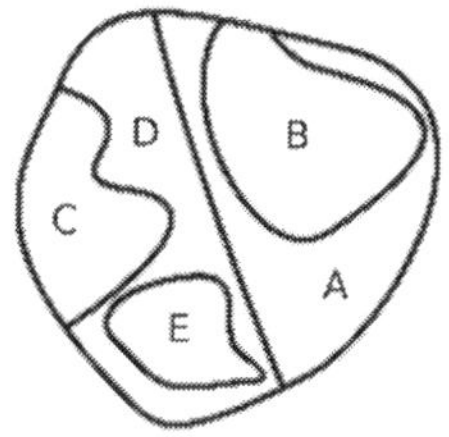

139)

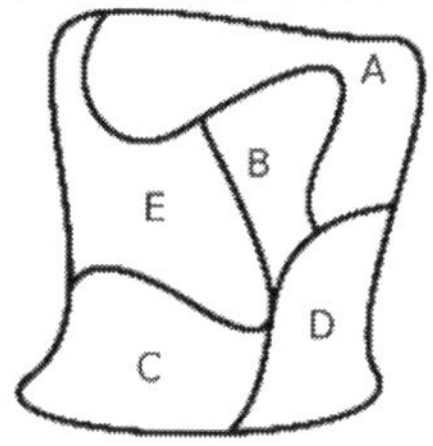

140)

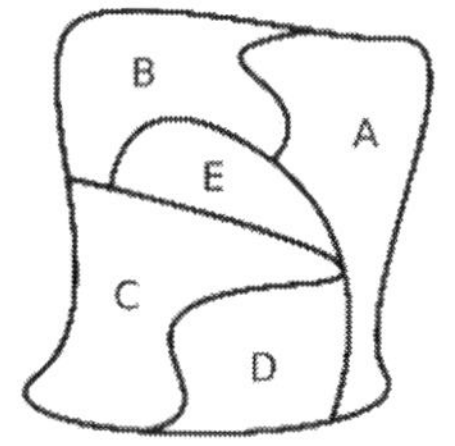

Aufgabengruppe Fakten Lernen

Reproduktionsphase

Bearbeitungszeit: 7 Minuten

Bitte beantworten Sie folgende Fragen mithilfe der zuvor in der Einprägephase auswendig gelernten Informationen.

141) Die alleinerziehende Patientin ist von Beruf...
(A) Innenarchitektin
(B) Kinderärztin
(C) Pilotin
(D) Psychologin
(E) Maklerin

142) Der Busfahrer...
(A) ist ein Notfall
(B) ist im Sanatorium
(C) ist überwiesen
(D) hat einen Kuraufenthalt
(E) ist in der Ambulanz

143) Das Alter des Musikers beträgt...
(A) 25 Jahre
(C) 40 Jahre
(D) 50 Jahre
(E) 65 Jahre
(B) 30 Jahre

144) Der Moderator leidet an...
(A) Oberschenkelbruch
(B) Lungenentzündung
(C) Verbrennung
(D) Wirbelbruch
(E) Kropf

145) Der Patient mit dem Alkoholmissbrauch ist von Beruf...
(A) Kinderarzt
(B) Dachdecker
(C) Kardiologe
(D) Regisseur
(E) Schreiner

146) Der Dachdecker ist...
(A) stolz
(B) kinderlos
(C) ein Notfall
(D) unterhaltsam
(E) überwiesen

147) Die Diagnose für den Makler lautet...
(A) Jochbeinbruch
(B) Chronische Schmerzen
(C) Lungenentzündung
(D) Mukoviszidose
(E) Tremor

148) Die an Brustkrebs erkrankte Patientin ist...
(A) wissbegierig
(B) alleinstehend
(C) ängstlich
(D) kinderlos
(E) verwitwet

149) Der Immobilienfachmann heißt...
A) Schmierer
B) Große
C) Putzner
D) Grobschlacht
E) Vogel

150) Die Diagnose für den unterhaltsamen Patienten lautet...
(A) Oberschenkelbruch
(B) Stoffwechselstörung
(C) Rückenschmerzen
(D) Chronische Schmerzen
(E) Hypertonie

151) **Der Beruf der 25-jährigen Patientin lautet...**

(A) Innenarchitektin
(B) Maklerin
(C) Kinderärztin
(D) Busfahrerin
(E) Pilotin

152) **Der Patient mit den zwei Kindern heißt...**

(A) Kleine
(B) Katzner
(C) Fuchs
(D) Grobschlacht
(E) Grünmann

153) **Herr Schmierer ist von Beruf...**

(A) Busfahrer
(B) Dachdecker
(C) Schaffner
(D) Schreiner
(E) Musiker

154) **Der Patient mit dem Alkoholmissbrauch ist...**

(A) ängstlich
(B) alleinerziehend
(C) in der Ambulanz
(D) alleinerziehend
(E) überwiesen

155) **Der Patient mit dem Tremor ist...**

(A) 25 Jahre alt
(B) 30 Jahre alt
(C) 40 Jahre alt
(D) 50 Jahre alt
(E) 65 Jahre alt

156) **Der Patient Vogel ist...**

(A) paranoid
(B) stolz
(C) unterhaltsam
(D) wissbegierig
(E) ängstlich

157) **Die Diagnose des Psychologen lautet...**

(A) Chronische Schmerzen
(B) Stoffwechselstörung
(C) Oberschenkelbruch
(D) Lungenentzündung
(E) Mukoviszidose

158) **Der Patient mit dem Kuraufenthalt ist von Beruf...**

(A) Dachdecker
(B) Makler
(C) Schreiner
(D) Feuerwehrmann
(E) Immobilienfachmann

159) **Die Diagnose für Herrn Hofmann lautet...**

(A) Tremor
(B) Rückenschmerzen
(C) Stoffwechselstörung
(D) Oberschenkelbruch
(E) Kropf

160) **Der Patient mit der Hypertonie ist...**

(A) 25 Jahre alt
(B) 30 Jahre alt
(C) 40 Jahre alt
(D) 50 Jahre alt
(E) 65 Jahre alt

Aufgabengruppe Tabellen & Diagramme

Bearbeitungszeit: 60 minuten

Bitte beantworten Sie nach Betrachtung der tabellarisch oder grafisch dargestellten Informationen die gestellten Fragen.

161) Ein unter Bluthochdruck (Hypertonie) leidender Patient bringt Ihnen als behandelnder Hausarzt die Ergebnisse seiner Langzeituntersuchung zur Beurteilung. Dabei wurde während eines 24h-Zyklus eine Blutdruckmanschette verwendet, die kontinuierlich Werte aufzeichnet und diese in die Diagramme I – III übersetzt. Während der Untersuchung nahm er an drei Tagen drei unterschiedliche Medikamente ein. Zur Kontrolle wurde noch ein Tag ohne Medikamenteneinfluss (unbehandelt) untersucht. Es zeigten sich gefährlich hohe Spitzenwerte und ein allgemein erhöhter Blutdruck (mittlerer Blutdruck).

Folgende Medikamente kamen zum Einsatz:

1. Dipiprolol: charakteristisch ist seine Fähigkeit, besonders positiven Spitzenwerte auszugleichen, aber kaum Einfluss auf die Senkung des Mittelwertes (mittlerer Blutdruck) zu haben.
2. Urix: Das Medikament sorgt für eine ausgleichende Wirkung. Die Schwankungen werden geringer, jedoch wird der mittlere Blutdruck auch hier nur leicht gesenkt.
3. Hyperstat: Der mittlere Blutdruck kann üblicherweise sehr gut gesenkt werden, jedoch ist dieses Medikament ungeeignet, die gefährlichen Spitzenwerte aufzufangen.

Unten stehend sehen Sie drei mögliche Blutdruckkurven, sowie die unbehandelt-Kurve

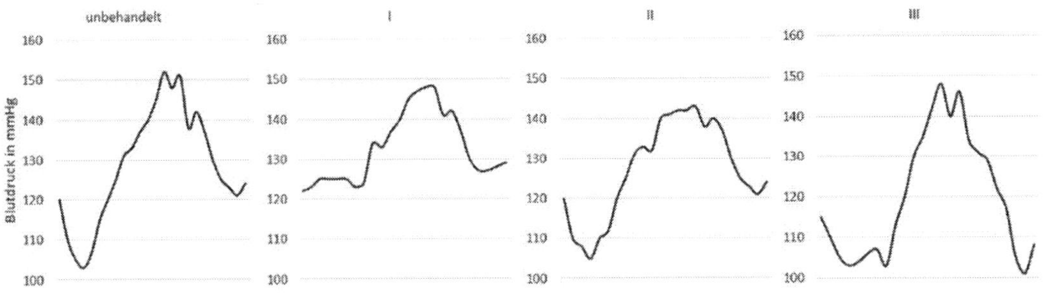

Welche Kombinationen aus Blutdruckkurve und Medikament gehört zusammen?

(A) I = Dipiprolol, II = Urix
(B) III = Urix, II = Dipiprolol
(C) II = Dipiprolol, III = Hyperstat
(D) II = Hyperstat, I = Urix
(E) II = Urix, III = Dipiprolol

162) **Bitte überprüfen Sie folgende Aussagen über das folgende Diagramm auf ihre Richtigkeit. Gesucht ist eine korrekte Aussage über die beiden Funktionen fx(t) und fy(t).**

(A) für t gilt: $t_1 > t_2 > t_3$
(B) Für f_x gilt: $f(t_1) > f(t_2)$
(C) Für f_y gilt: $f(t_1) > f(t_2)$
(D) Für f_y gilt: $f(t_3) < f(t_2)$
(E) Für t_3 gilt: $f_y < f_x$

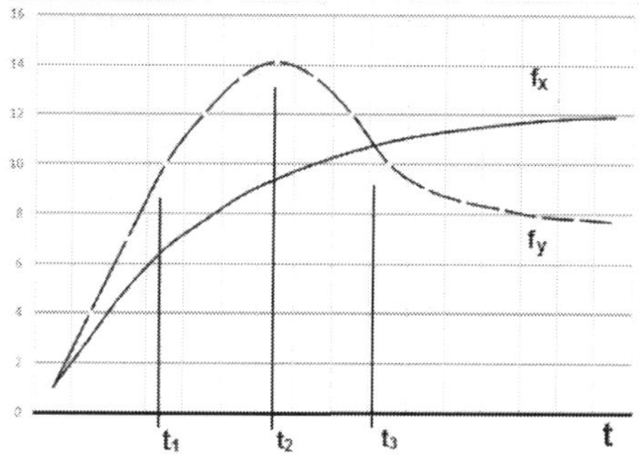

163) In einer sogenannten „Metaanalyse" werden mehrere Studien miteinander verglichen. Über das umstrittene Herzmedikament „Kaboxolol" liegen einige Studien zum Thema Nebenwirkungshäufigkeit vor, die in einer solchen Metaanalyse verglichen wurden. Als Nebenwirkungen werden hier Herzrythmusstörungen betrachtet. Sie möchten Ihrer Patientin Frau S. einen Ratschlag bezüglich dieses Medikaments geben und betrachten die Metanalyse.

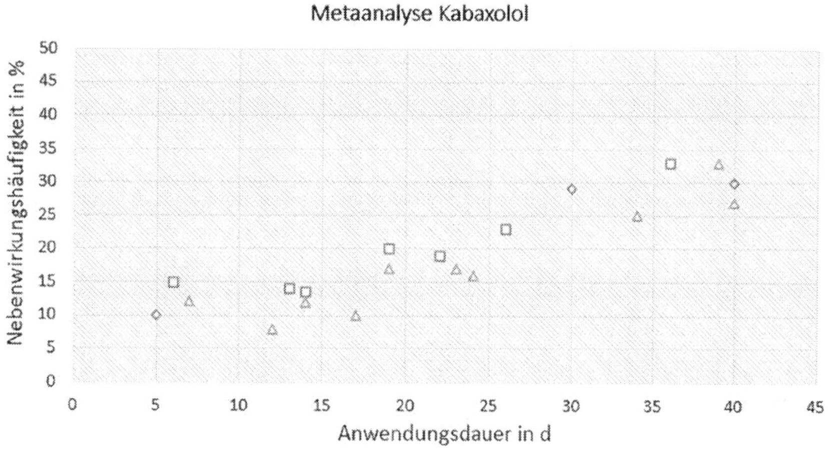

Welche Antwort können Sie nach Betrachtung des Diagramms Frau S. geben?

(A) „Die Herzrythmusstörungen werden mit zunehmender Dauer heftiger."
(B) „Bei 20-tägiger Einnahme entwickelt etwa einer von zehn Menschen Herzrythmusstörungen."
(C) „Die mit größerer Einnahmedauer kontinuierlich ansteigenden Nebenwirkungshäufigkeit machen die Suche nach Alternativen langfristig sinnvoll."
(D) „Frau S, bei einer Einnahme kürzer als zehn Tage, treten keine Nebenwirkungen auf."
(E) „Hinsichtlich des Nebenwirkungsprofils kommt es ab ca. Tag 25 zu einer Gewöhnung, weshalb dann mit einer Verlangsamung des Anstiegs zu rechnen ist."

164) Als Blutbild werden Laboruntersuchungen bezeichnet, welche die zellulären Komponenten des Blutes untersuchen. Erythrozyten (rote Blutkörperchen) transportieren Hämoglobin; ein Protein das Sauerstoff aufnimmt und abgeben kann, wo immer er benötigt wird. Leukozyten sind für die Immunabwehr, Thrombozyten für die Blutstillung nach Verletzungen zuständig. Zu den Leukozyten zählen u.a. Granulozyten und Lymphozyten. Die restlichen Bestandteile des Blutes zählen zum Plasma, also den nicht-zellulären Anteilen. Chemotherapien, wie sie bei Krebserkrankungen verwendet werden, stören idR. die Blutbildung, also Repopulation mit einer ausreichenden Zahl an o.g. Zellen. Infektionskrankheiten dagegen gehen häufig mit einer Vermehrung von Leukozyten und einer leichten Verminderung der Thrombozyten einher. Patient A hat kürzlich eine Chemotherapie erhalten, allerdings die Therapie vor ca. 1 Woche beendet. Patient B leidet aktuell an einer Infektion der Atemwege.

Erythrozyten	Lebensdauer im Blut: ca. 120 Tage
Thrombozyten	Lebensdauer im Blut: ca. 10 Tage
Leukozyten	Lebensdauer im Blut: drei Wochen
Hämatokrit	Anteil an Erythrozyten am gesamten Blutvolumen
Hämoglobin	In Erythrozyten enthalten

Parameter	Normalwert	Patient A	Patient B
Erythrozyten	4,6 – 5,9	3,3	4,9
Thrombozyten	180 - 370	137	170
Leukozyten	5,4 – 11,3	3,58	15
Hämoglobin	14 – 17,5	9,4	14,1
Hämatokrit	36 – 48%	27,%	43%

Welche Aussage ist falsch?

(A) Ein weiterer Abfall der Erythrozyten bei Patient A würde sich auch am Hämatokrit bemerkbar machen.
(B) Gesetzt dem Fall, dass die Menge an Hämoglobin pro Erythrozyt gleich und konstant ist, könnte man anhand der Schwankungen des Hämoglobinwertes auch Schwankungen der Erythrozytenzahl voraussagen.
(C) Eine Verringerung der Erythrozytenzahl um 50% von Patient A unter Beibehaltung der aktuellen Flüssigkeitsmenge und restlichen Zellzahlen würde zu einer Abnahme des Blutvolumens um ca. 25% führen.
(D) Der Erythrozytenwert eines Gesunden liegt in engeren Grenzen als der der Thrombozyten.
(E) Beide Patienten zeigen für Ihre Krankheits-/Behandlungssituation typische Blutbildbefunde.

165) Bezogen auf die Informationen aus Aufgabe 164 ist welche Aussage richtig?

(A) Eine Normalisierung des Hämoglobinwertes von Patient A ist innerhalb von ca. 3 Wochen zu erwarten.
(B) Eine Normalisierung des Leukozytenwertes von Patient B ist innerhalb von ca. 10 Tagen nach Ende seiner Infektionskrankheit zu erwarten.
(C) Für die Gesundung des Patienten A ist folgende Reihenfolge der Normalisierung wahrscheinlich: Thrombozyten – Leukozyten – Erythrozyten & Hämoglobin.
(D) Für die Gesundung des Patienten B ist folgende Reihenfolge der Normalisierung zu erwarten: Leukozyten – Thrombozyten – Erythrozyten (keine Änderung, da unverändert)
(E) Während der Gesundung von Patient A wird sich zuerst der Hämoglobinwert, anschließend der Hämatokrit und zuletzt der Erythrozytenwert erholen.

166) Eine Gruppe Menschen der Nationalitäten Bulgarien (B), Rumänien (R) und Griechenland (G) sind in einem Raum versammelt. Einige von Ihnen besitzen eine doppelte Staatsbürgerschaft und somit zwei Pässe. Eine kleine Gruppe der anwesenden Personen besitzt sogar drei Pässe und damit alle Nationalitäten, wie im Diagramm links an Überlappungen zu erkennen ist. Personen nicht überlappender Bereiche haben jeweils nur einen Pass. Die Zahlen im Diagramm stehen für die Anzahl der Personen, auf die der Fall jeweils zutrifft.

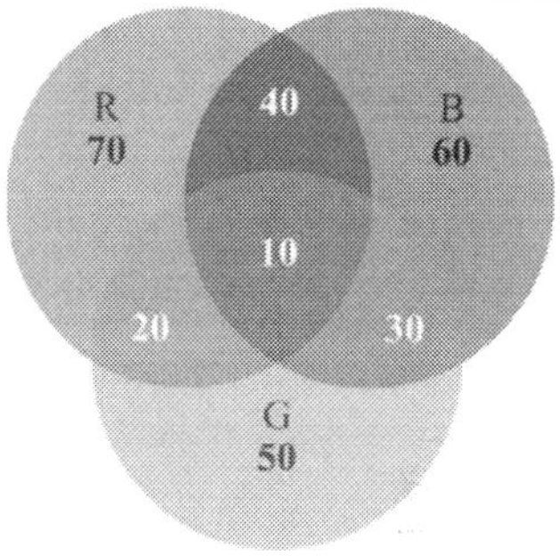

Welche Aussage ist korrekt?

(A) 40 Inhaber eines bulgarischen Passes haben zusätzlich einen rumänischen Pass.
(B) 10% aller Personen besitzen drei Pässe.
(C) Der griechische Pass kommt unter den Anwesenden am häufigsten vor.
(D) 30 Griechen haben auch einen rumänischen Pass.
(E) Nur ein Viertel aller Rumänen hat einen zweiten Pass.

167) In der Diagnostik schätzt man den Gütegrad eines diagnostischen Tests anhand von Sensitivität und Spezifität ab. Als „positiv" wird ein Patient bezeichnet, wenn der Test angeschlagen hat, bspw. „HIV-positiv". Die Sensitivität gibt die Fähigkeit an, eine vorliegende Erkrankung überhaupt zu erkennen. Dabei kommt es aber häufig vor, dass das Testergebnis „falsch-positiv" ist, also Menschen eine Krankheit diagnostiziert bekommen, obwohl sie eigentlich gar nicht krank sind. Die Fähigkeit des Testverfahrens, diese falsch-positiven Personen auszuschließen, wird als Spezifität bezeichnet. In der Praxis verwendet man zuerst einen sehr sensitiven Test (Eingangstest), um alle möglicherweise kranken Personen zu erkennen, wobei man falsch-positive Patienten zunächst in Kauf nimmt. Anschließend werden alle positiv getesteten Personen einem Test mit hoher Spezifität (Folgetest) unterzogen, um solche auszusieben, die doch nicht krank sind, die falsch-positiven. Alle anderen sind somit richtig-positiv und haben die getestete Krankheit tatsächlich.

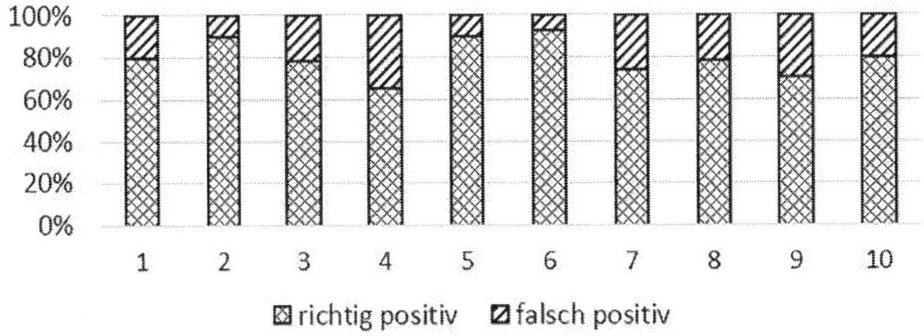

Welche Aussage ist <u>nicht</u> wahr?

(A) Was Spezifität angeht, ist das Verfahren Nr. 8 gegenüber dem Verfahren Nr. 9 zu bevorzugen.
(B) Verfahren Nr. 4 ist als Folgetest am besten geeignet.
(C) Verfahren Nr. 6 hat die höchste Spezifität.
(D) Die Wahrscheinlichkeit, nach dem Test als positiv zu gelten, jedoch im Folgetest ein negatives Testergebnis zu haben, ist bei Test Nr. 4 am höchsten.
(E) Die richtig-positiven Ergebnisse machen bei allen Verfahren den größten Anteil aus, was für eine gute Spezifität spricht.

168) Der pH-Wert des Blutes muss in engen Grenzen gehalten und vom Körper reguliert werden, um die Funktion der Enzyme zu garantieren, die sensibel davon abhängig sind. In der Notfallmedizin ist die sogenannte Blutgasanalyse (BGA) üblich, um Diagnosen über Abweichungen vom Normalzustand zu treffen. Eine Azidose bezeichnet eine Übersäuerung (pH verringert), eine Alkalose das Gegenteil (basisch, pH erhöht). Die Abweichungen können metabolisch bedingt sein, etwa durch Zu- oder Abnahme von sauren Stoffwechselprodukten. Andererseits können sie ebenfalls respiratorisch (atmungsbedingt) zustande kommen. Eine verringerte Atmung erzeugt Azidosen, eine erhöhte dementsprechend Alkalosen. Kohlenstoffdioxid (CO_2) reagiert im Blut mit Wasser (H_2O) und bildet Kohlensäure, welche den pH-Wert senkt. Durch eine verminderte Atmung verringert sich einerseits der Sauerstoffpartialdruck (PO_2), andererseits steigt der PCO_2. Eine verstärkte Atmung erzeugt den gegenteiligen Effekt. Auf einer Intensivstation werden Ihnen BGA-Ergebnisse von fünf Patienten vorgelegt (I – V).

Parameter	**Normwert**	**I**	**II**	**III**	**IV**	**V**
pH	7,4	7,6	7,6	7,2	7,0	7,4
PCO_2	40 mmHg	10 mmHg	25 mmHg	40 mmHg	55 mmHg	40 mmHg
PO_2	100 mmHg	115 mmHg	110 mmHg	90 mmHg	90 mmHg	110 mmHg
Saure Stoffwechsel produkte	-	→	↓	↑	→	→

Welche Zuordnung trifft am wahrscheinlichsten zu?

(A) Patient I – metabolische Alkalose
(B) Patient II – respiratorische Alkalose
(C) Patient III – respiratorische Azidose
(D) Patient IV – metabolische Azidose
(E) Patient V – respiratorische Alkalose

169) Beim Überflug über ein Feld verliert ein Flugzeug einen Körper, der daraufhin in einen freien Fall übergeht. Es wird angenommen, es sei ein windstiller Tag und Faktoren wie Auftrieb, Druckunterschied oder Form des Körpers spielen keine Rolle. Die Fallbewegung des Körpers wird deshalb nur von der Erdbeschleunigung (9,81m/s²) beeinflusst.

Welches Diagramm beschreibt die Fallbewegung des Körpers korrekt?

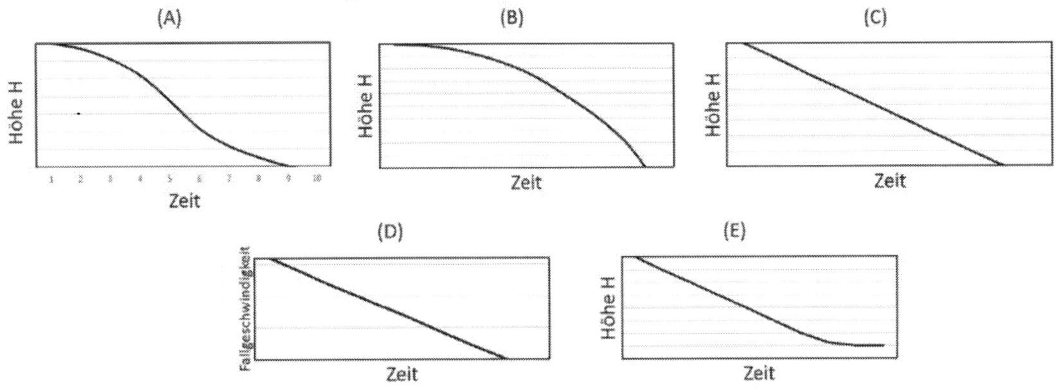

170) Bei einem Reaktorunglück treten verschiedene radioaktive Stoffe aus. Es konnten die Anteile am radioaktiven Niederschlag über die Zeit gemessen werden (siehe Grafik). Insbesondere waren Iod-131 (I), Cäsium-137 und -134 (Cs) von Interesse.

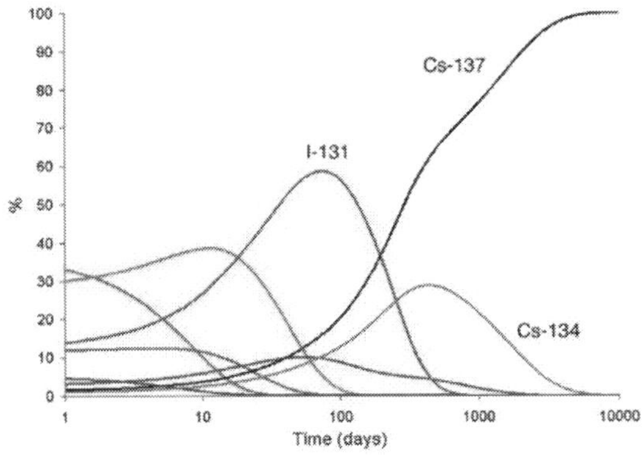

Bitte überprüfen Sie folgende Aussagen auf Richtigkeit!

I. Die Konzentration von Iod übertrifft die der beiden Cäsium-Arten innerhalb der ersten Tage deutlich.
II. Die Konzentration der drei Stoffe ist nur relativ, nicht aber absolut abzulesen.
III. Die Konzentration von Iod ist zeitweise mehr als doppelt so hoch wie die des Cäsium-137.

(A) Keine der Aussagen ist wahr.
(B) II und III sind wahr.
(C) I und III sind wahr.
(D) Aussage II ist falsch.
(E) Alle Aussagen sind korrekt.

171) Bei der dauerhaften Gabe von Antibiotika kommt es vor, dass die zu bekämpfenden Bakterien immun gegen die Therapie werden. Man spricht von Resistenz. Je öfter ein Antibiotikum eingesetzt wird, desto höher wird die Wahrscheinlichkeit, dass die Erreger Resistenzen gegen das Antibiotikum entwickeln. Zwei sehr weit verbreitete Antibiotikaklassen sind Chinolone und Penicilline.

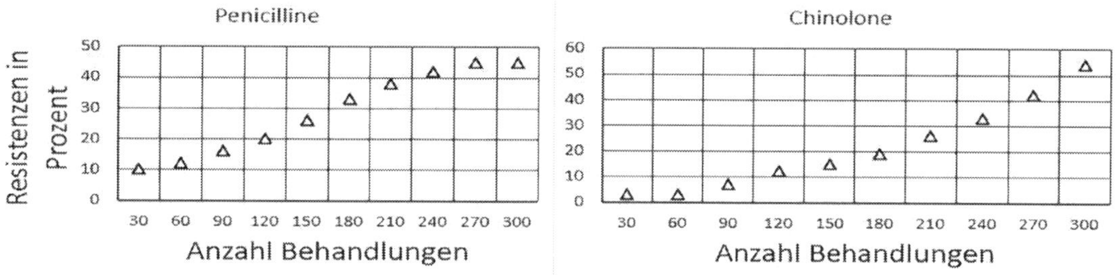

Welche Schlussfolgerung lässt sich <u>nicht</u> aus den Grafiken ziehen?

(A) Ein erhöhter Einsatz von Penicillinen oder Chinolonen lässt zukünftig weniger Resistenzfälle vermuten.

(B) Eine signifikante Steigerung der Resistenzen war nach Verdopplung der Behandlungen sowohl bei den Chinolonen als auch bei den Penicillinen zu verzeichnen.

(C) Die Steigerung der Resistenzen bei den Penicillinen wurde nach ca. 200 Behandlungen schwächer.

(D) Die Steigerung Resistenzen unter den Keimen war nach Verzehnfachung der Behandlungen bei den Chinolonen deutlich stärker ausgeprägt.

(E) Eine mögliche Variante, Resistenzen vorzubeugen, wäre eine Reduktion der Anzahl der Chinolonbehandlungen.

172) Die Reduktion von Körpergewicht kann für vielerlei Krankheiten eine Prophylaxe darstellen. Chronisches Übergewicht gilt als Risikofaktor für vielerlei Krankheiten. Modelle zur Bestimmung eines gesunden Körpergewichts sind vielfältig und nicht selten umstritten. Der Body-Mass-Index ist der Quotient aus der Masse eines Menschen und dem Quadrat seiner Körpergröße. Abweichungen vom Normgewicht nach oben werden als „Adipositas" bezeichnet, nach unten als Untergewicht. Adipositas °I beginnt bei einem BMI von 30 kg/m². Im folgenden Diagramm sind verschiedene anhand des BMIs festgelegte Kennlinien für die Schweregrade der Adipositas und Untergewicht dargestellt.

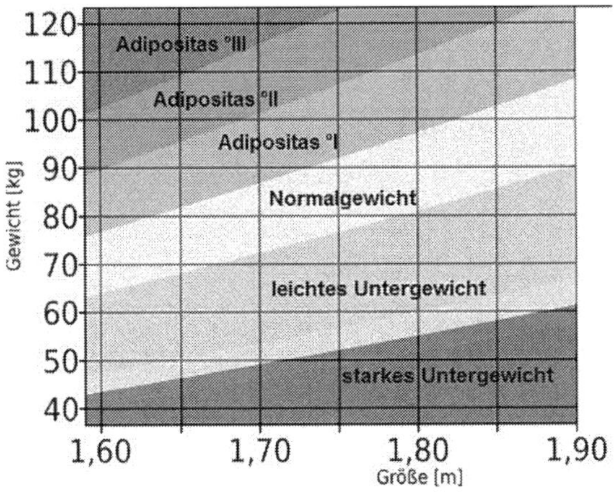

Welche Aussage ist falsch?

(A) Eine Höhergewichtung der Körpergröße in der Berechnung des BMI würde eine höhere Steigung der Adipositas-Kennlinie (>30) im Diagramm nach sich ziehen.

(B) Der Anstieg der Adipositas-Kennlinie ergibt sich aus o.g. Berechnungsformel.

(C) Die Argumente auf der Abszisse sind in der Berechnung des BMI höher gewichtet als die Werte der Ordinate.

(D) Höhergradige Adipositas ist durch höhere Gewichte bei verhältnismäßig kleinen Körpergrößen gekennzeichnet.

(E) Eine Gewichtsreduktion von 110 auf 100 kg führt bei einem 1,75 cm großen Menschen zu einer Änderung des Adipositas-Schweregrades um 1°.

173) Sie vergleichen die Kostenstruktur dreier Unternehmen. Dabei fallen deutliche Unterschiede auf, wie Sie im Netzdiagramm unten sehen können. Die Distanz vom Mittelpunkt sei direkt proportional zu absoluten Kosten. Bitte betrachten Sie das Diagramm und machen Sie die korrekte Aussage dazu.

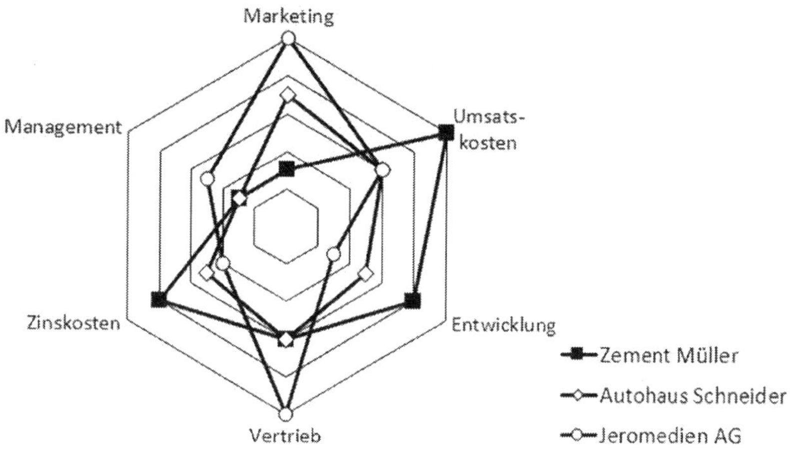

Welche Aussage ist richtig?

(A) Die Umsatzkosten spielen nur in zwei Unternehmen eine herausragende Rolle.
(B) Das Marketing-lastigste Unternehmen ist das Autohaus Schneider.
(C) Die Jeromedien AG hat das verhältnismäßig günstigste Management.
(D) Anteilig machen bei der Jeromedien AG die Entwicklungskosten den kleinsten Teil von allen vorgestellten Unternehmen aus.
(E) Die Marketingkosten des Autohauses Schneider sind im Gegensatz zu anderen Kosten des Unternehmens vernachlässigbar

174) Suchtmittel stellen für den Körper eine Gefahr dar, da sie zum einen pleiotrope Wirkungen auf den Organismus haben und zum anderen abhängig machen können. Im folgenden Diagramm sind verschiedene Suchtmittel und deren Gefahren- und Suchtpotenziale dargestellt.

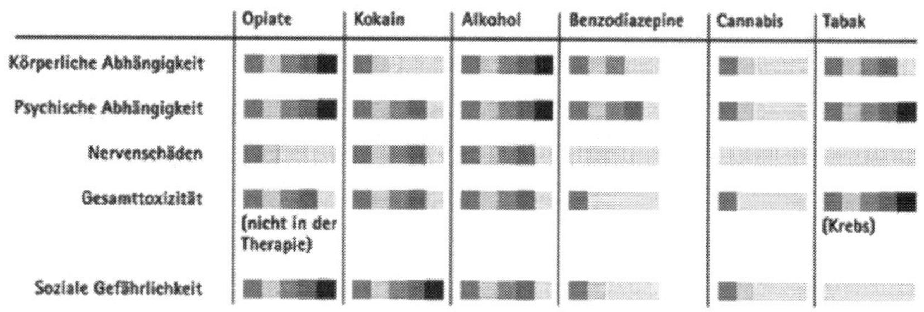

Welche Antwort ist korrekt?

(A) Benzodiazepine sind schädlicher als Cannabis.
(B) Ein Gemisch aus Opiaten und Kokain macht stärker abhängig als Benzodiazepine und Tabak.
(C) Tabak wäre in der Therapie ein guter Ersatz für Kokain, da er weniger gefährlich ist.
(D) Alkohol und Opiate besitzen ein vergleichbares Suchtpotenzial.
(E) Keine der genannten Aussagen trifft zu.

175) Sie sehen die Kurve, die das Sammelverhalten eines Cellulosefilter in Abhängigkeit der zu filternden Partikelgrößer wiedergibt. Ein hoher Wert steht dabei für eine besonders hohe Effizienz.

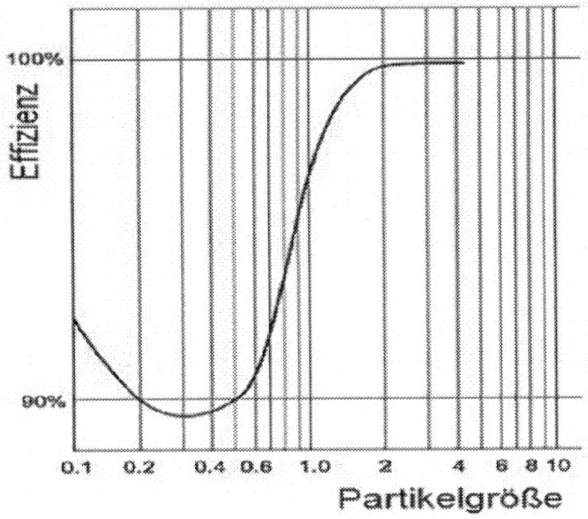

Welche Aussage ist am ehesten wahr?

(A) Je größer ein Partikel, desto effizienter das Sammelverhalten.
(B) Der Filter zeigt Schwächen besonders im Bereich von Partikelgrößen >2
(C) Es werden durchgehend sehr hohe Effizienzen erreicht.
(D) Am ineffizientesten arbeitet der Filter bei Partikelgrößen von 0,2 < Partikel > 0,5.
(E) Die Abszisse ist linear aufgetragen.

176) Die Konzentration verschiedener Substanzen hat den pH-Wert einer Flüssigkeit verändert. Im Hägg-Diagramm lässt sich dies beobachten. Es trägt die Stoffmengenkonzentration logarithmisch auf, also in Zehnerpotenzschritten.

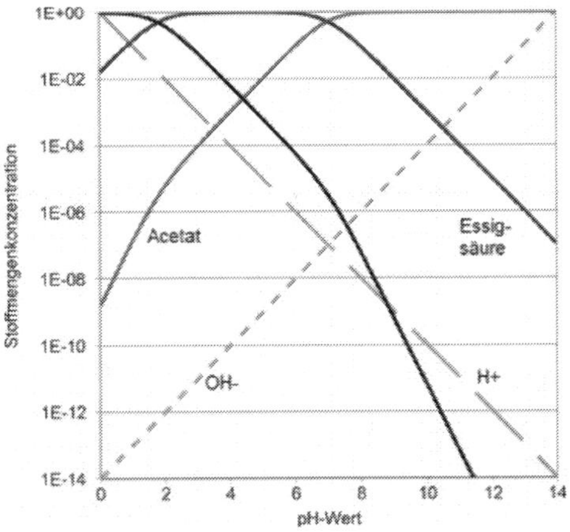

Welche Antwort dazu ist falsch?

(A) Die höchsten Essigsäure-Konzentration sind bei hohen pH-Werten zu finden.
(B) OH hat seine höchste Konzentration bei hohen pH-Werten.
(C) H und OH verhalten sich indirekt proportional zueinander.
(D) Bei einem pH von 6 ist die Konzentration von H ca. 100mal so hoch wie jene von OH.
(E) Bei höheren pH-Werten verhalten sich Essigsäure und H proportional zueinander

177) Sie sehen vier Kombinationen (a/b) von Funktionen.

Bitte entscheiden Sie, in welchen Fällen bei linear positiv skalierten Koordinatensystemen die b-Funktion als Ableitung der a-Funktion in Frage kommt.

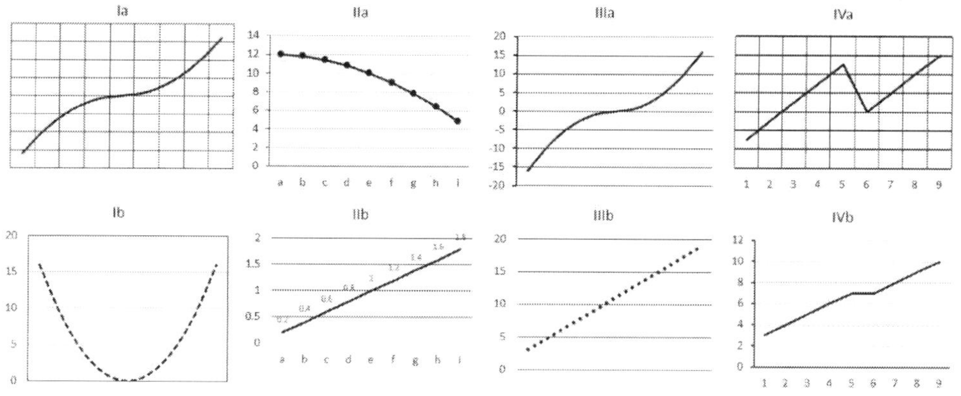

(A) Im Falle von I und III
(B) Im Falle von II und III
(C) Im Falle von I und IV
(D) Im Falle von II, III und IV
(E) In keinem der Fälle

178) Bestimmte Todesursachen prädestinieren jeweils eher Frauen oder Männer für bestimmte Krankheiten. So postuliert man bei Männern bspw. mehr Risikobereitschaft, was sich in einer höheren Zahl von Unfällen ausdrückt. Im Vergleich von Todesursachen (beachte, dass diese Häufigkeit nicht immer mit der Häufigkeit der Erkrankungen korreliert) zwischen den Geschlechter lassen sich einige dieser Unterschiede verdeutlichen. Der Risikofaktor Zigarettenkonsum erklärt u.a. den Effekt der vermehrten Tode durch Krankheiten der Atmungsorgane und die Häufung von Krankheiten wie Lungenkrebs.

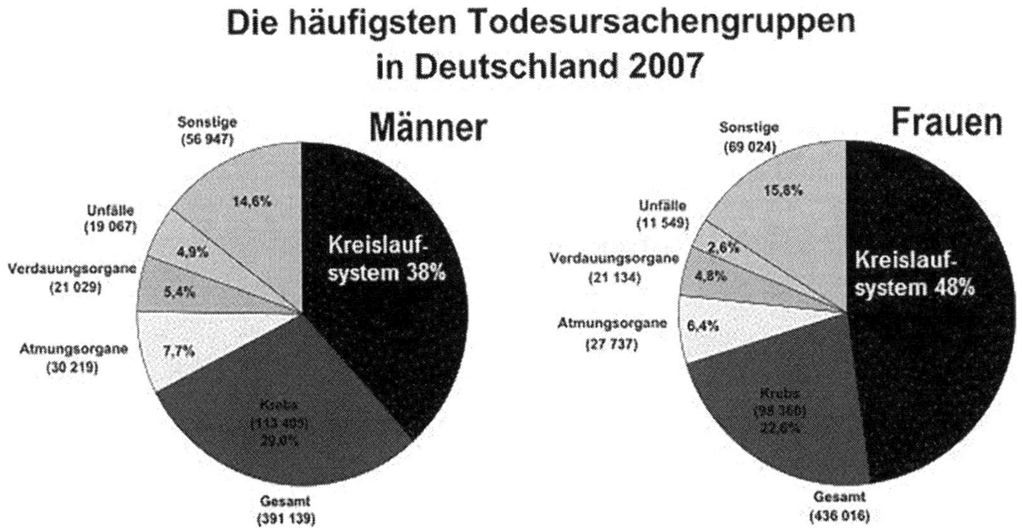

Bitte überprüfen Sie folgende Aussagen auf Richtigkeit!

I. Ca. jeder vierte männliche Todesfall kommt durch Erkrankungen des Kreislaufsystems zustande.

II. Dass eine Erkrankung eines Verdauungsorgans die Todesursache ist, war für einen Mann im Jahr 2007 in Deutschland wahrscheinlicher als für eine Frau.

III. Unfälle machen in beiden Fällen nur einen kleinen Teil der Todesursachen, bei Männern aber immer noch einen etwa doppelt so hohen Anteil als bei Frauen aus.

IV. Kreislauferkrankungen machen bei Frauen einen größeren Teil der Todesursachen aus als bei Männern.

(A) Nur die Aussagen I, III und IV sind richtig.
(B) Nur die Aussagen I, II und IV sind richtig.
(C) Nur die Aussagen II, III und IV sind richtig.
(D) Nur die Aussagen I, II und III sind richtig.
(E) Alle Aussagen sind richtig.

179) Der respiratorische Quotient ist der Quotient aus dem ausgeatmeten Volumen Kohlendioxid durch das eingeatmete Volumen Sauerstoff. Durch Stoffwechselprozesse werden im Körper u.a. Sauerstoffmoleküle (O_2) mit z.T. einigen „Verlusten" in Kohlendioxidmoleküle (CO_2) umgewandelt und abgeatmet, wodurch sich die Differenz erklärt. Die drei wesentlichen Energieträger Kohlenhydrate, Protein und Fett haben unterschiedliche respiratorische Quotienten, da sie unterschiedliche Mengen an Sauerstoff zur Verbrennung benötigen, bzw. mehr oder weniger CO_2 dabei produziert wird. Misst man die Atemgase eines Probanden, so kann man Rückschlüsse über die Herkunft der aktuell verbrauchten Energie ziehen.

Respiratorische Quotienten nach Energieträger	
Kohlenhydrate	1,0
Protein	0,82
Fett	0,7

Im Falle von Kohlenhydraten wird also für jedes eingeatmete Molekül O_2 genau ein Molekül CO_2 abgeatmet, während bei den anderen Energieträgern weniger CO_2 frei wird. In Abhängigkeit vom Atemvolumen V konnte bei einem Experiment folgendes Diagramm erstellt werden. Die Probanden befanden sich dabei auf einem Laufband. Das Atemvolumen spiegelt im Experiment die Anstrengung der Probanden wieder

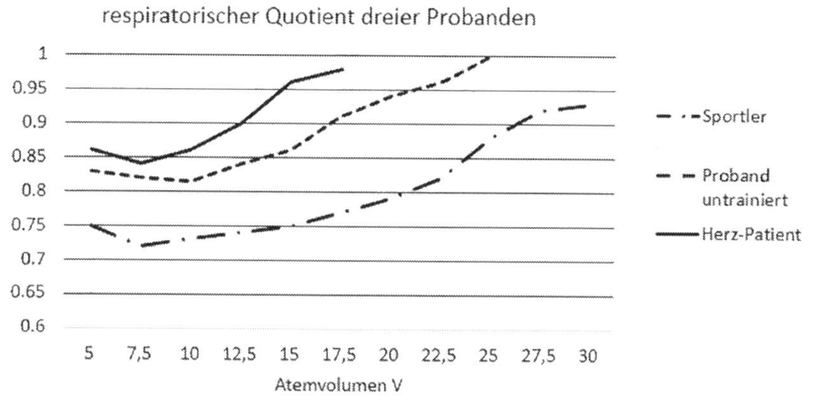

Welche Aussage ist falsch?

(A) Im Bereich geringerer Anstrengung wurden im Vergleich zu höherer verhältnismäßig weniger Fette zur Energiegewinnung der Probanden verwendet.

(B) Die Energieträger, aus denen Sportler ihre Energie beziehen, haben im Allgemeinen einen durchschnittlich niedrigeren respiratorischen Quotienten.

(C) Herzpatienten erreichten im Experiment einen respiratorischen Quotienten von 1 schon bei verhältnismäßig kleinen Atemvolumina, was auf erhöhte Kohlenhydratverbrennung schließen lässt.

(D) Im Maximalbereich der Atmung wurde bei allen besonders viel CO_2 abgeatmet, im Verhältnis zum aufgenommenen O_2.

(E) Im geringeren Anstrengungsbereich wurde im Verhältnis weniger CO_2 abgeatmet als O_2.

180) Hepatitis C ist eine viral verursachte, oftmals chronisch verlaufende Infektionskrankheit. Problematisch ist sie besonders, weil zurzeit keinen geeigneten Impfstoff gegen diese Krankheit existiert. In der Grafik links ist zu erkennen, dass beim intravenösen Drogenmissbrauch (bspw. durch verschmutzte Nadeln) der Großteil der Infektionen auftritt. Als „perinatal" werden solche Fälle bezeichnet, bei denen während der Geburt die Infektion auf das Neugeborene übertragen wird.

Übertragungswege von Hepatitis-C	**Häufigkeit**
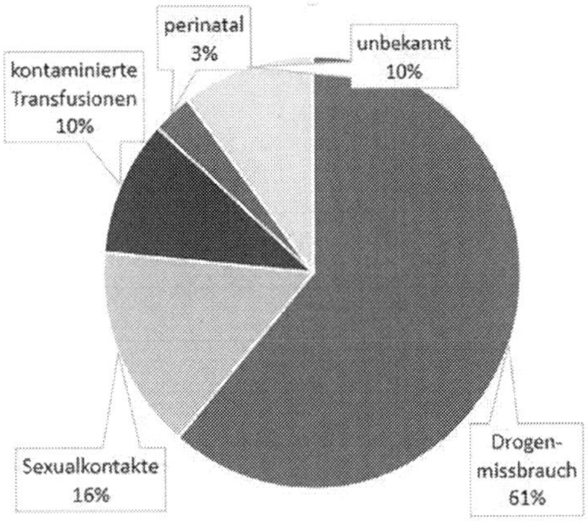	**Prävalenz** (bereits registrierte Patienten, anteilig auf Gesamtbevölkerung der jeweiligen Region) Weltweit: 2,6% Deutschland: 0,5% **neu in Deutschland gemeldete Erkrankte:** 2000: 5091 2001: 4350 2002: 6698 2003: 8762

Welcher der folgenden Aussagen stimmen Sie zu?

I. 2003 änderte sich der Trend stetig fallender Neuerkrankungen in Deutschland.
II. Die für 2000 gemeldeten Fallzahlen enthalten ca. 75 durch Sexualkontakte übertragene Neuinfektionen.
III. Zur Bekämpfungen der Krankheit wäre eine Kampagne gegen gesundheitsgefährdende Formen des Drogenmissbrauchs geeignet, könnte jedoch bei optimalem Erfolg mindestens 61 % der Fälle verhindern.
IV. Ca. 0,05 % der deutschen Bevölkerung leben mit einer durch eine kontaminierte Transfusion verursachen Hepatitis-Infektion.

(A) I, II und III sind korrekt.
(B) II und III sind korrekt.
(C) II, III und IV sind korrekt.
(D) I und II sind falsch.
(E) I, II und III sind falsch.

181) Ein Flugzeug verbraucht bei seinem Flug je nach Leistung, die in der jeweiligen Situation aufgebracht werden muss, eine gewisse Menge Kerosin. Im Diagramm sehen Sie den Kerosinbestand im Tank in Prozent über die Zeit. Bei einer Landung wird weniger Leistung, beim Start oder Steigflug entsprechend höhere Leistung aufgebracht, als beim Flug in einer konstanten Höhe. Der Steigflug erfordert konstant erhöhte Leistung. Beim Start kann das Flugzeug aber einer gewissen Höhe seine aufgebrachte Leistung wieder drosseln, da es in einen Flug in konstanter Höhe übergeht; bei der Landung entsprechend umgekehrt: Das Flugzeug kommt aus einer Bewegung in konstanter Höhe und geht über in einen Sinkflug.

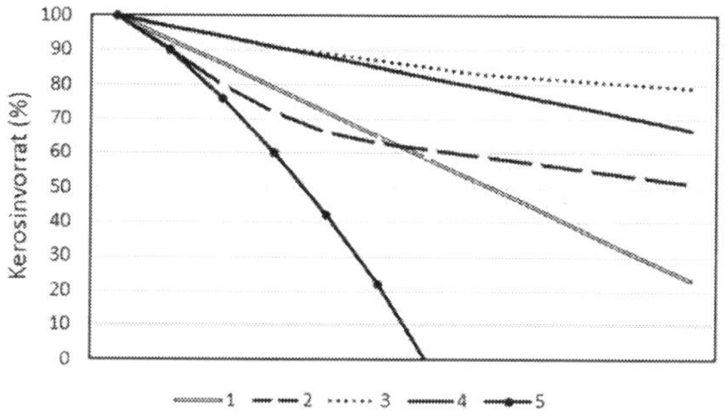

Bitte nennen Sie die korrekte Zuordnung:

(A) Gerade-1 = Steigflug; Gerade-2 = Landung
(B) Gerade-3 = Geradeausflug; Gerade-4 = Start
(C) Gerade-5 = Landung; Gerade-4 = Geradeausflug
(D) Gerade-1 = Start; Gerade-2 = Landung
(E) Gerade-2 = Start; Gerade-1 = Steigflug

182) Ein Pharmaunternehmen hat über eines seiner Epilepsie-Medikamente eine Studie in Auftrag gegeben. Bei der Auswertung gilt es, Aufschlüsse über die Anfallsfreiheit der Epilepsie-Erkrankten Kinder zu gewinnen. Es wurde dafür in drei Gruppen unterteilt (siehe unten). Zusätzlich wurden die Geschlechter und zwei Altersgruppen verglichen. Die Ergebnisse wurden in einer Grafik zusammengefasst.

<u>Gruppe I:</u> solche Patienten, die im Laufe der Studie das Medikament absetzen konnten und trotzdem keine epileptischen Anfälle zeigten.

<u>Gruppe II:</u> diejenigen Patienten, die das Medikament kontinuierlich nahmen und anfallsfrei blieben.

<u>Gruppe III:</u> diejenigen Patienten, die das Medikament zwar einnahmen, jedoch trotzdem die epileptischen Anfälle zeigten (= therapieresistent)

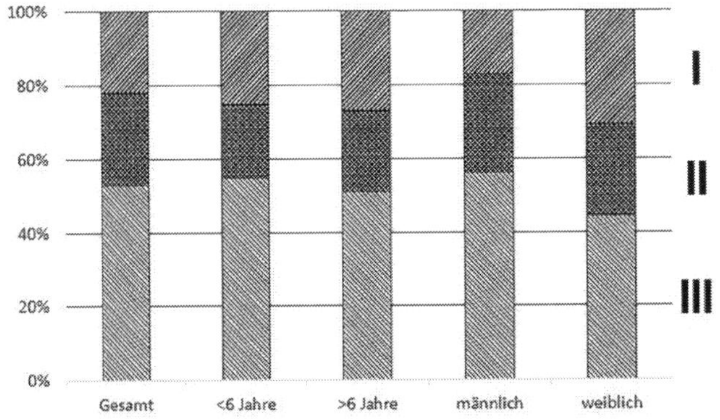

Welche der folgenden Antwortmöglichkeiten ist falsch?

(A) Patienten der Gruppe 3 konnten am meisten vom Medikament profitieren.

(B) Die Größe der Gruppe III des Gesamtkollektivs lässt sich – soweit die Anzahl der Probanden des männlichen und weiblichen Kollektivs gleich groß ist – aus dem Mittelwert derer beiden Gruppen III berechnen.

(C) Ohne die weiblichen Probanden wäre mit einem höheren Anteil an therapieresistenten Patienten am Gesamtkollektiv zu rechnen.

(D) Im Durchschnitt konnten 20-30 % aller Studienteilnehmer im Verlauf das Medikament absetzen.

(E) Im Geschlechtervergleich finden sich in der Gruppe der therapieresistenten Kinder größere Unterschiede als im Altersvergleich.

183) Charakteristisch für die Stoffwechselkrankheit Diabetes Mellitus ist die schwache körpereigene Regulation des Blutzuckerspiegels. Im gesunden Menschen wird dieser über das Hormon Insulin reguliert, das senkend wirkt. Bei einem Diabetiker liegt dieses Hormon nur mangelhaft vor. Glücklicherweise kann heutzutage Insulin künstlich produziert und per Injektion solchen Patienten verabreicht werden. Herr Bischoff ist seit seinem 10. Lebensjahr Diabetiker und befindet sich in einer Testreiher, bei der im Abstand von jeweils drei Minuten sein Blutzuckerspiegel gemessen wird. Zu Beginn der Versuchsreihe isst er eine definierte Menge Brot, um den Blutzuckerspiegel zu steigern. Die gemessenen Blutzuckerwerte werden später notiert. In einem zweiten Versuch am nächsten Tag nimmt Herr Bischoff erneut die gleiche Menge Brot zu sich, jedoch wird ihm diesmal in Minute-24 Insulin gespritzt. Der Blutzuckernormalwert liegt zwischen 100 und 120 mg/dl.

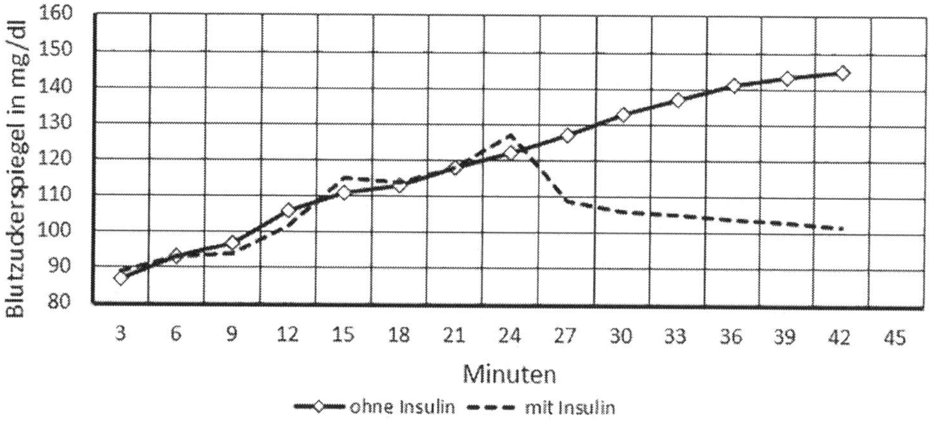

Bitte benennen Sie die falsche Aussage!

(A) Im Verlauf von 30 Minuten steigerte Herr Bischoff seinen Blutzuckerspiegel in beiden Fällen zwischenzeitlich um 75 %

(B) Ohne Insulingabe erhöhte sich sein Blutzuckerspiegel in einigen Phasen um bis zu 10 % pro sechs Minuten.

(C) Der stärkste Abfall des Blutzuckerspiegels fand unmittelbar nach der Insulingabe statt.

(D) Nach der Insulingabe konnte der Blutzuckerspiegel innerhalb von 18 Minuten auf Werte gesenkt werden, die maximal 25 % über dem Ausgangsniveau lagen.

(E) Die Insulingabe hat für eine deutliche Normalisierung des Blutzuckerspiegels gesorgt.

184) Damit ein Skelettmuskel kontrahieren (sich zusammenziehen) kann ist er auf eine ausreichende Energiebereitstellung angewiesen. Diese Energie wird in Form von ATP bereitgestellt, welche beim Zerfall des Moleküls freigesetzt wird. Da ATP während der Kontraktion verbraucht wird, muss es also ständig neu zur Verfügung gestellt werden. Dafür stehen dem Körper mehrere anaerobe und aerobe Mechanismen zur Verfügung. ATP kann aerob aus Fettsäuren gewonnen werden, jedoch benötigt der Körper sehr lange um diese Energiereserven zu mobilisieren. Außerdem hat der Muskel kurzzeitig die Möglichkeit, ATP aus dem energiereichen Kreatinphosphat (KP) zu generieren, welches einen der wichtigsten Energiespeicher des Muskels darstellt. Die anderen Mechanismen verwenden allesamt Glukose als Energieträger, welche entweder anaerob (ohne dass Sauerstoff benötigt wird) im Muskel zu ATP und Laktat umgewandelt wird, oder aerob im Muskel und der Leber mit der Hilfe von Sauerstoff zu Wasser, Kohlenstoffdioxid und ATP umgesetzt wird.

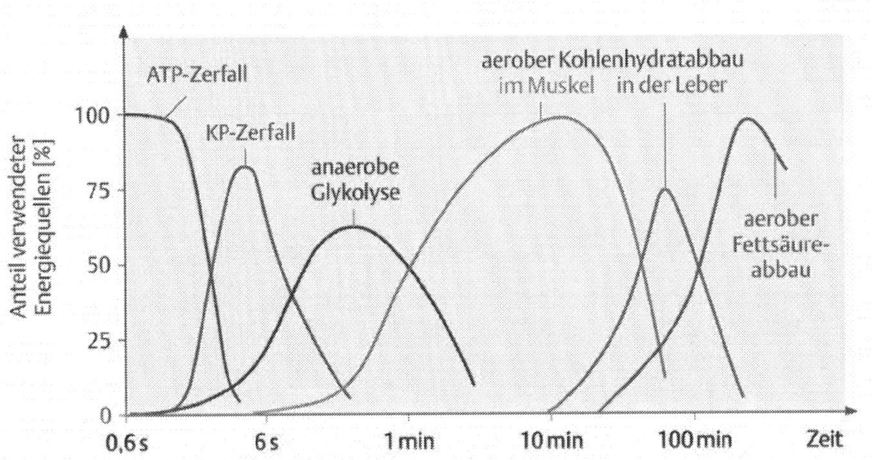

Bitte nennen Sie die richtige Aussage!

(A) Gemessen an der Zeit besitzt der aerobe Kohlenhydratabbau in der Leber den drittkleinsten Anteil an der Energiebereitstellung.

(B) Das ATP, welches im Muskel generiert wird, wird langsamer verbraucht als das aus den Kreatinphosphatspeichern mobilisierte ATP.

(C) Beim Kugelstoßen spielt die anaerobe Glykolyse eine entscheidende Bedeutung für die sofortige Energiebereitstellung.

(D) Die anaerobe Energiebereitstellung dauert lange und ist deshalb erst zu einem späteren Zeitpunkt bedeutsam als andere Mechanismen zur Energiegewinnung.

(E) Der ATP- und KP-Speicher eines Muskels sind entscheidende Voraussetzungen für ausdauernde Bewegungen, wie beispielsweise bei einer 30minütigen Schwimmeinheit.

Lösungen

1.Testdurchgang – Muster erkennen

	(A)	(B)	(C)	(D)	(E)
1			x		
2		x			
3				x	
4		x			
5				x	
6		x			
7			x		
8				x	
9					x
10		x			
11			x		
12					x
13					x
14				x	
15			x		
16	x				
17					x
18			x		
19		x			
20			x		
21			x		
22	x				
23	x				
24			x		

1.Testdurchgang – Med.nat. Grundverständnis

	(A)	(B)	(C)	(D)	(E)
25			x		
26				x	
27	x				
28				x	
29	x				
30			x		
31		x			
32			x		
33		x			
34		x			
35					x
36	x				
37	x				
38					x
39		x			
40		x			
41	x				
42					x
43	x				
44					x
45				x	
46			x		
47		x			
48		x			

1.Testdurchgang – Schlauchfiguren

	(A)	(B)	(C)	(D)	(E)
49			x		
50		x			
51				x	
52				x	
53					x
54	x				
55		x			
56				x	
57				x	
58				x	
59		x			
60	x				
61				x	
62			x		
63			x		
64			x		
65			x		
66	x				
67		x			
68		x			
69				x	
70			x		
71				x	
72			x		

1.Testdurchgang – Quant. & form. Probleme

	(A)	(B)	(C)	(D)	(E)
73			x		
74	x				
75					x
76		x			
77		x			
78				x	
79					x
80					x
81				x	
82			x		
83		x			
84			x		
85	x				
86			x		
87				x	
88				x	
89		x			
90			x		
91					x
92	x				
93			x		
94			x		
95			x		
96					x

1.Testdurchgang – Textverständnis

	(A)	(B)	(C)	(D)	(E)
97				x	
98		x			
99	x				
100			x		
101			x		
102		x			
103				x	
104				x	
105	x				
106					x
107		x			
108			x		
109	x				
110					x
111	x				
112		x			
113			x		
114		x			
115			x		
116		x			
117	x				
118	x				
119				x	
120			x		

1.Testdurchgang – Diagramme & Tabellen

	(A)	(B)	(C)	(D)	(E)
161			x		
162				x	
163				x	
164	x				
165				x	
166	x				
167	x				
168		x			
169	x				
170	x				
171		x			
172			x		
173					x
174	x				
175					x
176	x				
177			x		
178			x		
179				x	
180		x			
181					x
182				x	
183	x				
184				x	

1.Testdurchgang – Figuren Lernen

	(A)	(B)	(C)	(D)	(E)
121				x	
122			x		
123		x			
124			x		
125					x
126		x			
127		x			
128					x
129	x				
130	x				
131	x				
132				x	
133		x			
134		x			
135					x
136				x	
137					x
138	x				
139	x				
140				x	

1.Testdurchgang – Fakten Lernen

	(A)	(B)	(C)	(D)	(E)
141			x		
142	x				
143					x
144					x
145					x
146	x				
147				x	
148	x				
149			x		
150			x		
151		x			
152	x				
153				x	
154			x		
155		x			
156					x
157	x				
158					x
159		x			
160				x	

2.Testdurchgang – Muster erkennen

	(A)	(B)	(C)	(D)	(E)
1	x				
2		x			
3			x		
4	x				
5			x		
6		x			
7				x	
8		x			
9		x			
10				x	
11		x			
12					x
13	x				
14		x			
15					x
16				x	
17	x				
18		x			
19			x		
20		x			
21		x			
22	x				
23		x			
24				x	

2.Testdurchgang – Med.nat. Grundverständnis

	(A)	(B)	(C)	(D)	(E)
25	x				
26		x			
27			x		
28	x				
29					x
30				x	
31				x	
32		x			
33					x
34				x	
35	x				
36					x
37			x		
38				x	
39		x			
40		x			
41			x		
42				x	
43					x
44	x				
45					x
46					x
47			x		
48		x			

2.Testdurchgang – Schlauchfiguren

	(A)	(B)	(C)	(D)	(E)
49				x	
50	x				
51			x		
52		x			
53	x				
54	x				
55		x			
56					x
57					x
58	x				
59	x				
60		x			
61			x		
62	x				
63				x	
64				x	
65				x	
66	x				
67				x	
68		x			
69			x		
70				x	
71	x				
72				x	

2.Testdurchgang – Quant. & form. Probleme

	(A)	(B)	(C)	(D)	(E)
73		x			
74	x				
75	x				
76		x			
77		x			
78	x				
79					x
80			x		
81				x	
82					x
83	x				
84				x	
85					x
86	x				
87			x		
88	x				
89		x			
90			x		
91					x
92				x	
93			x		
94			x		
95					x
96					x

2.Testdurchgang – Textverständnis

	(A)	(B)	(C)	(D)	(E)
97	x				
98		x			
99		x			
100			x		
101		x			
102				x	
103		x			
104		x			
105					x
106				x	
107					x
108		x			
109	x				
110			x		
111		x			
112				x	
113					x
114				x	
115	x				
116		x			
117					x
118					x
119					x
120			x		

2.Testdurchgang – Diagramme & Tabellen

	(A)	(B)	(C)	(D)	(E)
161			x		
162				x	
163			x		
164			x		
165			x		
166				x	
167		x			
168		x			
169		x			
170					x
171	x				
172	x				
173				x	
174				x	
175				x	
176	x				
177					x
178			x		
179	x				
180				x	
181					x
182	x				
183	x				
184		x			

2.Testdurchgang – Figuren Lernen

	(A)	(B)	(C)	(D)	(E)
121	x				
122				x	
123			x		
124		x			
125				x	
126	x				
127	x				
128	x				
129					x
130			x		
131					x
132	x				
133			x		
134				x	
135					x
136				x	
137	x				
138			x		
139				x	
140		x			

2.Testdurchgang – Fakten Lernen

	(A)	(B)	(C)	(D)	(E)
141			x		
142	x				
143					x
144				x	
145				x	
146	x				
147			x		
148		x			
149					x
150	x				
151					x
152	x				
153			x		
154					x
155		x			
156				x	
157			x		
158			x		
159		x			
160			x		

Konzentriertes und sorgfältiges Arbeiten – 1.Testdurchgang (richtige Ziffern jeweils grau unterlegt)

0 5 0 1 3 1 4 2 4 3 1 3 2 3 0 3 2 1 2 4 1 1 3 4 1 0 3 0 2 3 4 4 3 1 4 3 4 1 1 3

1 4 1 4 1 0 0 1 1 3 1 0 1 0 4 3 2 3 1 3 3 3 2 2 1 4 3 3 2 3 0 5 2 2 1 2 2 0 1 3

4 1 3 4 3 4 1 2 4 4 2 0 3 0 1 3 2 0 1 0 3 1 3 3 1 2 0 3 3 3 1 0 0 2 3 2 3 2 3 2

3 2 2 4 1 4 3 2 0 5 4 4 2 4 3 2 3 4 3 1 4 1 1 3 2 3 1 0 3 4 4 0 0 4 2 2 0 4 0 1

1 1 1 4 2 1 2 3 0 5 1 3 1 2 3 1 2 1 1 0 4 4 4 1 4 2 3 0 5 2 4 2 3 2 4 3 4 1 3 1

3 0 3 2 3 2 0 5 2 1 2 1 2 3 2 1 0 0 0 3 3 3 1 4 4 3 1 1 3 4 1 1 4 1 4 2 1 2 2 1

0 4 4 1 3 3 0 1 3 4 1 4 1 4 4 1 3 4 4 1 4 0 3 3 0 0 1 4 1 0 5 2 1 3 0 3 4 3 1 1

4 1 4 1 2 3 0 0 5 3 3 4 1 3 1 2 0 0 3 2 4 1 4 1 4 2 2 0 4 2 4 2 2 2 4 3 4 2 4 4

2 4 0 3 0 4 0 0 4 2 3 2 4 1 4 0 0 3 0 1 4 0 3 3 3 2 1 4 1 1 2 2 0 1 0 5 0 2 0 1

4 1 0 0 4 4 3 2 3 2 1 0 1 4 2 0 4 0 3 4 0 1 2 2 0 2 4 2 4 1 3 2 4 2 1 0 2 1 4 1

1 3 2 3 3 4 4 0 5 3 1 4 0 2 3 4 0 5 1 0 3 1 4 4 1 0 5 4 1 4 3 3 1 0 1 2 4 2 0 3

2 4 4 3 0 2 2 4 3 2 3 4 3 0 5 0 5 4 3 3 1 1 4 0 0 2 3 0 5 4 1 3 4 2 0 1 1 1 3 4

2 3 4 0 2 3 1 0 1 4 2 1 1 3 1 0 5 1 4 4 4 2 0 3 3 0 5 4 2 3 0 0 3 1 4 0 4 1 4 1

2 1 3 3 0 0 5 0 1 4 4 1 2 1 2 3 4 3 1 3 4 4 4 1 0 5 4 1 2 0 5 3 2 3 3 1 2 4 4 2

3 0 3 4 1 1 0 4 0 5 3 1 1 4 0 1 2 2 4 1 4 2 3 2 2 3 2 1 2 3 1 3 3 4 1 1 3 0 2 1

2 4 1 0 0 1 1 2 1 0 3 2 2 3 2 3 3 2 4 2 3 4 3 3 0 1 2 2 1 4 2 3 4 2 2 4 3 2 0 0

3 0 0 5 3 2 3 2 0 5 2 0 5 0 4 1 4 1 1 4 4 3 1 3 4 4 3 4 4 2 0 2 2 4 2 4 3 1 3 1

0 2 4 2 2 4 1 4 1 3 4 3 3 0 3 2 3 1 3 4 1 1 1 0 1 0 2 1 4 2 1 3 4 3 1 3 4 4 1 4

1 2 3 1 2 3 4 2 3 0 5 0 3 4 3 1 4 3 0 5 1 0 2 3 1 0 0 2 0 1 4 4 4 1 2 3 3 3 3 4

0 1 0 0 1 2 2 2 3 4 4 2 3 1 3 2 4 1 3 2 0 1 2 1 3 0 1 2 3 2 3 4 4 4 3 0 4 3 3 2

2 3 3 0 5 3 2 0 5 0 3 2 2 3 2 3 2 0 1 2 1 3 0 0 3 2 1 1 1 3 4 2 1 3 0 4 4 0 3 0

4 1 0 3 3 1 0 2 1 4 1 2 1 4 4 1 3 2 4 1 3 1 0 2 0 1 2 4 0 3 2 0 0 5 3 4 4 2 1 2

2 0 5 4 4 1 3 4 1 0 3 3 2 0 2 3 4 2 1 4 0 5 2 1 4 2 4 2 3 2 2 3 4 3 1 2 4 4 3 3

0 0 4 1 3 3 1 0 0 2 3 2 4 2 1 0 4 0 2 3 1 3 0 1 4 2 4 4 3 0 4 3 4 1 0 4 1 2 3 2

2 0 1 2 3 2 4 1 4 3 2 1 3 3 0 4 1 4 3 3 4 0 5 2 4 4 1 0 3 2 3 1 2 1 0 4 0 0 4 0

2 4 0 0 5 4 3 1 1 0 4 2 1 0 4 4 2 3 1 3 1 4 4 2 4 1 4 0 4 1 4 0 3 2 3 3 3 2 1 1

2 1 2 1 0 3 2 3 1 2 1 4 2 1 4 1 2 1 4 3 1 3 3 2 3 4 1 1 1 1 2 4 4 4 2 0 4 3 1 3

0 5 1 4 4 1 4 1 4 1 0 5 4 2 3 0 3 0 1 0 5 1 1 3 4 0 3 2 4 3 3 4 3 0 2 1 2 2 0 3

3 4 1 3 3 0 5 4 0 5 0 5 4 3 1 2 3 1 3 3 1 4 0 3 2 4 1 1 0 3 3 2 3 0 4 3 3 1 3 4

1 2 3 4 1 3 2 1 4 0 5 4 1 3 0 0 5 2 0 1 4 3 2 4 1 1 4 0 4 2 4 0 0 1 3 3 1 1 2 0

1 0 4 4 1 3 4 1 3 2 4 3 0 0 0 4 1 4 3 0 3 2 1 1 0 5 1 0 3 4 1 2 3 0 5 0 3 1 0 3

2 3 4 1 1 0 2 4 2 3 0 5 0 5 3 4 1 3 0 1 4 3 2 2 3 0 4 3 4 1 2 4 2 1 0 3 3 0 3 0

4 1 4 4 3 1 3 4 2 3 3 2 3 3 3 0 3 2 4 2 4 1 1 0 5 3 0 1 0 0 1 1 3 3 2 1 0 5 3 1

4 0 0 5 0 4 1 0 0 1 1 1 4 1 2 4 2 0 2 4 0 0 4 2 3 2 4 2 3 4 1 3 0 1 0 2 1 4 2 3

2 1 1 0 0 2 0 3 0 3 3 4 3 3 3 2 3 0 0 3 1 1 4 1 3 1 0 5 4 2 3 2 0 5 1 0 3 4 1 0

4 1 4 2 4 2 1 2 3 3 4 3 2 1 1 2 3 4 2 4 2 4 4 2 3 2 1 2 3 4 1 1 3 0 0 0 5 2 4 0

0 3 3 3 4 1 0 2 2 4 3 0 5 0 2 2 3 2 4 2 2 1 4 2 3 4 2 0 5 0 5 0 2 4 4 4 2 1 1 0

2 2 2 4 1 4 4 2 4 0 5 4 0 3 0 5 2 2 0 5 3 2 2 0 5 2 3 0 2 1 2 0 0 4 1 2 0 5 2 2

3 0 4 4 0 3 3 2 3 0 5 4 1 4 3 0 5 0 3 1 2 3 2 0 1 0 4 2 1 0 4 0 4 1 0 5 3 3 4 2

1 3 1 0 5 0 1 1 4 3 2 0 5 1 1 3 0 3 4 1 3 0 3 2 3 2 2 0 3 4 3 2 4 3 3 3 3 2 4 4

Konzentriertes und sorgfältiges Arbeiten – 2.Testdurchgang (richtige Pfeile sind schwarz umrandet)

13346609R00130

Printed in Germany
by Amazon Distribution
GmbH, Leipzig